La
COURTE
BIBLE
Simplifiée

───◆◆◆───

Un Bref Résumé Chronologique
de l'Ancien et du Nouveau Testament

Condensé, organisé et expliqué par

Peter J. Bylsma

BYBLIO
PRESS
Inspire, Inform,
and Transform

Byblio Press
11410 NE 124th St, #260
Kirkland, WA 98034 États-Unis
www.bybliopress.com
www.shortbible.com

Informations pour commander : Ce livre peut être commandé en contactant l'éditeur à l'adresse ci-dessus. Des remises spéciales sont disponibles sur les achats de quantité par des sociétés, des associations et autres. Pour plus de détails, contactez l'éditeur à l'adresse cidessus.

Les opinions exprimées dans cet ouvrage sont uniquement celles de l'auteur et ne reflètent pas nécessairement celles de l'éditeur, qui décline par la présente toute responsabilité à leur égard. Certaines images de stock © Getty Images.

www.shortbible.com
Cartes créées par David C. Hoerlein
Imprimé aux États-Unis d'Amérique

ISBN Couverture souple: 978-1-964060-28-6
Livre électronique ISBN: 978-1-964060-29-3

Numéro de contrôle de la Bibliothèque du Congrès: 2025907208

TABLE DES MATIÈRES

PRÉFACE

——◆◆◆——

J'ai commencé à écrire *The Short Bible* au printemps 2020, lorsque la pandémie de COVID-19 a commencé. J'étudiais la Bible depuis plus de 50 ans, mais je ne comprenais pas comment toutes ses parties s'inscrivaient dans une seule histoire globale. Les histoires bibliques étaient comme les pièces d'un puzzle qu'il était impossible de rassembler parce que je ne voyais pas d'image sur la boîte. Beaucoup de gens qui voulaient lire la Bible en entier n'ont pas pu la terminer parce qu'elle est trop longue et compliquée par endroits, et ils n'ont pas eu le temps de la lire en entier.

Après avoir publié *The Short Bible* en 2021, il est devenu évident qu'un résumé encore plus court de la Bible entière était nécessaire, et qu'il devrait être écrit dans un langage plus simple. Cette version *simplifiée* a été écrite pour ceux qui ont au moins 10 ans. (Des versions *Simplifiées* de *The Short Bible* sont en cours de production dans d'autres langues.) Je remercie Diane Beaumont pour son aide dans la traduction de ce livre en français.

Comme pour les autres versions de *The Short Bible* qui ont été publiées, je reverserai 90 % de toutes les redevances que je reçois via la Fondation Bylsma à des organisations à but non lucratif qui aident les personnes dans le besoin, promeuvent la justice dans le monde, recherchent et propagent la vérité, aidez les autres à comprendre les histoires et les significations de la Bible et encouragez ceux qui ont besoin de bonnes nouvelles.

Peter J. Bylsma
Octobre 2024

INTRODUCTION

La Sainte Bible est une collection de 66 documents anciens rédigés par de nombreux auteurs sur une période de 2 000 ans. À la fin du IVe siècle, les dirigeants de l'Église ont examiné tous les documents disponibles et ont décidé d'un ensemble final qui est maintenant connu sous le nom de canon. Les livres furent ensuite organisés dans leur ordre actuel et traduits en latin. La Bible comporte deux parties. L'Ancien Testament compte 39 livres et couvre environ 1 500 ans d'histoire des Israélites. Le Nouveau Testament compte 27 livres et couvre les événements du premier siècle après JC en Palestine et dans la région de la Méditerranée orientale.

Certains documents (« livres ») sont assez longs, tandis que d'autres ne comportent que quelques paragraphes. Ces livres ont été divisés en chapitres et en versets afin que les lecteurs puissent facilement trouver des passages spécifiques. Il y a plus de 1 100 chapitres dans la Bible entière, et il faudrait plus de 2 000 pages pour la publier sous la forme d'un livre moderne. Les noms de tous les livres se trouvent à l'annexe A.

La première partie de ce livre résume l'Ancien Testament ; La deuxième partie résume le Nouveau Testament. Une période de 400 ans sépare les événements décrits dans les deux parties et est discutée au chapitre 14.

Différentes versions de la Bible ont été écrites au fil des siècles. La première version anglaise a été créée au début des années 1600 par des érudits religieux travaillant pour le roi Jacques d'Angleterre. Cela a donné lieu à la création de traductions dans d'autres langues, et de nombreuses traductions et versions de la Bible existent désormais, y compris des versions paraphrasées plus faciles à lire et à comprendre. (L'Annexe C contient des informations sur ces versions.)

Contenu de la Bible

Les livres de la Bible reflètent différents types de littérature. Ceux-ci comprennent des récits sur divers héros, des récits historiques, des présentations juridiques, des biographies, de la poésie, des généalogies et des informations de recensement, de la littérature de sagesse et des proverbes, des recueils de nouvelles, des paraboles, des lettres inspirantes et des prédictions hautement symboliques sur l'avenir.

Le contenu de la Bible manque souvent de détails que le lecteur pourrait vouloir connaître. En revanche, certaines sections comportent de nombreux détails, dont certains ne sont pas importants. Les contenus ne sont pas présentés dans un ordre séquentiel, ce qui rend difficile la compréhension de certains des principaux événements. La plupart des écrits ont été écrits à l'époque où l'agriculture était l'activité principale. Il existe donc de nombreuses références et métaphores utilisant des éléments courants à cette époque (les moutons, les chèvres, la terre, les semences, l'eau, le blé, le poisson, les vignes, le désert). Les histoires ont souvent une symbolique riche et le dialogue se mêle à une narration.

La Bible est un livre sérieux qui contient peu d'humour ou de romance. Il y a beaucoup de moments tristes, mais il y a aussi beaucoup de héros et de victoires. Il existe également des lacunes majeures dans le récit biblique qui doivent être comblées pour que les lecteurs modernes puissent comprendre le contexte des histoires.

Résumé des principaux points

La Bible décrit un Dieu aimant et pardonnant qui désire entretenir une relation avec les êtres humains dans un monde où le bien et le mal coexistent. Le terme Dieu décrit une force puissante qui a différentes formes, de la même manière que l'eau a deux autres formes (vapeur et glace). Le terme Seigneur est également utilisé pour désigner Dieu, et Dieu a une forme spirituelle.

La Bible comporte un certain nombre de concepts qui se succèdent du début à la fin de l'histoire.

- Le monde a une dimension physique visible et une dimension invisible, surnaturelle et spirituelle, aussi invisibles.
- Les forces invisibles ont des pouvoirs inhabituels. Certaines forces sont bonnes et aimantes, mais d'autres ont des motivations mauvaises qui font de mauvaises choses et tentent de détruire ce qui est bon.
- Il n'existe qu'une seule force véritable et suprême (Dieu). Certaines personnes croient qu'il existe de nombreux dieux, mais ces dieux ne ressemblent pas au vrai Dieu. Même si la nature de Dieu ne change pas,

ses méthodes sont imprévisibles, flexibles et changent souvent. L'esprit de Dieu peut changer lorsqu'il entend les demandes sincères des gens (« prières »).

- Il y a une vie après la mort physique, et Dieu décide de ce qui arrive à une personne après sa mort. Dieu aime et pardonne tout le monde dans le monde, il est donc possible à chacun d'entrer dans une forme de vie heureuse après sa mort. Cela s'applique à tous, peu importe ce qu'ils ont fait dans leur vie.

- Dieu est toujours bon, miséricordieux, indulgent, patient et aimant. Dieu veut que tous les hommes vivent une bonne vie et donne aux gens bien plus que ce que nous méritons (cette bonté imméritée est appelée « grâce »).

- Dieu veut avoir une relation aimante avec tout le monde dans le monde. Peu importe à quoi ils ressemblent, où ils sont nés, ou quel genre de famille ou de traditions ils ont.

- Il existe de bonnes et de mauvaises façons de vivre. Obéir aux instructions et aux commandements de Dieu nous aide à faire face aux problèmes de la vie. Ne pas suivre ces instructions et commandements peut conduire à de graves difficultés et à une séparation d'avec Dieu. Avec l'aide de Dieu, nous pouvons changer nos habitudes et faire le bien.

- Dieu a choisi des gens pour montrer au monde à quoi devraient ressembler la vie et les relations sur terre. Au début, Dieu a utilisé des individus et des familles, puis une tribu spéciale (les Israélites) qui vivaient dans une région du monde (Canaan, maintenant connue sous le nom de Palestine). Lorsque ces gens étaient égoïstes, désobéissaient aux enseignements de Dieu et ne vivaient pas de la bonne manière, Dieu leur envoyait des messages par l'intermédiaire de personnes courageuses pour leur rappeler comment ils devraient vivre. Lorsque les membres de la tribu ont constamment désobéi, Dieu a adopté tout le monde dans le monde pour faire partie de la famille de Dieu. Le peuple de Dieu est appelé à aimer les autres et à veiller à ce que la vie soit juste (à rendre justice) pour tout le monde.

- Lorsque les relations sont brisées ou tendues, une certaine forme de sacrifice est nécessaire pour guérir la relation. Cependant, ces sacrifices doivent être sincères : nos motivations et nos actions prouvent que nous sommes désolés et que nous voulons réparer la relation.

- La vie est imprévisible et souvent injuste. Nos plans sont interrompus par des événements inattendus indépendants de notre volonté. Dieu défie nos vies, nos cœurs et nos priorités de manière inhabituelle qui change notre direction. Dans un monde où le bien et le mal coexistent, les bons souffrent et les méchants prospèrent. Ce qui compte le plus, c'est la fidélité à Dieu et la façon dont nous réagissons à nos circonstances. L'amour illimité, le pardon et la grâce de Dieu sont de merveilleux cadeaux pour tous, même si aucun de nous ne les mérite.

- Dieu veut que les gens aident ceux qui sont dans le besoin. Dieu se soucie particulièrement des étrangers et des malades, des pauvres, des abandonnés, des découragés et des sans soutien. Aider ces personnes prouve qu'une personne obéit à Dieu.

- Les voies et les désirs de Dieu à notre égard sont souvent différents de la façon dont nous réagissons habituellement. Par exemple, nous devons aimer notre ennemi et dépendre de Dieu et des autres plutôt que de faire ce que nous voulons ou d'essayer de faire les choses par nous-mêmes.

En fin de compte, la Bible est une histoire d'amour longue et complexe. Cet amour n'est ni physique, ni émotionnel, ni sentimental. Il s'agit plutôt d'une forme d'amour qui soutient, défend et se sacrifie toujours pour les autres et qui recherche constamment ce qui est juste et le meilleur pour le monde. La Bible exhorte chacun à tirer les leçons de ses histoires et de ses enseignements et à envisager de suivre ce mode de vie.

Interpréter la Bible

Interpréter la Bible peut être un défi. Dans certains cas, l'auteur ou le personnage explique au public ce que signifie l'histoire. À d'autres moments, l'auteur raconte simplement une histoire sans rien dire d'autre, généralement parce que le public a compris le point soulevé. Le lecteur doit donc comprendre le contexte pour comprendre tout le sens de certaines histoires.

Parfois, des conseils spécifiques sont écrits à l'intention de personnes se trouvant dans un endroit donné et à un moment donné, et ils ne peuvent pas s'appliquer à ceux qui vivent dans d'autres régions ou à d'autres époques. Les conseils ne constituent pas une vérité universelle que tout le monde peut suivre à tout moment. Les interprétations correctes sont généralement celles qui sont cohérentes avec les principaux thèmes qui traversent tous les documents.

Même si les écrits bibliques révèlent au monde des vérités liées au bien et au mal, tout ce qui a été écrit n'est pas littéralement vrai. Les différents auteurs ont utilisé différentes manières pour transmettre des significations essentielles, telles que des allégories, des métaphores, des exagérations et des paraboles. Leur public savait qu'ils étaient censés faire valoir un point plutôt que d'être pris au pied de la lettre ou de rapporter des faits historiques.

La nature de Dieu

Le terme hébreu Dieu est un nom pluriel désignant une force puissante qui a différentes formes, de la même manière que les éléments et les composés ont des formes différentes (solide, liquide, gaz). Le terme Seigneur est utilisé dans les écrits bibliques comme un autre mot pour Dieu. Les différents termes désignant Dieu étaient des pronoms typiquement masculins (il, son, lui) ou le terme Père. Cependant, Dieu n'est pas une divinité masculine et n'est ni mâle ni femelle. En tant que force multidimensionnelle, Dieu a créé des humains, hommes et femmes, à sa propre « image », capables de distinguer le bien du mal, possédant une âme, ayant une conscience de soi et une conscience de notre environnement, capables d'entretenir des relations significatives avec Dieu et les autres, et prêt à aimer les autres de manière sacrificielle.

Dieu communique avec les humains de différentes manières. Bien que les événements des livres se soient produits il y a des siècles, il existe des preuves que Dieu continue de communiquer avec les gens de toutes ces manières.

1. L'incroyable beauté de l'univers, ses cycles prévisibles et ses « lois de la nature » ont inspiré les humains à considérer la planète et les mondes au-delà comme une création belle et ordonnée qui n'est pas conçue au hasard.
2. Dieu communique en utilisant un « Esprit » qui influence l'esprit et les émotions humains et donne des orientations aux humains quant à leurs choix moraux.

3. Lorsque les humains prennent le temps d'écouter et de chercher des directives, la communication peut se faire par le biais d'idées et d'une « voix » inaudible dans l'esprit.

4. Parfois, les communications sont plus directes – à travers des rêves, des visions ou des messages d'anges ou de « saints étrangers ».

5. En de rares occasions, Dieu perturbe les lois normales de la nature pour intervenir directement dans les activités humaines, affectant souvent des événements naturels rares à des moments stratégiques. Ces événements sont appelés « miracles ».

6. Parfois, l'Esprit inspire les humains pour exprimer les paroles de Dieu aux autres de manière extraordinaire et convaincante.

7. D'autres croyants donnent des conseils pieux et réprimandent les autres en utilisant leurs « dons spirituels ».

8. Nous pouvons étudier la Bible elle-même afin que nous puissions en apprendre davantage sur les voies de Dieu longtemps après que les événements se sont produits.

9. Finalement, Dieu a pris une forme humaine et a vécu sur terre, nous donnant l'exemple le plus concret de la façon dont nous devons vivre et nous aimer les uns les autres.

Dieu utilise de nombreuses stratégies et tactiques différentes pour atteindre l'objectif global de montrer au monde comment vivre. De nombreux personnages de la Bible parlent au nom de Dieu, et certains d'entre eux agissent et parlent de manière inhabituelle et bizarre. Différents types de miracles se produisent. La punition prend différentes formes, parfois de manière inattendue. Même si la nature intrinsèque de Dieu ne change pas, ses méthodes sont imprévisibles et changent souvent.

Organisation et contenu de ce livre

La première partie résume l'Ancien Testament, le chapitre 13 décrivant des livres uniques qui ne rentrent pas dans un récit chronologique. La deuxième partie résume le Nouveau Testament. Une période de 400 ans sépare les événements décrits dans l'Ancien et le Nouveau Testament, et le chapitre 14 fournit des informations sur ce qui s'est passé pendant cette période.

Un tableau des termes clés (personnes, lieux, concepts) mentionnés dans chaque chapitre apparaît à la fin de ce chapitre. Si le terme apparaît à nouveau dans un autre chapitre, il n'est pas repris dans ce chapitre. Dans certains cas, plusieurs personnes ou lieux portent le même nom. Par exemple, plusieurs personnes portent le nom de Joseph et elles sont répertoriées séparément dans le chapitre où elles sont mentionnées pour la première fois.

Les annexes à la fin de ce livre fournissent les noms de tous les livres de la Bible, une chronologie des événements clés qui se sont produits, des suggestions de lectures complémentaires, un index des noms et sujets clés, les sections de la Bible qui sont citées, comment les chapitres de ce livre s'alignent sur les livres de la Bible et sur des cartes montrant où les principaux événements ont eu lieu.

Partie Un

L'Ancien Testament

CHAPITRE 1

---◆◆◆---

LE COMMENCEMENT

La création, les influences maléfiques et les premiers accords

Avant le début des temps ou avant que quoi que ce soit n'existe, un Dieu multidimensionnel était présent dans l'univers. Ce Dieu était tout-puissant, existait partout et savait tout. Le caractère de Dieu était entièrement bon, indulgent, serviable et gentil, et Dieu créait constamment. Dieu a d'abord créé des anges censés adorer le Créateur et l'aider dans son œuvre. Dieu créa la lumière, puis un monde physique composé d'un nombre extraordinaire d'étoiles et de planètes. Sur une planète unique, Dieu a créé des eaux et des terres arides qui ont finalement donné naissance à des organismes vivants – des plantes et des animaux sur terre et dans les eaux – qui étaient tous autonomes. Et tout était bon.

Mais certains anges étaient jaloux de la puissance de Dieu et la voulaient pour eux-mêmes. Ils se sont rebellés, faisant entrer le mal dans l'univers. Tout ce qui était bon existe désormais aux côtés de forces corrompues qui luttent contre ce qui est bon.

Dieu a alors créé la création la plus importante, les humains qui étaient uniques sur cette planète unique. Dieu voulait avoir une relation avec eux, alors Dieu leur a donné certaines des mêmes qualités que Dieu créatifs, ayant besoin d'interagir avec les autres, capables de faire la différence entre le bien et le mal, capables d'aimer les autres sans aucune condition et disposés à le faire, faire passer les intérêts des autres avant les leurs. Les deux « images humaines de Dieu » mâle et femelle, se sont unies et ont produit des enfants afin que la race humaine continue et grandisse. Dieu a donné aux humains la planète entière et tous ses êtres vivants pour qu'ils puissent en profiter. Les humains devaient prendre soin de la planète et obéir à certaines règles pour les aider à être autonomes et à maintenir l'harmonie. Dieu croyait que tout cela était très bien.

Au début, les humains menaient une vie parfaite et heureuse sur la planète et suivaient les instructions de Dieu. Mais à un moment donné, le principal ange maléfique (un adversaire appelé Satan) a infiltré leur conscience, semant le doute sur la qualité réelle de la vie. Les humains ont fini par croire aux mensonges de l'ange maléfique et ont violé les règles que Dieu leur avait demandé de suivre. Cette désobéissance et cet égoïsme ont infecté les humains avec une maladie invisible appelée péché qui coexistait avec leur nature invisible de bonté. Le mal entraînait la douleur et faisait de la vie un combat.

Dieu était en colère parce que Satan avait fait du mal à la meilleure création. Dieu avait permis aux humains de faire des choix concernant leur vie et voulait une relation avec les humains, mais seulement si les humains voulaient ce genre de relation. Dieu savait qu'avec le mal dans le monde, certains décideraient de ne pas entretenir de relation avec Dieu et suivraient plutôt leur propre chemin. Et beaucoup de gens et d'anges ont choisi de suivre les voies du mal. Mais plutôt que de détruire le mal, Dieu a permis au mal d'exister : éliminer tout mal signifierait également tuer tous les humains. Alors maintenant, nous vivons dans un monde où Dieu combat Satan et d'autres forces du mal jusqu'au moment où un camp sera victorieux.

Personne ne sait quand, où et comment tous ces événements se sont produits. Ce que nous savons, c'est que (1) une force bonne a créé l'univers et tout ce qu'il contient, (2) les humains font des choix qui peuvent être bons ou mauvais, et (3) Dieu révèle constamment les avantages du choix du bien. Dieu aide les gens à penser et à agir de bonne manière et prend parfois des mesures directes pour s'opposer au mal afin qu'ils puissent jouir d'une vie meilleure et de relations significatives avec Dieu et les autres. Pourtant, les forces du mal existent toujours et veulent perturber le bien. La plupart du temps, les influences du bien et du mal se manifestent dans les actions des individus, des organisations et dans la manière dont les gens vivent ensemble dans le monde.

Adam, Ève et Noé

Les archives des premières activités humaines décrivent l'interaction des forces du bien et du mal en jeu dans le monde. Le premier couple connu, Adam et Ève, vivait dans un jardin nommé Eden et avait deux fils. Le frère aîné (Caïn) a tué son jeune frère (Abel) par jalousie. Caïn a été renvoyé de sa famille et a fondé sa propre famille ailleurs. Adam et Ève ont ensuite eu d'autres enfants, qui ont ensuite eu leurs propres enfants – finalement, des milliers de personnes ont vécu sur terre.

Tous les habitants de la planète ont interagi les uns avec les autres au fil du temps. Mais à mesure que la population humaine augmentait, la vie devenait de plus en plus violente et corrompue, entraînant avec elle beaucoup de douleur et de tristesse. Finalement, il y avait tellement de mal dans le monde que Dieu a créé un moyen de l'éliminer. Dieu a appelé Noé, un homme bon avec une bonne famille, pour construire un grand navire (une arche) qui pourrait abriter toute sa famille et un petit nombre de toutes les espèces animales connues. Une fois le navire terminé, Dieu fit tomber de fortes pluies pendant très longtemps. Cela a provoqué une inondation massive et des eaux très élevées qui ont noyé tous les humains et animaux restés sur place.

Finalement, la pluie s'est arrêtée et le niveau de l'eau a suffisamment baissé pour que les plantes soient exposées et recommencent à pousser. Le navire s'est finalement reposé sur un terrain élevé, et tous les animaux et les membres de la famille ont quitté l'arche et ont réinstallé leurs maisons. Noé et sa famille ont suivi la tradition locale consistant à brûler une offrande de remerciement à un Dieu qu'ils ne connaissaient pas. Un arc-en-ciel est apparu, signe que Dieu n'effacerait plus jamais tout mal sur terre.

Abraham et Sarah

Il y a environ 4 000 ans, Dieu a dit à un homme nommé Abram de s'installer en Canaan (cette région s'appelle maintenant la Palestine). Il vivait avec sa femme Saraï dans la ville d'Ur, au sud-est de l'Irak. Canaan était situé sur la côte orientale de la mer Méditerranée et possédait un très bon sol. À cette époque, elle reliait les principales routes commerciales d'Afrique, d'Asie et d'Europe, de sorte que ses habitants interagissaient souvent avec ceux qui vivaient dans de nombreuses régions du monde. Abram a obéi à Dieu et a déménagé sa maison de 1 000 milles jusqu'à Canaan.

Finalement, Dieu dit à Abram qu'il dirigerait une tribu spécifique de personnes qui agiraient de manière à démontrer aux autres comment les humains devraient vivre dans le monde. Les membres de sa famille et ses descendants devaient obéir aux commandements de Dieu et traiter les autres équitablement. Dieu a fait une promesse à Abram : « Je ferai de toi une grande nation, je te bénirai et je rendrai ton nom grand. Vous serez une bénédiction et toutes les familles de la terre seront bénies. » Dieu a dit à Abram que ses descendants deviendraient aussi innombrables que les étoiles.

Abram est devenu convaincu qu'il devait mettre sa foi en ce Dieu. Il avait obéi à Dieu et quitté sa maison pour un avenir inconnu, et Dieu considérait cela comme un signe de justice (une vie sainte). Son nom fut changé en Abraham, et Saraï devint Sarah.

Dieu a finalement changé la promesse faite à Abraham en un accord mutuel (« alliance »). Les descendants d'Abraham seraient très féconds et gouverneraient la région aussi longtemps qu'ils feraient confiance à Dieu et lui obéiraient. En signe de cet accord, tous les descendants mâles d'Abraham devaient être circoncis. Cela s'appliquait également à leurs serviteurs et esclaves des autres tribus. Cela distinguerait ceux qui suivaient leur Dieu de tous les autres. Tout descendant mâle non circoncis faisait le choix de rejeter l'accord. Mais après avoir essayé d'avoir un bébé pendant de nombreuses années, Sarah n'a pas réussi à tomber enceinte. Cela a rendu impossible à Abraham d'avoir une descendance. Alors Sarah lui dit d'avoir un enfant avec Agar, leur servante de l'Égypte. Agar a eu un garçon et, à mesure qu'il grandissait, Sarah est devenue très jalouse et voulait avoir son propre enfant. Elle traita durement Agar et le garçon, les obligeant à quitter la maison et à aller dans le désert. Un ange dit à Agar que le nom du garçon serait Ismaël et que ses descendants s'installeraient à l'est et seraient également innombrables comme les étoiles.

Alors que Sarah avait largement dépassé l'âge de procréer, un ange lui dit, ainsi qu'à Abraham, qu'ils auraient un enfant. Ils ont tous deux ri à cette idée, mais Dieu a dit qu'un garçon naîtrait dans un an et qu'il devrait s'appeler Isaac (« enfant de la promesse »). Isaac naquit bientôt à Beer-Sheva, une ville désertique au sud-ouest de Canaan.

Dieu teste Abraham

Quand Isaac était encore un garçon, Dieu testa la foi d'Abraham. Dieu dit à Abraham d'emmener Isaac sur une montagne lointaine pour qu'il soit brûlé en offrande. Montrant sa foi en Dieu, Abraham fit ce qu'on lui disait. Lui et Isaac se rendirent à la montagne et prirent du bois, du feu et un couteau pour faire l'offrande.

Alors qu'ils gravissaient la montagne, Isaac demanda à son père où se trouvait l'agneau qui serait brûlé en offrande. Abraham a dit que Dieu pourvoirait à l'agneau. Alors Abraham bâtit un autel et disposa le bois ; puis il attacha Isaac et le plaça sur le bois de l'autel. Alors qu'Abraham était sur le point de tuer Isaac, il entendit une voix qui disait : « Ne tue pas le garçon. Puisque tu étais prêt à tuer ton fils unique pour moi, je sais que tu m'obéiras. » Alors Abraham vit une chèvre dans un buisson et l'utilisa comme offrande à la place d'Isaac.

La voix continua : « Parce que tu m'as obéi, je te bénirai et J'augmenterai ta descendance afin Qu'elle soit comme les étoiles dans le ciel et le sable au bord de la mer. Chaque nation de la terre sera bénie par ta descendance.

Isaac et Rébecca

Quand Isaac est devenu un homme, Abraham a envoyé son conseiller principal à Haran pour trouver à Isaac une épouse convenable. Abraham s'y était arrêté alors qu'il se rendait en Canaan, et certains de ses proches y vivaient (la ville était située à environ 500 milles au nord, dans le sud de la Turquie). La femme devait être une parente, avoir un esprit bienveillant et être amicale envers les étrangers. Une femme très belle et honnête, nommée Rébecca, possédait ces qualités, et sa famille accepta de la laisser épouser Isaac. Après leur mariage, ils vécurent de nombreuses années avec Abraham, Sarah et leurs proches près de Beer-Sheva.

Ésaü et Jacob

Isaac et Rébecca ont également eu du mal à avoir un enfant pendant de nombreuses années, mais ils ont finalement eu des jumeaux. Le premier bébé, Ésaü, était couvert de cheveux roux. Le deuxième bébé s'appelait Jacob et avait les cheveux lisses. Ésaü était l'enfant préféré d'Isaac, et Jacob était le préféré de Rébecca. Un jour, Ésaü entra dans la tente très affamé et demanda à Jacob un peu du ragoût qu'il avait préparé. Jacob a dit qu'il lui donnerait de la nourriture si Ésaü lui donnait les droits de fils premier-né. Ésaü accepta d'échanger son héritage substantiel contre de la nourriture.

Quand Isaac était mourant et presque aveugle, il a demandé à Ésaü de chasser pour trouver de la nourriture, puis de la cuisiner pour qu'il puisse la manger et bénir Ésaü comme son fils premier-né. Rébecca entendit leur conversation et élabora un plan pour qu'Isaac bénisse Jacob à la place. Elle dit à Jacob de tuer deux chevreaux du troupeau voisin afin qu'ils puissent être cuits et servis à Isaac avant qu'Ésaü ne revienne de la chasse. Jacob ne pensait pas que c'était une bonne idée : il savait que son père pouvait faire la différence entre ses deux fils.

Mais Jacob fit ce qu'on lui disait et Rébecca a cuisiné les animaux. Elle a ensuite demandé à Jacob de revêtir les vêtements d'Ésaü pour qu'Isaac pense que Jacob était Ésaü s'ils se rapprochaient l'un de l'autre. Jacob a dit qu'il était Ésaü, et Isaac était confus lorsqu'il a entendu la voix de Jacob si peu de temps après avoir envoyé Ésaü chasser. Lorsque Jacob s'est approché, Isaac a senti et senti les vêtements d'Ésaü et a demandé à plusieurs reprises si c'était Ésaü. Jacob mentit encore plusieurs fois, disant qu'il était Ésaü. Parce qu'Isaac était presque aveugle, il ne reconnut pas Jacob.

Finalement, Isaac a cru aux mensonges de Jacob et a béni Jacob à la place d'Ésaü. Dans la bénédiction, Isaac dit : « Que Dieu vous donne une bonne terre et beaucoup de blé et de vin. Que les peuples et les nations vous servent. Dirigez vos frères. Ceux qui te bénissent seront bénis, et ceux qui te maudiront seront maudits.

Juste après qu'Isaac ait donné sa bénédiction à Jacob, Ésaü revint des champs. Isaac réalisa alors qu'il avait été trompé lorsqu'il entendit la voix d'Ésaü. Mais Isaac n'a pas retiré la bénédiction qu'il avait donnée à Jacob, et il n'a pas non plus accordé une autre bénédiction à Ésaü. Cela a bouleversé Ésaü : il avait perdu à la fois son droit d'aînesse et la bénédiction de son père (les deux étaient généralement donnés au fils premier-né). Ésaü a comploté pour tuer Jacob, mais Rébecca a découvert le plan et a renvoyé Jacob pour qu'il soit en sécurité.

Jacob et sa famille

Jacob a déménagé à Haran où Rébecca avait vécu. En chemin, il rêva que ses descendants se répandraient dans toutes les directions, et qu'à travers ses descendants, toutes les familles de la terre seraient bénies. C'était le même message que Dieu avait donné à Abraham et à Isaac.

Jacob rencontra bientôt une belle bergère nommée Rachel à Haran. Elle était sa cousine (la fille de Laban, le frère de Rébecca). Jacob voulait que Rachel soit sa femme et il accepta de travailler pour Laban pendant sept ans pour la payer. Mais Rachel avait une sœur aînée moins attirante, Léa, et la coutume voulait que la fille aînée se marie en premier. Quand Jacob a fini de travailler pour payer Rachel, Laban dit qu'il devait aussi payer pour Léa. Jacob travailla donc encore sept ans pour payer Rachel.

Alors que Jacob travaillait pour Laban, il fonda une famille avec ses deux femmes. Jacob aimait Rachel plus que Léa, ce qui provoqua une division entre les sœurs. Léa eut quatre fils : Ruben, Siméon, Lévi et Juda. Rachel n'a pas pu avoir d'enfants, ce qui a provoqué davantage de tensions entre les deux épouses. Rachel était jalouse de Léa et voulait avoir ses propres enfants. Rachel a accepté de laisser Jacob avoir sa servante Bilhah comme autre épouse afin d'avoir des enfants qui seraient considérés comme ses propres descendants. Bilhah eut deux fils, Dan et Nephtali.

Alors que Léa voyait la famille de Rachel s'agrandir, elle décida de donner à Jacob sa servante, Zilpah, comme épouse. Zilpah eut deux fils, Gad et Asher. Léa eut alors deux autres fils, Issacar et Zabulon, et une fille Dina. Finalement, après toutes ces années sans pouvoir avoir d'enfant, Rachel a eu sa propre grossesse surprise et elle a donné naissance à un fils nommé Joseph.

Après avoir réglé sa dette pour les filles de Laban, Jacob travailla encore six ans pour Laban, et les deux familles prospérèrent. Jacob se prépara alors à retourner à Canaan où il hériterait de la propriété d'Isaac, développerait sa famille et travaillerait à sa manière. Jacob avait très bien réussi à élever des animaux en bonne santé, ce qui rendait jaloux les fils de Laban. Avant de retourner en Canaan, Rachel vola quelques idoles de valeur dans la maison de Laban. La famille est partie sans avoir organisé la fête d'adieu habituelle.

Lorsque Laban et ses frères découvrirent le vol et que toute la famille de Jacob était partie, ils pensèrent que Jacob essayait de s'enfuir. La famille de Laban poursuivit Jacob et sa caravane pendant une semaine. Lorsqu'ils les ont rattrapés, ils ont confronté Jacob au sujet du vol. Il fut surpris par leur accusation et dit à Laban de rechercher tout objet volé. Il a dit que quiconque aurait les idoles mourrait (il ne savait pas que Rachel les avait volées dans la maison de Laban).

Rachel s'est assise sur les idoles qu'elle a volées, alors Laban n'a pas trouvé ce qu'elle avait pris, et Jacob s'est senti injustement accusé. Il avait aidé Laban à devenir riche et n'avait pas été payé depuis six ans. Ils ont finalement convenu, en tant que cousins, qu'ils devaient se soutenir mutuellement, et ils se sont quittés en amis.

CHAPITRE 2

---◆---

JACOB RETOURNE EN CANAAN

Crises familiales et déménagement en Égypte

Alors que Jacob se dirigeait vers Canaan, il envoya des messages à Ésaü pour lui dire qu'il rentrait chez lui et qu'il partagerait sa richesse avec lui. Ésaü est allé à la rencontre de la caravane de Jacob et Jacob lui a envoyé des animaux en cadeau pour rendre Ésaü heureux. En chemin, Jacob rencontra un étranger et lutta avec lui pendant plusieurs heures, mais aucun des deux ne parvint à gagner. L'étranger voulait arrêter de se battre, mais Jacob a dit qu'il ne s'arrêterait pas tant qu'il n'aurait pas reçu la bénédiction de l'étranger. L'étranger le bénit et lui dit que son nom serait Israël.

Quand Ésaü et ses hommes atteignirent Jacob et sa famille, Jacob se tenait devant sa famille et sa caravane lorsqu'il rencontra Ésaü et ses hommes ; Rachel et Joseph étaient les derniers du groupe. Jacob s'inclina devant Ésaü pour lui montrer son honneur, mais à la surprise de Jacob, Ésaü le serra dans ses bras et ils pleurèrent dans les bras l'un de l'autre. Ésaü retourna ensuite chez lui à Edom et Jacob se rendit dans une région proche de la ville de Sichem. Quand Dina est entrée en ville, elle a été attaquée parce qu'elle était si belle. Les fils de Jacob découvrirent ce qui s'était passé et se vengèrent de la ville en tuant tous les hommes de la ville.

Jacob a découvert ces crimes et a été très bouleversé : tout le monde dans la région se retournerait contre eux. Lorsque Jacob et sa famille déménagent plus au sud, les gens qui se trouvent sur leur chemin ont peur d'eux et personne ne les dérange.

Rachel est décédée plus tard en donnant naissance à un autre fils, Benjamin. Jacob eut donc 12 fils et une fille : ce sont les enfants d'Israël : Ruben, Siméon, Lévi, Juda, Issacar, Zabulon, Dina, Dan, Nephtali, Gad, Aser, Joseph et Benjamin.

Joseph et ses frères

Jacob aimait Joseph plus que tous ses fils et lui confectionna un manteau aux multiples couleurs. Joseph parlait à Jacob des mauvaises choses que ses frères avaient faites, et ils ont commencé à le haïr et à s'en prendre à lui. Joseph avait des rêves dans lesquels il était le patron de ses frères, ce qui les faisait le détester encore plus.

Une année, Joseph fut envoyé voir ses frères qui regardaient les animaux paître dans de meilleurs pâturages. Quand les frères le virent arriver, ils élaborèrent un plan pour se débarrasser de lui. Ils lui arrachèrent son manteau coloré, le jetèrent dans une fosse profonde et le vendirent à des commerçants étrangers qui l'emmenèrent en Égypte. Les frères ont ensuite recouvert le manteau de Joseph de sang animal et l'ont apporté à Jacob, qui croyait que Joseph avait été tué par un animal sauvage. Jacob est devenu si triste qu'il a pleuré constamment pendant des semaines. Personne ne pouvait le réconforter.

Joseph en Égypte

Les commerçants vendirent Joseph à Potiphar, le chef de ceux qui gardaient le roi égyptien (Pharaon). Joseph était si intelligent que Potiphar lui confia la responsabilité de tout dans sa maison. Joseph était aussi jeune et beau, et la femme de Potiphar essayait de le faire aimer à plusieurs reprises. Mais Joseph a résisté. Un jour, alors que seuls Joseph et la femme étaient à la maison, la femme essaya de l'embrasser passionnément, mais Joseph sortit en courant de la maison. Pour se venger, la femme a dit à Potiphar que Joseph l'avait attaquée mais qu'il s'était enfui lorsqu'elle avait crié. Potiphar jeta alors Joseph en prison.

Mais Joseph était un dirigeant en prison. Il a interprété les rêves de certains prisonniers et les événements qu'il avait prédits se sont réalisés. Un prisonnier connaissait bien le roi et savait tout de ce qui était arrivé à Joseph. Lorsque l'homme sortit de prison et revint servir le roi, il dit à Pharaon que Joseph pouvait interpréter les rêves. Lorsque Pharaon avait des rêves qu'il ne pouvait pas comprendre, il demandait à Joseph de les lui expliquer. Joseph a dit qu'il n'était qu'un porte-parole de son Dieu, qui était le véritable interprète.

Joseph dit à Pharaon que les rêves prédisaient sept années de très bonnes récoltes, puis sept années de grave famine. Joseph a suggéré que Pharaon engage quelqu'un de sage pour créer un système de stockage de nourriture supplémentaire pendant les années d'abondance afin que la nourriture puisse être utilisée pendant les années de famine.

Pharaon aimait beaucoup ce plan et voyait que Joseph possédait la sagesse divine. Pharaon a confié à Joseph, un étranger qui n'avait alors que 30 ans, la responsabilité de tout le royaume égyptien – seul Pharaon avait une position plus élevée. Joseph a exécuté le plan visant à stocker de la nourriture pour la famine à venir pendant les sept années de bonnes récoltes. Pendant ce temps, Joseph fonda une famille avec sa femme égyptienne et eut deux fils, Manassé et Éphraïm.

La famine amène les Israélites en Égypte

La famine toucha toute la région, y compris Canaan, et le grain pour le pain était la seule chose qui poussait. Les gens venaient de partout en Égypte pour chercher de la nourriture, et Jacob envoya 10 de ses fils en Égypte chercher du grain pendant que Benjamin restait sur place. Quand les frères arrivèrent, ils allèrent chez Joseph pour acheter du grain, car il était responsable de toute la nourriture en Égypte. Mais les frères de Joseph ne l'ont pas reconnu parce qu'il s'est déguisé en les voyant arriver et parce qu'ils pensaient tous qu'il était mort.

Joseph commença à les interroger durement, les accusant d'être des espions qui voulaient des informations sur l'Égypte. Lorsqu'il les interrogea sur leur famille, ils répondirent que leur père et un de leurs frères vivaient toujours à Canaan. Les frères se consultèrent en privé, affirmant qu'ils payaient désormais le prix de leur péché de maltraiter Joseph et de le vendre. Les frères ne se rendaient pas compte que Joseph pouvait comprendre ce qu'ils disaient parce qu'il connaissait leur langue. Joseph était tellement rempli d'émotions fortes en voyant ses frères qu'il dut quitter la pièce pour pleurer en privé.

Quand Joseph revint, il leur fit grâce et leur vendit du grain à rapporter en Canaan. Il leur a également donné des fournitures pour leur voyage de retour. Mais il garda Siméon en prison jusqu'à ce que tous les frères, y compris Benjamin, puissent revenir ensemble. Lorsque les frères se sont arrêtés pour nourrir leurs ânes pendant le voyage de retour, ils ont trouvé tout l'argent qu'ils utilisaient pour payer les céréales dans les sacs de nourriture de leurs ânes.

Jacob était très inquiet lorsque les frères arrivèrent chez eux et lui racontèrent ce qui s'était passé en Égypte. Il ne voulait pas que Benjamin retourne avec eux en Égypte ; il ne voulait pas perdre l'autre fils de Rachel. Quand tout leur grain fut épuisé, Jacob demanda à ses fils d'aller en e pour acheter du grain, et ils emmenèrent Benjamin avec eux.

Quand ils allèrent tous voir Joseph, ils rapportèrent que leur père était encore en vie et ils présentèrent Benjamin comme le plus jeune frère. Joseph fut tellement ému en voyant Benjamin qu'il dut de nouveau quitter la pièce pour cacher ses larmes. Après s'être repris, Joseph revint et leur donna à tous une quantité incroyable de nourriture (Benjamin en reçut bien plus que les autres). Siméon fut libéré de prison et se trouva là, et tous les frères furent étonnés d'être si bien traités.

Joseph a alors joué un tour aux frères. Il demanda à son serviteur de remplir tous leurs sacs de nourriture et de mettre leur argent au sommet des sacs. Mais le serviteur enterra la coupe d'argent de Joseph dans le sac de Benjamin. Après que les frères eurent quitté la ville, Joseph envoya le serviteur les attraper et les accusa d'avoir volé la coupe. Ils ont nié avoir pris quoi que ce soit qui ne leur appartenait pas. Ils étaient tous d'accord sur le fait que si quelqu'un avait pris quelque chose, cette personne deviendrait l'esclave de Joseph. Après une recherche rapide, le serviteur trouva la coupe dans le sac de Benjamin.

Tous les frères étaient très bouleversés et retournèrent immédiatement voir Joseph. Juda, l'un des frères aînés, a parlé en privé à Joseph et lui a raconté que leur père ne voulait pas que le plus jeune fils retourne avec eux en Égypte - il avait déjà perdu un fils de sa femme préférée et ne voulait pas perdre l'autre. Mais Jacob a permis à Benjamin d'aller en Égypte parce que c'était une condition pour qu'ils achètent plus de céréales. Juda dit que si Benjamin ne pouvait pas revenir avec eux, leur père mourrait certainement. Juda s'est alors offert comme esclave à la place de Benjamin.

À ce moment-là, Joseph ne pouvait plus se contenir. Il a demandé à tout le monde de partir en congé, à l'exception des 11 frères. Il pleurait si fort que tous les voisins pouvaient l'entendre. Il a ensuite révélé sa véritable identité à ses frères, mais ils ne l'ont pas compris. Il les fit approcher et leur parla doucement :

> Je suis ton frère Joseph. Vous m'avez vendu à des hommes qui allaient en Égypte. Ne soyez pas triste ou en colère contre vous-mêmes ; c'est Dieu qui m'a envoyé avant toi pour préserver ta vie. La famine dure depuis deux ans et il lui faudra encore cinq ans. Dieu m'a envoyé avant toi pour te préserver comme un reste sur terre et te garder en vie. Ce n'est pas vous qui m'avez envoyé ici, mais Dieu, qui m'a établi comme le père de Pharaon, le seigneur de toute sa maison et le chef de tout le pays de l'Égypte. Rentrez chez vous et dites à notre père que je suis vivant et que vous vivrez tous au pays de Goshen et que vous serez près de moi. Vous et votre foyer resterez très pauvres si vous ne venez pas.

Les frères rentrèrent chez eux et racontèrent à Jacob tout le voyage et comment Joseph était vivant et régnait en Égypte. Pharaon fut heureux d'apprendre que les frères de Joseph étaient venus en Égypte et invita Jacob et tous ses proches à s'installer en Égypte où la vie était belle et où ils vivraient tous sur le meilleur pays. Tout le monde a déménagé en Égypte et a amené tout son bétail et ses biens. Dieu parla à Jacob dans un rêve, disant : « Je suis le Dieu de ton père ; Je serai avec toi en Égypte et je te ferai remonter en Canaan. »

Joseph se rendit à Goshen sur son char pour rencontrer Jacob et le reste de la famille à leur arrivée. On leur donna la meilleure terre, dans le delta du Nil, et Joseph fournit de la nourriture à toutes les familles.

CHAPITRE 3

---◆◆◆---

LA VIE EN ÉGYPTE

Dieu sauve les Israélites de l'oppression

Jacob et sa famille élargie ont vécu à Goshen pendant 17 ans. Avant de mourir, il a béni ses 12 fils et les deux fils de Joseph, Manassé et Éphraïm. Après sa mort, les frères de Joseph craignaient qu'il ne soit en colère contre eux à cause des choses horribles qu'ils lui avaient faites. Ils lui demandèrent pardon et se prosternèrent devant lui. Mais Joseph a expliqué qu'il prendrait soin d'eux, même s'ils le traitaient mal. Dieu avait transformé toutes les mauvaises choses en quelque chose de bien.

Les Israélites souffrent en Égypte

La tribu de Jacob et ses descendants étaient appelés Israélites et parlaient la langue hébraïque. Ils ont continué à prospérer et à croître en nombre après la mort de Joseph et de ses frères. Mais un nouveau pharaon ne se souciait pas de ce que Joseph avait fait et remarqua que les Israélites étaient plus nombreux que les Égyptiens. Il décida de faire des Israélites des esclaves et les fit travailler dans les champs et construire les villes de l'Égypte. Alors que la population israélite continuait de croître, Pharaon ordonna aux infirmières égyptiennes de tuer tous leurs bébés garçons. Les Israélites ont enduré des épreuves extrêmes et ont crié vers leur Dieu.

Moïse est né, puis parle à Dieu

Une famille israélite composée d'un garçon et d'une fille a eu un autre petit garçon à cette époque. Ils avaient peur que les Égyptiens le tuent, alors ils le cachèrent pendant trois mois. Mais ils se sont vite rendu compte qu'ils ne pouvaient plus le cacher, alors ils l'ont mis dans un panier et l'ont poussé dans les plantes poussant au bord du Nil. Sa sœur s'est cachée et a regardé ce qui allait arriver au panier flottant.

La fille de Pharaon se baignait à proximité et vit le panier. Elle l'a récupéré et s'est rendu compte qu'il contenait un petit garçon israélite. Il pleurait et elle avait pitié de lui. La sœur s'approcha de la fille du Pharaon et lui dit : « Dois-je demander à quelqu'un de l'allaiter pour toi ? » La fille de Pharaon accepta et la jeune fille demanda à la mère du bébé de l'allaiter jusqu'à ce qu'il puisse manger de la nourriture solide. La fille du Pharaon l'adopta alors comme son propre enfant. Elle l'a nommé Moïse.

En tant que petit-fils adoptif de Pharaon, Moïse était bien éduqué et devint un bon écrivain. En grandissant, il a découvert qu'il avait été adopté et qui étaient ses vrais père et mère. Il a commencé à aimer les Israélites et il a vu qu'ils étaient traités durement. Un jour, il vit un Égyptien battre un ouvrier Israélite. Alors que Moïse pensait que personne ne le regardait, il tua l'Égyptien. Mais certains Israélites virent ce qui se passait, et Pharaon en entendit parler. Pharaon a tenté de tuer Moïse, mais Moïse s'est enfui à Madian, une région sauvage située à plusieurs centaines de kilomètres de là. Lorsque Moïse était à Madian, il épousa la fille de Jéthro et fonda une famille. Moïse s'occupait des troupeaux de Jéthro, et alors qu'il se trouvait au pied d'une montagne, un ange lui apparut dans un buisson en feu. Mais le feu n'a pas brûlé le buisson et Moïse a essayé de comprendre pourquoi.

Puis une voix est venue de la brousse. « Moïse ! Ne vous approchez pas. Enlevez vos sandales car vous êtes en terre sainte. Je suis le Dieu d'Abraham, d'Isaac et de Jacob. J'ai vu la douleur de mon peuple en Égypte et j'ai entendu ses cris. Je suis venu les délivrer et les conduire vers une bonne terre où coulent zle lait et le miel. Je t'enverrai vers Pharaon pour que tu fasses sortir de l'Égypte mon peuple, le peuple d'Israël. »

Mais Moïse dit à Dieu : « Qui suis-je pour aller vers Pharaon et les faire tous sortir de l'Égypte ? »

Dieu répondit : « Je serai avec toi, et quand tu les auras fait sortir de l'Égypte, tu adoreras Dieu sur cette montagne. »

Moïse répondit : « Les Israélites voudront connaître votre nom. Que dois-je leur dire ? » Dieu dit à Moïse :

Dites que JE SUIS m'a envoyé. Le Dieu de nos pères – Abraham, Isaac et Jacob – m'a envoyé. Dites aux anciens d'Israël : « L'Éternel m'est apparu et m'a dit: 'Je m'inquiète pour vous et pour ce qui vous est fait en Égypte. Je te ferai donc sortir de l'esclavage et je te conduirai en Canaan, un pays où coulent le lait et le miel.' » Ils vous écouteront. Alors vous et les anciens d'Israël direz au roi de l'Égypte : « L'Éternel, le Dieu des Israélites, est à notre rencontre. S'il vous plaît, laissez-nous aller dans le désert afin que nous puissions sacrifier à notre Dieu. » Mais je sais que le roi ne vous laissera pas partir à moins d'y être contraint. Je frapperai alors l'Égypte de nombreux miracles, et après cela, il vous laissera partir. Les voisins égyptiens vous donneront des objets d'argent, d'or et des vêtements à emporter avec vous.

Moïse était toujours soucieux de faire ce que Dieu voulait qu'il fasse. Il a demandé : « Et s'ils ne me croient pas ou ne m'écoutent pas ? Ils peuvent dire qu'ils doutent que tu m'apparaisses.

Le Seigneur lui dit : « Qu'est-ce que tu as dans la main ? »

Et il dit : « Un bâton en bois. »

Alors le Seigneur dit : « Jetez-le par terre. » Moïse le jeta par terre, et il devint un serpent, effrayant Moïse. Mais le Seigneur dit : « Attrapez-le par la queue », et lorsque Moïse fit cela, le serpent redevint son bâton.

Le Seigneur dit alors : « Maintenant, mets ta main dans ta robe. » Lorsque Moïse l'a fait puis l'a retiré, sa main était blanche comme la lèpre (une maladie de peau redoutée). Alors le Seigneur dit : « Mets de nouveau ta main dans ta robe. » Lorsqu'il l'a mis et retiré, sa peau était redevenue normale.

Le Seigneur a poursuivi : « S'ils ne vous croient pas à cause du premier signe, ils croiront peut-être à cause du deuxième signe. Mais s'ils ne croient pas après les deux signes, prenez de l'eau du Nil et versez-la sur la terre. L'eau deviendra du sang sur le sol.

Moïse a inventé d'autres excuses pour expliquer pourquoi il ne devrait pas retourner en Égypte. Il dit à Dieu : « Je ne suis pas un bon orateur et je parle lentement. S'il vous plaît, envoyez quelqu'un d'autre. » Le Seigneur était en colère contre les excuses de Moïse et continua :

Qui a fait ta bouche ? Qui rend une personne sourde ou aveugle ? C'est moi ! Va ! Je serai dans ta bouche et je t'apprendrai quoi dire. Votre frère aîné Aaron est un bon orateur. Il vient à votre rencontre maintenant. Dis-lui ce que je t'ai dit et il parlera pour toi. Prenez le bâton pour pouvoir accomplir les signes afin que tout le monde voie que Dieu est avec vous.

Moïse retourne en Égypte

Moïse rencontra alors Aaron et ils retournèrent en Égypte. Il lui expliqua ce que Dieu lui avait dit et lui montra les signes qu'il pouvait faire avec l'aide de Dieu. Lorsqu'ils arrivèrent tous deux en Égypte, ils rencontrèrent les dirigeants Israélites. Aaron leur raconta ce que Dieu avait dit à Moïse, et Moïse fit les signes au peuple. Les gens crurent et lorsqu'ils entendirent que Dieu se souciait d'eux et savait ce qui leur arrivait, ils s'inclinèrent et adorèrent leur Seigneur.

Moïse accomplit également tous les signes devant le nouveau roi. Aaron dit à Pharaon : « Notre Seigneur, le Dieu d'Israël, a dit : « Laisse partir mon peuple afin qu'ils puissent célèbre une fête dans le désert. » Mais le roi ne les laissa pas partir - il n'en avait pas les moyens que tant de travailleurs partent. Pharaon a alors fait travailler les Israélites encore plus durement. Il leur faisait acheter leur propre paille pour les briques qu'ils fabriquaient, mais ils devaient quand même fabriquer le même nombre de briques. Lorsqu'ils ne trouvaient pas assez de briques, les surveillants ont battu les Israélites et les ont accusés d'être paresseux. Les superviseurs étaient en colère contre Moïse parce qu'il était revenu et avait rendu leur travail encore plus difficile.

Moïse regrettait d'être revenu en Égypte parce qu'il avait aggravé la situation au lieu de l'améliorer. Lorsque Moïse répéta au peuple que le Seigneur avait promis de les délivrer de l'Égypte, ils ne croyaient pas que cela arriverait. Tout le monde ne pouvait que penser à quel point leur vie était devenue cruelle.

Le Seigneur a dit à Moïse et à Aaron de retourner auprès de Pharaon et de lui dire à nouveau de laisser partir le peuple Israélite. Ils l'ont dit à plusieurs reprises à Pharaon, et à chaque fois ils ont montré la puissance de Dieu à Pharaon sous une forme d'affliction qui n'a blessé que les Égyptiens. Chaque fois, Moïse disait à Pharaon par l'intermédiaire d'Aaron, que le Dieu des Israélites avait dit : « Laisse partir mon peuple afin qu'ils me servissent. » À chaque fois, Pharaon accepta de les laisser partir, et à chaque fois Moïse fit cesser l'affliction en étendant la main. Mais chaque fois que les choses s'amélioraient, Pharaon changeait d'avis et refusait de laisser partir le peuple.

Ces actes montraient que le pouvoir du Dieu israélite était bien plus fort que les pouvoirs magiques des prêtres des dieux égyptiens. Voici quelques-unes des choses qui se sont produites.

- Moïse et Aaron frappèrent d'abord le Nil avec leurs bâtons et toute l'eau se transforma en sang. Ils ont étendu leurs mains sur toutes sortes d'eau et elles se sont toutes transformées en sang. Les poissons mouraient et l'eau était polluée et les Égyptiens ne pouvaient plus la boire.
- Les grenouilles ont tout envahi dans le monde des Égyptiens et des nuées de moucherons, de mouches et de sauterelles remplissent l'air.
- Moïse et Aaron provoquèrent des maladies qui tuèrent tout le bétail égyptien, des tempêtes de grêle détruisirent toutes les récoltes, les animaux et les gens qui se trouvaient à l'extérieur, et des furoncles cutanés éclatèrent sur les Égyptiens et leurs animaux.

Une dernière affliction convainquit Pharaon de les laisser partir. Dieu a dit à Moïse de demander à tous les Israélites de rassembler des objets d'or, d'argent et des vêtements auprès de leurs voisins. La plupart des Égyptiens respectaient les Israélites et leur donnaient ce qu'ils demandaient. Puis, à minuit, Dieu a fait mourir tous les premiers-nés et le bétail. Mais les Israélites éviteraient cette catastrophe s'ils suivaient certaines instructions. Ils devaient tuer un jeune et parfait agneau au crépuscule, puis répandre un peu du sang de l'agneau au-dessus de la porte et sur les montants de la porte de leur maison. Ils devaient rôtir un agneau et le manger très rapidement, accompagné d'herbes amères et de pain plat. Le sang sur les portes était un signe adressé à Dieu que l'ange de la mort devait passer sur la famille vivant à l'intérieur, épargnant ainsi la mort du premier-né. Les gens ne devaient pas sortir avant le matin et devaient brûler les restes de ce repas de « Pâque ». Et ils devaient se souvenir de ces événements, en répétant les mesures qu'ils avaient prises, et en faire une célébration annuelle permanente pour se souvenir de la façon dont Dieu les avait sauvés de l'esclavage. Cette nuit-là, les Israélites ont fait ce que Moïse leur avait demandé de faire.

Moïse avait dit à Pharaon : « Mon Dieu te dit : 'Israël est mon fils, mon premier-né, et il me servira. Mais vous refusez de le laisser partir. C'est pourquoi je tuerai ton premier-né.' » Et cette nuit-là, tout s'est passé comme

Dieu l'avait dit. Dans chaque foyer égyptien, à l'exception des Israélites, les premiers-nés de la famille et du bétail sont morts, victimes innocentes de la guerre en cours entre le bien et le mal.

Pharaon fut si bouleversé cette nuit-là qu'il ordonna à tous les Israélites et à leur bétail de quitter l'Égypte le plus vite possible. L'exode massif a impliqué environ 600 000 hommes, ainsi que leurs femmes, leurs enfants et leur bétail. Certains esclaves et étrangers quittèrent l'Égypte avec eux. Les descendants de Jacob étaient en Égypte depuis plus de 400 ans et ils retournaient désormais en Canaan.

CHAPITRE 4

---◆·❖·◆---

LES ISRAÉLITES QUITTENT L'ÉGYPTE

Dieu soutient les Israélites mécontents
et donne des lois pour la vie

Moïse conduisit les Israélites vers la mer Rouge. Ils suivaient des colonnes de nuages pendant le jour et des colonnes de feu la nuit. Peu après leur départ, ils se retrouvèrent au bord d'un grand plan d'eau. Pharaon surveillait la destination des Israélites et voulait qu'ils redeviennent esclaves. Il savait qu'ils étaient proches et reculés dans le désert, face à l'eau. Pharaon pensait qu'ils pouvaient être facilement capturés, alors il envoya son armée sur des chars et des chevaux pour les tuer et les capturer.

Quand les Israélites virent l'armée égyptienne approcher, ils eurent peur et se fâchèrent contre Moïse pour les avoir fait sortir de l'Egypte. Le peuple disait qu'il valait mieux vivre comme esclave en Égypte que mourir dans le désert.

Dieu a dit à Moïse de faire en sorte que le peuple commence à marcher vers l'eau, de lever son bâton et de remettre la mer pour diviser l'eau afin que tout le monde puisse traverser sur la terre ferme. Pendant ce temps, une colonne de nuages se déplaçait entre les Israélites et l'armée égyptienne pendant la nuit pour protéger les Israélites des attaques. Moïse a levé son bâton et sa main au-dessus de l'eau, ce qui a provoqué un vent fort qui a séparé les eaux et asséché le sol. Les Israélites marchèrent ensuite sur le sol sec jusqu'à l'autre côté.

Le matin, les Égyptiens poursuivaient les Israélites sur leurs chars et leurs chevaux en empruntant le même chemin à travers l'eau. Après que tous les Israélites soient passés de l'autre côté, Moïse leva son bâton et remit les eaux, arrêtant le vent. L'eau revint rapidement à son niveau normal et monta rapidement autour de toute l'armée égyptienne. Tous les soldats et chevaux égyptiens se sont noyés.

Lorsque les gens virent les cadavres flotter dans l'eau, ils furent stupéfaits par la puissance de Dieu et crurent Moïse. Ils célébrèrent leur victoire et honorèrent Dieu qui les avait libérés et vaincus leur ennemi. Les Israélites ne pouvaient pas s'attribuer le mérite d'avoir vaincu l'armée égyptienne ; seul Dieu en était responsable.

Moïse conduit le peuple dans le désert

Alors que Moïse conduisait les Israélites dans le désert, ils connurent de nombreuses difficultés. Ils ne trouvaient pas assez d'eau à boire, mais Dieu leur fournissait de l'eau de manière miraculeuse. Des soldats d'une tribu voisine les ont attaqués, mais Josué conduisit les Israélites à la victoire. La terre devenait rocailleuse et ne pouvait plus produire de nourriture. Lorsque les gens se plaignaient d'avoir faim et pensaient à la nourriture qu'ils mangeaient en Égypte, Dieu fit apparaître une substance sucrée semblable à un biscuit (manne, ou « pain ») sur le sol le matin comme du givre et fit apparaître des oiseaux (« viande ») tomber du ciel la nuit. Le pain ne durerait qu'une journée (il fondrait au soleil ou pourrirait le lendemain matin). Le sixième jour de la semaine, il y en aurait deux fois plus par terre, et une fois cuit, cela durerait deux jours. Moïse a dit au peuple que Dieu voulait qu'ils prennent ce qui restait du sixième jour et qu'ils ne fassent aucun travail le septième (dernier) jour de la semaine. Cela a établi la tradition du « sabbat », un jour de repos à la fin de la semaine.

Lorsque les Israélites étaient près de Madian, Moïse rencontra de nouveau Jéthro et rejoignit sa famille. Jéthro lui a dit que superviser tout le monde était une tâche trop lourde pour une seule personne. Il a dit que Moïse devrait être le représentant de Dieu auprès du peuple et lui enseigner les lois de Dieu et comment vivre sa vie. Mais Moïse devait choisir des hommes bons qui aimaient Dieu et détestaient la malhonnêteté pour être des dirigeants et des juges qui donneraient de bons conseils et régleraient les désaccords mineurs. Moïse ne devrait s'occuper que des problèmes majeurs. Moïse a suivi les conseils de Jéthro et a mis en place le système pour s'assurer que tous les dirigeants étaient correctement supervisés.

Lorsque les Israélites campèrent au pied du mont Sinaï, Dieu conclut un accord avec le peuple. Dieu dit à Moïse : « Dis à ceux de la maison de Jacob et aux fils d'Israël : 'Vous avez vu ce que j'ai fait aux Égyptiens. Si vous obéissez à mes commandements et à mes lois, alors vous serez mon peuple. Vous serez pour moi une nation sainte, et je vous garderai en sécurité et en bonne santé.' » Moïse a dit au peuple ce que Dieu avait dit, et le peuple a accepté d'obéir.

Les commandements majeurs et autres lois

Alors Dieu descendit sur le mont Sinaï dans un nuage de fumée enflammée qui recouvrait la montagne, et Moïse monta au sommet de la montagne où il rencontrait Dieu, qui disait, « Je suis l'Éternel, ton Dieu, qui t'ai fait sortir de l'Égypte et l'esclavage. Je suis un Dieu jaloux, faisant porter les péchés des parents qui me détestent sur leurs enfants. Mais je ferai preuve de bonté envers ceux qui m'aiment et qui gardent mes commandements. » Ensuite, Dieu a prononcé ces 10 commandements à Moïse.

(1) Je dois être votre seul Dieu. (2) Ne fabriquez pas d'idole ou quoi que ce soit qui ressemble à un dieu, et ne les adorez pas et ne les servez pas. (3) N'utilisez pas et ne prononcez pas mon nom avec négligence – traitez-le avec beaucoup de respect. (4) Souvenez-vous du jour du sabbat – sanctifiez-le. Faites tout votre travail en six jours, mais le septième jour, personne dans votre maison, y compris vos esclaves, vos animaux et les visiteurs qui séjournent chez vous, ne fera aucun travail. (5) Honorez votre père et votre mère afin que vous puissiez vivre longtemps. (6) Ne tuez pas. (7) Ne commettez pas d'adultère. (8) Ne volez pas. (9) Ne mentez pas contre les autres. (10) Ne désirez rien de ce qui appartient à votre prochain, ni sa maison, ni sa femme, ni ses serviteurs, ni ses animaux.

En plus de ces 10 commandements, Dieu a parlé à Moïse de nombreuses lois que le peuple doit suivre. La plupart étaient liées à la justice et à la garantie que les gens vivent de la bonne manière.

- Il y avait des lois sur la possession d'esclaves (si une personne achète un esclave Israélite, l'esclave doit être libéré la septième année sans aucun paiement supplémentaire).
- Il y avait des lois sur les blessures corporelles. Par exemple, « celui qui tue ou enlève par la force une autre personne ou qui maudit son père ou

sa mère sera mis à mort. Et s'il y a bagarre, la sanction est égale à ce qui s'est passé : vie pour vie, œil pour œil, dent pour dent, main pour main.

- Il y avait des lois sur les droits de propriété et les relations. Ceux-ci incluent : « Quiconque fera un sacrifice à un autre dieu sera détruit. Ne traitez pas mal les étrangers, car vous étiez étrangers en Égypte. Ne faites de mal à aucune veuve ou orphelin. Si vous leur faites du mal et qu'ils crient vers moi, j'entendrai leur cri et je me mettrai en colère.

- Il y avait des lois sur l'argent. « Si vous prêtez de l'argent à l'un de mes gens qui est pauvre, ne facturez pas d'intérêts. Vous ne devez pas retarder l'offrande de votre récolte. » Une dîme (10 %) de tout ce qui provient de la terre appartient au Seigneur.

- Il y avait des lois sur la justice et les principes d'une vie correcte. « Ne vous joignez pas à un méchant et ne mentez pas. Si vous rencontrez l'animal de votre ennemi qui s'éloigne, vous devez le lui rendre. Vous ne devez pas accepter de pot-de-vin, car cela empêche les gens de connaître la vérité et peut nuire aux autres. Soyez gentil avec les étrangers – vous savez ce que c'est de vivre dans un autre pays. Récoltez votre terre pendant six ans, mais la septième année, ne faites rien et laissez les nécessiteux en manger.

Dieu a dit à Moïse qu'un ange les garderait pendant leur voyage vers Canaan. Si le peuple obéissait à Dieu, il vaincrait ceux qui tentaient de l'arrêter. Ils ne devaient rien garder en rapport avec les dieux des tribus qu'ils avaient conquises. Ils contrôleraient une vaste région et la garderaient uniquement pour eux-mêmes, car laisser d'autres tribus vivre parmi eux nuirait à leur mode de vie et à leur amour pour Dieu.

Moïse descendit de la montagne et dit au peuple ce que Dieu avait dit. Les gens écoutaient et disaient qu'ils suivraient les commandements et les lois de Dieu. Moïse a écrit tout ce que Dieu lui a dit afin de préserver les commandements et les lois comme rappels pour les autres à l'avenir.

Plus de voyages en montagne

Dieu appela de nouveau Moïse sur la montagne et prit Josué avec lui. Ils sont restés pendant 40 jours. Dieu a dit à Moïse que le peuple devrait apporter une partie de ses biens pour construire un tabernacle où Dieu vivrait avec le peuple. De plus, une grande boîte ornée (l'Arche d'Alliance) devait être construite pour stocker les objets sacrés collectés sur le chemin de Canaan. D'autres objets devaient être fabriqués pour le tabernacle, et Dieu a donné à Moïse des instructions détaillées sur la manière dont on doit faire et utiliser chacun d'entre eux. Dieu a donné également des instructions détaillées sur la manière dont les prêtres devaient effectuer des sacrifices et sur la manière dont d'autres actes de culte devaient avoir lieu. Aaron, le frère de Moïse, devait être le grand prêtre, et ses fils devaient également être prêtres. Lorsque Dieu eut fini de donner ces instructions, Moïse descendit de la montagne avec deux tablettes de pierre plates sur lesquelles étaient écrits les mots des 10 commandements.

Lorsque Moïse et Josué revinrent, ils virent que certains membres du peuple avaient construit une statue en or représentant un veau. Cela faisait des semaines que Moïse et Josué n'avaient pas gravi la montagne et n'étaient pas revenus, alors ces gens pensaient qu'ils étaient morts et ont dit à Aaron de créer le veau d'or comme dieu qu'ils devraient suivre. Les gens adoraient le veau et lui faisaient des sacrifices.

Moïse fut extrêmement en colère lorsqu'il vit le veau d'or et les gens danser autour de lui. Moïse jeta les tablettes de pierre à terre et les brisa en morceaux. Moïse fit brûler le veau d'or. Puis il dit au peuple : « Ceux d'entre vous qui vivent pour le Seigneur, venez à moi ! » Les descendants de Lévi et bien d'autres se rassemblèrent auprès de Moïse. Alors Moïse dit aux Lévites de tuer ceux qui ne se présenteraient pas. Environ 3 000 hommes rebelles et désobéissants furent tués. C'est ainsi que les Israélites se débarrassèrent des personnes susceptibles de causer des problèmes lors de leurs déplacements.

Moïse dit alors à ceux qui adoraient le veau d'or qu'ils avaient commis un grand péché. Moïse a demandé à Dieu de leur pardonner. Dieu était extrêmement en colère, traitant les gens de très têtus dans leur résistance au changement et voulait tous les détruire. Mais Moïse rappelle à Dieu la promesse de faire d'eux une grande nation. Dieu a alors reconsidéré sa décision et a dit à Moïse de continuer à conduire le peuple vers Canaan.

Moïse gravit ensuite la montagne une troisième fois. Il a gravé deux autres tablettes de pierre avec les 10 commandes pour remplacer celles qui ont été brisées. Dieu parla à nouveau à Moïse de l'accord initial conclu avec Abraham, Isaac et Jacob : les Israélites étaient le peuple de Dieu et seraient bénis et devaient entrer en Canaan et obéir aux commandements et aux lois de Dieu. Lorsque Moïse descendit de la montagne après 40 jours, son visage « rayonnait ». Il a ensuite donné des instructions sur la façon de construire un tabernacle en fonction de ce à quoi Dieu a dit qu'il devrait ressembler. Une fois terminé, des cérémonies ont eu lieu pour bénir les prêtres qui y travailleraient. À la fin des cérémonies, une nuée couvrit la tente du tabernacle et Dieu la remplit. Le Dieu qui avait délivré et sauvé Israël vivait enfin avec le peuple élu.

Plus de règles de vie

Dieu passa encore plusieurs mois à fournir à Moïse de nombreuses règles sur la façon dont les prêtres devaient mener leurs affaires religieuses, comment les gens devaient adorer et comment Israël – en tant que peuple de Dieu – devait vivre en communauté. Aaron et ses descendants, tous de la tribu de Lévi, furent officiellement nommés prêtres. D'autres Lévites travaillaient pour soutenir les activités religieuses.

Certaines règles étaient des lois spécifiques tandis que d'autres étaient des principes généraux. Dieu était saint, et les Israélites avaient été choisis pour être un peuple saint, les représentants de Dieu sur terre pour montrer aux autres comment vivre et glorifier Dieu. Mais comme les humains pécheront toujours d'une manière ou d'une autre, les gens devaient se tenir devant Dieu et se repentir, en faisant des sacrifices et des offrandes brûlantes pour montrer leur chagrin et être purifiés de leurs péchés. Les offrandes et les sacrifices faits dans le tabernacle devaient être de haute qualité, utilisant les meilleurs grains et animaux sans aucun défaut, ce qui symbolisait la perfection.

L'effusion du sang était la clé du sacrifice visant à réparer une relation brisée entre Dieu et les humains. Dieu a dit à Moïse : « La vie du corps est dans le sang. » Le sang devait provenir d'animaux et non d'humains. Par des sacrifices et des offrandes, Dieu a pardonné au peuple, le séparant de ses péchés, rétablissant la relation entre Dieu et les humains. En lien avec cette idée, il y avait un Jour des Expiations spécial qui devait être observé une fois par an. Cela impliquait de sacrifier un bouc et de demander au Souverain Sacrificateur de poser ses mains sur la tête d'un autre bouc, de confesser tous les péchés du peuple et de transférer les péchés du peuple sur ce bouc. Ce deuxième bouc était ensuite relâché dans le désert pour symboliser que les péchés du peuple étaient effacés (un « bouc émissaire »).

Moïse a donné des instructions détaillées sur ce qu'on pourrait manger et ne pas manger, ce qu'on pouvait toucher et ce qu'on ne pouvait pas toucher. Les instructions étaient pratiques et contribuaient à maintenir la santé de la population. Par exemple, toute personne souffrant d'une maladie de peau devait être mise en quarantaine et pratiquer la distanciation sociale avec les autres : elle devait quitter le camp, porter des vêtements déchirés, ne pas se coiffer et crier : « Impur ! Impur ! » aux autres jusqu'à ce qu'ils soient en bonne santé. Il fallut suivre de nouvelles méthodes de lavage, assez avancées pour l'époque ; lorsqu'elles étaient suivies, ces méthodes donnaient aux Israélites un avantage au combat et leur durée de vie.

Si la plupart de ces règles traitaient des cérémonies religieuses et des questions liées à la santé, certaines règles traitaient des principes de moralité et de justice. Par exemple, il existait des règles et des sanctions associées à des crimes spécifiques, et il était demandé aux gens « d'aimer son prochain comme soi-même ». Les riches et les pauvres devaient être jugés de la même manière. Les étrangers devaient être acceptés et aimés comme tout le monde, tout comme les Égyptiens avaient accueilli les Israélites pendant la famine. Un champ ne devait pas être moissonné jusqu'à sa lisière, et les pauvres et les étrangers étaient autorisés à manger la nourriture située à la lisière ainsi que tout ce qui tombait au sol lors de la première récolte.

Une année sabbatique fut établie, semblable au jour du sabbat hebdomadaire. La septième année, la terre ne devait pas être labourée et la nourriture qui en provenait était librement accessible à tous ceux qui en voulaient. La nourriture à partir de la sixième année devait être stockée pour durer jusqu'à la septième année (de la même manière que la manne était traitée sur une base hebdomadaire). Et tous les 50 ans – l'année supplémentaire après sept cycles d'années sabbatiques – l'année du jubilé était célébrée. Les biens des pauvres qui avaient été vendus pour permettre aux pauvres de survivre devaient être restitués à leurs propriétaires d'origine.

Les règles et instructions se terminaient par des rappels des conséquences de la façon dont les gens vivent. Il existe de nombreuses récompenses et bénédictions pour ceux qui obéissent aux lois et aux commandements de Dieu, mais une punition survient lorsque les gens n'obéissent pas. Si la nation d'Israël rompt son accord avec Dieu, elle perdra sa terre, sera dispersée dans la région et deviendra l'esclave de ses ennemis. Pourtant, même après que les gens ont désobéi, il y a pardon et réconciliation lorsque les gens s'excusent et recommencent à obéir à Dieu. Il n'y a pas de condamnation permanente pour ceux qui désobéissent à Dieu – il y a toujours un moyen de récupérer les bénéfices de l'accord. La nature de Dieu est indulgente et extravagante lorsqu'il s'agit d'entretenir une relation avec les humains, la création la plus appréciée.

CHAPITRE 5

———◆·◆·◆———

LA VIE DANS LE DÉSERT

Le manque de foi prolonge le voyage de retour vers Canaan

Lorsque les Israélites campaient au pied du mont Sinaï, leur population comptait plusieurs millions d'habitants, dont une armée d'environ 600 000 hommes.[1] Toute la tribu des Lévites s'occupait de tout ce qui concernait le tabernacle et était consacrée à Dieu. Le tabernacle était situé au centre de tous les camps, et Moïse a établi des règles sur la manière de traiter les malades et les voleurs. Ceux qui voulaient se consacrer à Dieu pour une durée limitée ont fait le vœu nazaréen de ne consommer aucune forme de raisin, de ne pas toucher une personne morte et de ne pas se raser la tête (un signe pour les autres qu'ils avaient fait ce vœu).

Un an après avoir quitté l'Égypte, le peuple a célébré la Pâque et Moïse a donné la bénédiction de Dieu aux prêtres pour dire au peuple : « Que l'Éternel vous bénisse et vous garde. Le Seigneur fait briller son visage sur vous et vous fasse grâce. Le Seigneur tourne son visage vers toi et te donne la paix. »

---

[1] Les très grands nombres écrits dans les Écritures n'ont peut-être pas la même signification que notre compréhension des nombres. Il est peu probable que plusieurs millions de personnes puissent survivre pendant de longues périodes dans des régions où il y avait peu d'eau. Les Israélites avaient peut-être une méthode différente pour compter les personnes et les animaux, et le mot « mille » n'a peut-être pas la même signification qu'aujourd'hui (peut-être qu'un 0 a été ajouté à certains nombres, faisant de 60 000 en 600 000, lorsque certains des nombres ont été ajoutés). Les premières histoires ont été copiées par d'autres beaucoup plus tard). L'âge très avancé que l'on disait des gens pourrait refléter une manière différente d'utiliser les chiffres pour mesurer le temps. On dit que Mathusalem est l'humain ayant vécu le plus longtemps et qu'il est mort à 969 ans (voir Genèse 5 : 7), mais son âge initial pouvait avoir une virgule décimale, ce qui lui aurait donné environ 97 ans.

Crises sur le chemin de Canaan

Les Israélites commencèrent alors leur voyage vers Canaan, qui se trouvait à environ 250 milles au nord. Dieu était dans le tabernacle, et quand la nuée s'est levée du tabernacle, les Israélites sont partis. Les prêtres utilisaient des trompettes fabriquées à partir de cornes d'animaux pour annoncer les réunions, signaler l'heure d'avancer, se préparer au combat et célébrer les offrandes lors de leurs fêtes.

Après avoir parcouru 30 miles, certaines personnes ont commencé à se plaindre de la nourriture. Ils rêvaient de la nourriture qu'ils avaient en Égypte, en particulier de la viande, et en avaient assez de manger la même nourriture chaque jour. Dieu était contrarié par leur attitude, ce qui effrayait Moïse et lui faisait penser que son travail était trop difficile pour lui. Moïse a dit à Dieu :

« Je ne peux pas m'occuper seul de tous ces gens ; le fardeau qui pèse sur moi est trop lourd. Tue-moi maintenant. » Dieu a dit à Moïse de rassembler 70 hommes autour de sa tente, et l'Esprit les a remplis pour qu'ils deviennent également sages et aident à diriger le peuple.

Des espions vont en Canaan

Lorsque les Israélites approchèrent de Canaan, Dieu dit à Moïse d'envoyer un homme de chacune des 12 tribus se rendre à Canaan pour recueillir des informations sur les personnes qui y vivaient et sur le type de nourriture qui y était cultivée. Moïse dit aux 12 espions : « Allez voir si le peuple est fort ou faible, peu nombreux ou nombreux. Découvrez si la terre est bonne ou mauvaise, si le sol est fertile ou pauvre et s'il y a des arbres. Déterminez dans quel genre de villes ils vivent et s'ils ont des murs ou des fortifications. Si vous le pouvez, rapportez quelques fruits de la terre.

Les 12 espions ont exploré minutieusement la région et sont revenus au bout de 40 jours. Ils rapportèrent que la terre était excellente, mais que la population était forte et qu'il serait difficile de la vaincre au combat. Dix espions ont déclaré qu'occuper Canaan serait impossible parce que les villes étaient grandes et bien défendues et que les différentes tribus avaient de féroces combattants. Les gens étaient immenses – les espions se sentaient comme des sauterelles comparées à eux.

Mais deux des espions, Caleb et Josué, avaient un avis différent. Ils dirent : « Dieu nous conduira dans ce pays si le Seigneur est satisfait de nous. Si nous ne nous révoltons pas contre le Seigneur et n'avons pas peur des gens qui y vivent, nous les dévorerons. Leur protection disparaît si le Seigneur est avec nous.

Les 10 sceptiques ont convaincu les dirigeants qu'une invasion réussie était impossible. Ils ont alors commencé à crier après Moïse et Aaron pour les avoir conduits dans un voyage dénué de sens. Ils menacèrent de lapider Caleb et Josué et envisagèrent même de remplacer Moïse par un chef qui les ramènerait en Égypte.

Dieu était très en colère contre les Israélites et dit à Moïse : « Jusqu'à quand refuseront-ils de croire en moi, même après tout ce que j'ai fait pour eux ? Je les frapperai de la peste et je les détruirai.

Mais Moïse affirmait que la réputation de Dieu serait gâchée parce que toutes les autres nations savaient ce que Dieu avait promis de faire pour les Israélites. « Les nations diront que vous n'avez pas pu amener votre peuple dans le pays que vous lui aviez promis, alors vous l'avez massacré dans le désert. Tu es connu comme le Dieu lent à la colère, plein d'amour et qui pardonne nos péchés et notre rébellion. En tant que Dieu d'amour, pardonne les péchés de ce peuple, comme tu leur as pardonné chaque fois depuis qu'ils ont quitté l'Égypte.

Le Seigneur était d'accord avec Moïse. « Je leur pardonnerai comme vous l'avez demandé. Mais personne âgé d'au moins 20 ans, à l'exception de Caleb et Josué, n'entrera en Canaan comme je leur ai promis. Ils mourront dans le désert. Leurs enfants souffriront d'être infidèles en travaillant comme bergers dans le désert pendant 40 ans, un an pour chaque jour où les espions exploraient le pays. Ils souffriront pour leurs péchés et sauront ce que c'est que de m'avoir contre eux.

Dieu a dit à Moïse de ramener le peuple dans le désert vers la mer Rouge. Les 10 espions qui ont attisé la foule ont attrapé la peste et sont morts. Le peuple s'est repenti après avoir vu que ces espions étaient morts et confronté à la perspective de 40 années supplémentaires d'errance dans le désert. Mais nombre de leurs aveux n'étaient pas authentiques ; ils ne s'étaient repentis que pour que le voyage vers Canaan reprenne. Moïse leur a dit qu'ils devaient rester ensemble et retourner tous dans le désert, et que Dieu ne serait avec personne qui quitterait le groupe. Mais certains d'entre eux insistèrent pour se déplacer seuls vers le nord pour envahir Canaan. Quand ils l'ont fait, ils ont été vaincus.

Moïse est mis au défi

Alors que la population se préparait à se diriger vers le sud, quatre hommes lui ont amené 250 dirigeants communautaires très respectés et ont défié son autorité. L'un des rebelles était un Lévite qui remettait en question l'autorité sacerdotale de la famille d'Aaron. Moïse leur dit à tous de revenir dans sa tente le lendemain. Lorsqu'ils revinrent le lendemain, Dieu dit à Moïse et à Aaron de se retirer. Alors Moïse dit à ceux qui étaient rassemblés près des tentes : « Si ces chefs rebelles meurent d'une mort normale, alors l'Éternel ne m'a pas envoyé. Mais si le Seigneur fait quelque chose d'inhabituel, alors vous saurez que ces hommes ont traité Dieu avec mépris. » Dès que Moïse eut dit cela, le sol se fendit, et les chefs rebelles et leurs maisons tombèrent dans une ouverture creusée dans le sol. Puis la terre s'est refermée et ils ont tous disparu. Puis le feu brûla les 250 autres hommes.

Le lendemain, toute la communauté d'Israël était en colère contre Moïse et Aaron et se plaignait d'avoir tué de nombreux membres du peuple de Dieu. Les chefs de chacune des 12 tribus affrontèrent Moïse et Aaron. Dieu a provoqué une plaie qui a infecté les Israélites, et elle ne s'est arrêtée que lorsque Aaron a couru rapidement pour faire une offrande. Mais au moment où il avait fait cela, des milliers de personnes étaient mortes.

Moïse continue de diriger

Lorsque les Israélites s'installèrent dans le désert, il y avait peu d'eau parce que beaucoup de gens vivaient à la lisière du désert. Les gens ont recommencé à se plaindre et auraient souhaité être morts où retourner en Égypte. Dieu a dit à Moïse de prendre un long bâton et de dire au rocher devant eux de produire de l'eau. Lorsque le peuple se rassembla près du rocher, Moïse s'impatienta et frappa le rocher à deux reprises avec le bâton, produisant un jet d'eau. Mais Moïse n'a pas honoré Dieu dans le processus et a frappé le rocher plutôt que de lui dire de produire de l'eau. En raison de son impatience, Dieu dit à Moïse et à Aaron qu'ils ne pouvaient pas entrer en Canaan.

Moïse conduisit le peuple vers le sud à travers une vallée contrôlée par certains de ses ennemis, et le peuple se plaignit à nouveau du manque d'eau et de pain et de la nourriture misérable. Pour les punir, Dieu envoya des serpents venimeux, et de nombreux Israélites furent mordus et moururent. Le peuple a avoué et a demandé à Moïse que Dieu enlève les serpents. Le Seigneur a dit à Moïse de fabriquer un serpent de bronze et de le placer sur un poteau, afin que quiconque serait mordu puisse le regarder et vivre.

En route vers Canaan

Les Israélites se tournèrent ensuite vers une région à l'est de Canaan où ils rencontrèrent différents ennemis en cours de route. Les Israélites gagnèrent toutes les batailles et s'emparèrent du territoire situé à l'est de la mer Salée. Ils campèrent à l'est du Jourdain, en face de Jéricho, une ville grande et puissante. Moïse et les autres dirigeants Israélites se préparèrent à traverser le Jourdain pour entrer en Canaan. Le nombre de soldats dans leur armée était à peu près le même que lorsque les Israélites quittèrent l'Égypte plus de 40 ans plus tôt.

Mais seulement deux d'entre eux étaient le même peuple, Caleb et Josué, les deux espions qui croyaient que Dieu les conduirait à la victoire en Canaan.

Ensuite, Dieu a donné à Moïse des instructions spécifiques sur ce que le peuple devait faire une fois qu'ils sont entrés en Canaan.

> Lorsque vous passerez le Jourdain pour entrer en Canaan, chassez tous ses habitants, détruisez toutes leurs images et idoles de leurs dieux, et démolissez tous leurs autels. Occupez et installez-vous dans le pays, car je vous l'ai donné. Si vous ne les chassez pas, ceux qui resteront seront pour vous une pierre d'achoppement, ils vous causeront des ennuis, et alors je vous ferai ce que je compte leur faire.

Puisque Moïse n'allait pas entrer en Canaan, Dieu a choisi Josué pour devenir le nouveau chef des Israélites. Moïse a donné des instructions sur la manière dont les offrandes et les célébrations devaient avoir lieu en Canaan. Il a également enregistré tous les événements importants qui s'étaient produits et ce que Dieu lui avait dit après que les Israélites eurent quitté l'Égypte.

Moïse donne ses derniers mots

Avant que le peuple ne traverse le Jourdain pour entrer en Canaan, Moïse leur parla et résuma les principaux événements survenus au cours des 40 dernières années. Il a souligné combien il était important d'honorer Dieu, de respecter les commandements et d'obéir aux règles qu'il avait établies – elles venaient toutes de Dieu.

Moïse a également averti le peuple des conséquences du manque de fidélité. Il savait que leur principal défi serait de nature spirituelle. Il leur a dit :

> Si vous vous corrompez et faites ce qui est mal aux yeux du Seigneur, Dieu se mettra en colère et vous périrez rapidement du pays. Le Seigneur vous dispersera parmi les autres nations, et seuls quelques-uns d'entre vous survivront. Mais si de là tu cherches le Seigneur de tout ton cœur et de toute ton âme, tu trouveras Dieu. Plus tard, vous retournerez au Seigneur, qui est miséricordieux et qui ne vous abandonnera pas, ne vous détruira pas et n'oubliera pas les promesses faites avec vos ancêtres. Écoute, Israël : Le Seigneur notre Dieu est un seul Seigneur. Tu dois aimer le Seigneur ton Dieu de tout ton cœur, de toute ton âme et de toutes tes forces.

Moïse a donné plus d'instructions sur ce qui devrait se passer lorsque les Israélites entreraient en Canaan. Dieu les conduirait à la victoire sur les nations plus grandes et plus fortes, et ces nations doivent être totalement détruites. Les Israélites ne devaient pas être terrifiés par les nations occupant Canaan parce que le Dieu « grand et redoutable » était avec eux. Ils ne devaient conclure aucun traité avec les autres nations et ne devaient leur montrer aucune pitié. Ils ne devaient pas se marier avec des familles d'autres nations car cela amènerait les Israélites à suivre d'autres dieux. Tout ce qui concernait un autre dieu devait être détruit.

Pour empêcher les Israélites de devenir arrogants face à leur succès, Moïse leur dit : « Ce n'est pas parce que vous êtes justes ou bons que vous prendrez possession de leur pays. C'est plutôt à cause de la méchanceté de ces nations. Après tout, Dieu nous considère comme un peuple ayant un torticolis. » Le peuple devait aimer et obéir à Dieu, non pas de manière formelle et routinière, mais parce que Dieu avait d'abord montré son amour pour les

Israélites de plusieurs manières. L'amour était au cœur de la relation – il devait être démontré à la fois par Dieu et par les Israélites.

Moïse a dit au peuple de se souvenir de la bonté de Dieu en lisant les histoires sur la façon dont Dieu les a délivrés de l'Égypte et toutes les autres choses qui se sont produites depuis lors. Moïse leur a dit de s'entourer de rappels de cette bonté et d'obéir aux commandements de Dieu. Il leur a donné ce message de Dieu :

> Fixez mes paroles dans vos cœurs et vos esprits ; attachez-les en signe sur vos mains et sur votre front. Apprenez-les à vos enfants, parlez-en lorsque vous êtes à la maison et que vous marchez sur la route, lorsque vous vous couchez et que vous vous levez. Je mets devant toi une bénédiction et une malédiction. Vous serez béni si vous écoutez mes commandements, mais vous serez maudit si vous n'écoutez pas mes commandements et si vous vous détournez de moi pour suivre d'autres dieux.

Moïse a dit au peuple que Dieu leur demandait simplement de respecter le Seigneur. « Marchez dans l'obéissance, aimez et servez le Seigneur de tout votre cœur et de toute votre âme. Observez les commandements et les décrets de Dieu que je vous donne aujourd'hui pour votre propre bien. Ce n'est pas trop difficile pour vous. Aujourd'hui, je mets devant toi la vie et la prospérité, la mort et la destruction. Choisissez la vie.

Moïse a dit à Josué que le Seigneur était avec lui, qu'il l'avait précédé et qu'il ne le quitterait jamais. Il ne faut donc pas avoir peur ni se décourager. Dieu parla secrètement à Moïse et à Josué et dit que le peuple se détournerait effectivement de Dieu. Les 40 dernières années ont prouvé que les Israélites étaient naturellement rebelles et têtus, avaient une capacité d'attention limitée, oubliaient souvent et prenaient les bénédictions de Dieu pour acquises. Dieu a dit à Moïse d'écrire une chanson que les gens pourraient chanter lorsque les choses tourneraient mal à l'avenir. La chanson décrit comment le bon Dieu les a quittés parce qu'ils n'étaient pas fidèles aux commandements de Dieu. Les Israélites chantaient la chanson et se rappelaient pourquoi ils souffraient. Moïse a vu Canaan depuis une colline à l'est du Jourdain. Après sa mort, Josué a dit au peuple de se préparer à traverser le Jourdain et à entrer en Canaan.

CHAPITRE 6

---◆---

LA CONQUÊTE DE CANAAN

Les victoires de Josué éliminent la plupart des domaines de l'idolâtrie

De nombreuses « nations » différentes vivaient en Canaan lorsque les Israélites campaient près de Jéricho, et les tribus ne s'entendaient pas entre elles. De nombreuses villes avaient des murs solides et leurs dirigeants payaient des nations plus puissantes pour éviter d'être conquises. Les nations occupant Canaan croyaient en de nombreux dieux, mais les gens exigeaient des choses horribles. Par exemple, il était courant que les gens pensent que leurs dieux voulaient que les enfants soient tués en sacrifice.

Israël traverse le Jourdain et attaque Jéricho

Josué envoya deux espions pour en savoir plus sur Jéricho, la première ville contre laquelle ils combattraient. Ils rencontrèrent une femme pécheresse nommée Rahab qui les informa que tout le monde en Canaan connaissait déjà les Israélites et leur Dieu puissant, et qu'ils envisageaient de s'emparer de tout le pays. Tout le monde avait très peur d'eux.

Les gardes de la ville ont rapidement repéré les espions lors de leur visite à Rahab, et ils se sont rendus chez elle et lui ont dit de les relâcher. Mais elle a caché les espions sur son toit et a dit aux gardes qu'ils n'étaient plus là. Les gardes l'ont crue et sont partis à leur recherche. Alors Rahab a demandé aux espions de l'épargner, elle et sa famille, de la destruction à venir – elle les avait sauvés et voulait être sauvée aussi. Les espions ont élaboré un plan pour s'assurer qu'elle ne meure pas lorsque la ville est attaquée. Elle a ensuite laissé les deux espions descendre au sol avec une corde à travers une fenêtre du mur, et ils ont traversé la rivière jusqu'à Josué.

Le lendemain matin, Josué ordonna aux Israélites de se rassembler près du Jourdain, qui était en crue au printemps. Les prêtres portèrent l'Arche d'Alliance jusqu'au bord du fleuve, et elle cessa de couler peu après qu'ils eurent mis leurs pieds dans l'eau. (Une énorme section de roche venait de se détacher du flanc de la colline à 15 milles en amont, provoquant la formation d'un réservoir et arrêtant le débit de la rivière.) Les gens traversèrent la rivière et campèrent près de Jéricho. Les gens étaient émerveillés par la puissance de Dieu.

Les portes de Jéricho étaient fermées car on s'attendait à une bataille avec les Israélites. Mais Josué n'a pas attaqué. Au lieu de cela, le Seigneur a dit à Josué de faire marcher toute l'armée autour de la ville une fois par jour pendant six jours. Les prêtres menaient le défilé et jouaient de leurs trompettes tandis que d'autres prêtres portaient l'Arche, suivis par l'armée. L'armée est restée silencieuse pendant sa marche. Le septième jour, ils firent sept fois le tour de la ville, et quand l'armée entendit un long coup de trompette, ils poussèrent tous de grands cris. Les murs de la ville se sont effondrés et l'armée s'est précipitée dans la ville non protégée et a tué tout le monde sauf Rahab et les membres de sa famille, qui les Israélites ont tous autorisé à vivre avec les eux. Josué brûla Jéricho et maudit la ville.

La nouvelle se répandit rapidement dans la région sur ce qui était arrivé à Jéricho. Les différents rois qui contrôlaient tout le pays de Canaan savaient que le dieu d'Israël était bien plus fort que les leurs, et ils perdirent le courage de se battre. Les Israélites attaquèrent de nombreuses autres villes de la région, mais si quelqu'un gardait des objets de valeur pour lui, l'armée perdrait la bataille et le voleur serait tué.

Les habitants de Gabaon se sont rendu compte qu'ils étaient condamnés et ont trompé Israël pour qu'il conclue un traité de paix avec eux. Ils se faisaient passer pour de pauvres étrangers qui proposaient d'être les serviteurs d'Israël. Josué a conclu un traité avec les Gabaonites, mais il a vite découvert que c'était une ruse. Mais il a quand même honoré le traité : les Gabaonites n'ont pas été tués, mais pour leur tromperie, ils ont été maudits pour devenir les serviteurs d'Israël.

Les rois voisins rassemblèrent leurs armées pour combattre les Israélites comme une seule armée. Ils attaquèrent Gabaon, mais Josué et son armée marchèrent toute la nuit et surprirent les envahisseurs le matin. Les Israélites combattirent toute la journée et vainquirent toutes les armées adverses à Gabaon, puis poursuivirent les armées en retraite et tuèrent les rois des armées d'invasion. Josué et son armée continuèrent leur route vers le sud et conquirent de nombreuses autres villes, ne laissant aucun survivant. Lorsqu'il eut terminé, il avait conquis toute la région, depuis le centre de Canaan et toutes les régions situées au sud.

Josué dirige les attaques vers le nord

Puis Josué et l'armée se dirigèrent vers le nord. Les nations du nord de Canaan ont appris ce qui est arrivé aux armées du centre et du sud de Canaan et se sont unies pour combattre l'armée d'Israël. Lors d'une attaque surprise, l'armée Israélite a mis en déroute les forces combinées de certaines des armées adverses, puis elle a vaincu l'armée massive dirigée par des chars de la grande ville de Hazor et l'a entièrement incendiée. L'armée Israélienne poursuivit alors les armées en retraite des nations du nord jusqu'en Phénicie. Tout le monde fut tué, mais à part Hazor, aucune ville ne fut détruite, car elles seraient utilisées par les Israélites à l'avenir. Les Israélites gardaient pour eux tout le bétail et les objets de valeur du peuple. Cela a mis fin à tous les combats.

La conquête est terminée

Il fallut sept ans à Josué pour terminer toutes les batailles, et 31 royaumes furent conquis en Canaan. Seuls ceux de Gabaon ont conclu un traité de paix avec Israël, et ils étaient les serviteurs d'Israël. Mais certaines zones n'étaient pas occupées, de sorte que des habitants d'autres tribus vivaient toujours dans la région. Josué avait essentiellement fait ce que Dieu et Moïse lui avaient dit de faire : éliminer les habitants de Canaan qui avaient le cœur froid contre le seul vrai Dieu. Cela a permis aux Israélites de s'installer dans la terre promise, mais ils ont quand même coexisté avec les non-croyants.

Josué a donné des terres aux 12 tribus d'Israël selon le nombre de personnes dans chaque tribu : les tribus les plus grandes ont hérité de plus de terres. Les armées de trois tribus obtinrent les terres qu'elles voulaient à l'est du Jourdain. Les Lévites devaient avoir 48 villes pour vivre sur le territoire de chaque tribu et des terres en dehors de ces villes pour leurs animaux.[2] Six villes héritées de

---

[2] Les 12 tribus qui héritèrent du pays étaient Ruben, Siméon, Juda, Issacar, Zabulon, Benjamin, Dan, Nephtali, Gad, Asher et les deux fils de Joseph, Éphraïm et Manassé. La tribu de Lévi reçut des villes parmi les 12 tribus.

la tribu de Lévi ont été désignées comme des « refuges sûrs » afin que les gens puissent se mettre en sécurité s'ils tuaient accidentellement quelqu'un. Les tribus désignèrent des villes et des zones de pâturage pour les Lévites. Caleb, le seul autre survivant de la génération précédente à avoir traversé la frontière de Canaan avec Josué, reçut la ville d'Hébron. Shiloh est devenu le centre religieux où l'Arche d'Alliance était conservée et où les conflits nationaux étaient traités.

Lorsque Josué distribua les terres aux tribus, il était un vieil homme. Il rassembla les chefs des tribus pour leur rappeler de rester fidèles au seul vrai Dieu et de ne pas se mêler aux Cananéens qui vivaient dans la région. Il leur a rappelé que de bonnes choses leur arrivaient parce qu'ils obéissaient à Dieu, mais que Dieu les détruirait s'ils se comportaient de manière mauvaise. Les batailles et le nettoyage de Canaan visaient à éliminer les puissances du mal dans la région, à démontrer au monde la puissance du Dieu d'Israël et à créer une société de personnes saintes qui ne faisaient aucun compromis avec le mal. Il a déclaré aux personnes présentes :

> Craignez le Seigneur et servez Dieu en toute fidélité. Débarrassez-vous des dieux que vos ancêtres adoraient dans le passé. Mais si servir le Seigneur vous semble difficile, alors vous devez choisir qui vous servirez, que ce soit les dieux que vos ancêtres ont servis ou les dieux des gens qui vivent dans le pays où vous vivez. Mais quant à moi et ma famille, nous servirons le Seigneur.

Les dirigeants ont promis de faire confiance au Seigneur, de le servir et de l'adorer, de suivre les commandements et les décrets de Dieu et de ne pas se mêler au peuple Cananéen.

CHAPITRE 7

---◆◆◆---

ISRAËL LUTTE EN CANAAN

Les tribus se séparent, abandonnent leur foi et commencent à perdre la bénédiction de Dieu

En raison des distances et du manque d'unité entre les 12 tribus, les chefs tribaux n'avaient pas la possibilité de prendre des décisions ou de déterminer comment travailler ensemble. En conséquence, chaque tribu a développé ses propres modes de vie dans la région où elle s'est installée.

Les tribus se sont battues contre ceux qui vivaient encore dans la région. Plusieurs grandes villes étaient encore contrôlées par les Cananéens parce que les Israélites de leur région n'étaient pas assez forts pour les vaincre au combat. Dans certains cas, la population locale a reconstruit les villes détruites par les Israélites et est redevenue puissante. Certains Israélites se sont liés d'amitié avec les Cananéens et ont adopté leur mode de vie, notamment en participant à des cérémonies religieuses en l'honneur d'autres dieux. Les mariages mixtes ont conduit à une nouvelle détérioration de la fidélité des Israélites aux commandements et aux rituels religieux de Dieu. Moïse avait averti le peuple de ne pas faire ces choses, et le peuple avait promis de ne pas les faire. Mais la plupart des gens faisaient ce qu'ils voulaient.

Au cours des siècles suivants, les Israélites abandonnèrent si souvent leur foi en Dieu que Dieu leur ôta les bénédictions promises à Moïse et à Josué. Cette infidélité spirituelle, dans laquelle le peuple a rompu les promesses qu'il avait faites de rester fidèle à Dieu, l'a conduit à être dominé par les autres. Divers dirigeants Israélites ayant foi en Dieu ont aidé les tribus à surmonter cette domination et ont créé des temps de paix et de prospérité jusqu'à ce que la prochaine vague d'infidélité se produise.

Oppression périodique et victoires

Les ennemis du nord des Israélites les attaquaient d'abord et les traitèrent très durement pendant huit ans. Othniel, juge et chef militaire de la tribu du Juda et frère cadet de Caleb, a vaincu les armées, ce qui a marqué le début de 40 ans de paix. Mais les Israélites firent encore une fois ce qui est mal aux yeux de Dieu, et une autre tribu à l'est les envahit et prit le contrôle de Canaan pendant 18 ans. Ehud, de la tribu de Benjamin, trompa et tua le roi étranger et remporta une victoire militaire sur cette armée. Cela a conduit à 80 ans de paix.

La région fut ensuite reprise par les puissances Cananéennes basées à Hazor, qui avait été reconstruite. La prophète et juge Israélite Débora gérait les différends entre les Israélites tout en observant les mauvaises choses qui étaient faites à son peuple. (Les prophètes parlaient des pensées et des enseignements de Dieu au peuple et aux dirigeants, et ils faisaient parfois des prédictions sur l'avenir.) Dieu lui a dit de contacter un homme nommé Barak, pour lui dire que le Seigneur voulait qu'il dirige des armées contre la puissante armée de Hazor. Dieu a promis à Barak une victoire, mais il n'irait que si Déborah l'accompagnait. Elle accepta, et ensemble ils vainquirent l'armée de Hazor lorsque ses lourds chars de fer restèrent coincés dans la boue après de fortes pluies survenues juste avant la bataille ; 40 ans de paix ont suivi leur victoire.

Gédéon et Jephté

Israël est finalement redevenu infidèle et a commis toutes sortes de mauvaises choses. Les nomades hostiles de Madian pillaient parfois la nourriture et les animaux des Israélites. Ces raids périodiques poussèrent les Israélites à vivre dans les grottes et les collines.

Lorsque les Israélites ont appelé Dieu à l'aide, le Seigneur a appelé Gédéon, un jeune agriculteur, pour les conduire. Un étranger lui a dit que Dieu ferait de lui un puissant guerrier, mais il doutait que cela soit possible. Il n'avait aucune formation, venait d'un petit village de la tribu la plus faible et était le plus jeune de sa famille. Il savait que Dieu avait abandonné les tribus d'Israël à cause de leur pécheur persistant. Mais l'étranger a dit que Dieu serait avec lui et chasserait tous les Madianites.

Gédéon voulait un signe prouvant que Dieu était avec lui. Plusieurs miracles se sont produits pour prouver à Gédéon que Dieu l'avait choisi pour diriger l'armée et qu'il serait victorieux. Il avait plus de 32 000 hommes dans son armée, mais Dieu lui dit que c'était trop : s'il gagnait la bataille, les gens n'en rendraient pas hommage à Dieu. Grâce à une série de tests visant à réduire le nombre d'hommes dans l'armée, Gideon s'est retrouvé avec seulement 300 hommes. Avec une si petite armée, si Gédéon gagnait une bataille contre toute attente, seul Dieu en obtiendrait le mérite.

Les hommes de Gideon lancèrent une attaque surprise pendant la nuit, ce qui provoqua confusion et panique parmi l'ennemi, qui commença à s'affronter. Beaucoup d'entre eux se retirèrent et furent pourchassés par les hommes de Gédéon sur une distance de 40 milles, bien au-delà du Jourdain. Plus de 135 000 soldats et dirigeants ennemis ont été tués au cours de cette longue bataille.

Après les batailles, les Israélites voulaient faire de Gédéon leur roi et de ses fils les rois qui lui succéderaient. Mais il refusa et dit que Dieu était leur roi. Cependant, il demanda une boucle d'oreille en or à tous ceux qui prenaient de l'or à l'ennemi. Le peuple donna à Gédéon 43 livres d'or, et il se confectionna un vêtement élaboré et l'emporta dans sa ville natale. Là, il est devenu un vêtement sacré que les gens vénéraient plus que Dieu.

La victoire a apporté aux Israélites 40 ans de paix. Mais à la mort de Gédéon, les Israélites commencèrent à adorer le dieu local, Baal. Ils oublièrent ce que Gédéon et le Seigneur avaient fait pour eux. Après que plusieurs juges aient dirigé Israël pendant 45 ans de paix, les Israélites ont recommencé à adorer Baal et d'autres dieux, et des puissances étrangères ont pris le contrôle de la région et ont maltraité les Israélites.

Après 18 ans de domination des Ammonites à l'Est, les Israélites ont demandé à Dieu de pardonner leurs péchés passés. Ils détruisirent leurs dieux étrangers et servirent le Seigneur. Puis ils demandèrent à Jephté de diriger une armée pour vaincre cette puissance étrangère. C'était un fils illégitime qui a été maltraité par ses demi-frères, il s'est enfui et a vécu avec des hommes sans abri au bord du désert. Il était devenu célèbre comme un guerrier intrépide qui dirigeait une bande de bandits. Les Israélites dirent que s'il gagnait la bataille, ils en feraient leur chef.

Jephthé accepta et tenta d'abord de négocier une solution pacifique avec le roi ennemi au sujet d'un différend foncier, mais cet effort échoua. Jephthé partit ensuite détruire 20 des villes ennemies et dirigea tout Israël pendant six ans jusqu'à sa mort.

Samson et les Philistins

Jephté fut suivi par différents juges qui servirent encore 25 ans, mais après cela, les Israélites se détournèrent du Seigneur et suivirent des dieux étrangers. Ils tombèrent sous la domination des Philistins, une tribu puissante qui occupait des terres fertiles au bord de la mer Méditerranée. Leur contrôle sur Canaan dura 40 ans.

Un ange a dit à un couple qui vivait près du territoire Philistin et qui ne pouvait pas avoir d'enfant qu'il aurait un fils. Il serait Nazaréen de naissance – il ne consommerait aucune forme de raisin, ne toucherait pas une personne morte et ne se couperait pas les cheveux de la tête. Le garçon délivrerait Israël des Philistins. Quand le garçon naquit, ils l'appelèrent Samson.

Samson est devenu célèbre pour sa grande force. Mais il était également impulsif et colérique et manquait de sagesse et de bonne moralité. Par exemple, il couchait avec des femmes étrangères, épousait des étrangers et rompait souvent son vœu de ne pas toucher un cadavre. Il tua des milliers de Philistins à cause de son courage et de sa grande force, et il régna sur Israël pendant 20 ans.

Dalila

À la fin de son règne, Samson tomba amoureux d'une femme nommée Dalila. Les Philistins lui ont demandé de découvrir pourquoi Samson était si fort, et ils l'ont payée pour découvrir son secret. Dalila a demandé à plusieurs reprises à Samson comment il était devenu si fort. Chaque fois, il mentait à ce sujet, et chaque fois Dalila racontait aux Philistins ce qu'il avait dit. Lorsque les Philistins essayèrent de le capturer, il les repoussa parce qu'il était encore fort. Dalila s'est plainte à plusieurs reprises à Samson de la façon dont il lui avait menti. Elle a dit qu'il ne l'aimait pas et qu'il l'avait fait passer pour une idiote. Elle l'a harcelé à ce sujet jour après jour jusqu'à ce qu'il en ait marre d'elle. Sampson n'a pas réalisé ce que Dalila essayait de faire, et il lui a finalement dit que ses forces disparaîtraient si ses cheveux étaient coupés. Dalila a révélé ce secret aux Philistins, et après qu'elle lui ait coupé les cheveux pendant qu'il dormait, Dieu l'a quitté et les Philistins l'ont facilement capturé. Ils lui ont arraché les yeux, l'ont fait prisonnier et l'ont forcé à moudre du grain.

Au fil du temps, les cheveux de Samson se sont allongés et il a retrouvé ses forces. Lorsque les dirigeants philistins ont fait sortir Samson de prison pour se moquer de lui devant une très grande foule, son maître l'a placé entre deux piliers qui soutenaient le bâtiment afin qu'il puisse s'appuyer sur eux.

Samson a alors prié le Seigneur : « S'il te plaît, Seigneur, souviens-toi de moi. Fortifie-moi encore une fois et permets-moi de me venger des Philistins pour mes deux yeux. » Alors Samson s'est appuyé entre les deux piliers centraux qui soutenaient le temple et a poussé les piliers de toutes ses forces. Le temple s'est effondré et a tué tout le monde qui s'y trouvait.

Naomi et Ruth

Durant ces temps troublés, les membres des tribus Israélites se déplaçaient dans la région. Les migrations se sont produites à cause des combats, de la famine et pour rassembler les membres de la famille. Lors d'une famine, une petite famille vivant à Bethléem s'est déplacée au-delà de la mer Salée. Le mari mourut et laissa derrière lui sa femme Naomi et ses deux fils. Les fils ont épousé Orpa et Ruth, deux femmes locales. Quand les fils moururent, il ne restait plus que Naomi et ses deux belles-filles.

Naomi a appris que Dieu avait fourni de la nourriture en Juda, mais elle voulait y aller seule pour qu'Orpa et Ruth puissent se remarier. Ruth a insisté pour accompagner Naomi et a dit : « Là où tu iras, j'irai ; là où tu vis, je vivrai. Votre peuple sera mon peuple, votre Dieu sera mon Dieu. Là où tu mourras, je mourrai et j'y serai enterré. Que le Seigneur me traite sévèrement si je laisse autre chose que la mort nous séparer. » Elle abandonnait son ancienne vie et s'engageait dans les voies des Israélites.

Lorsque Naomi et Ruth sont arrivées à Bethléem, Ruth a dit qu'elle voulait travailler dans les champs d'orge en cours de récolte. Elle a fini par travailler pour Boaz, un riche propriétaire foncier apparenté au défunt mari de Naomi. Lorsque Boaz a vu Ruth dans les champs, il a appris qu'elle était la belle-fille de Naomi et qu'elle travaillait dur.

Boaz dit à Ruth de travailler pour lui et de surveiller les champs. Ruth s'inclina devant Boaz et lui demanda : « Pourquoi m'as-tu remarqué et aimé, même si je suis un étranger ? »

Boaz répondit : « On m'a raconté ce que tu as fait pour ta belle-mère après la mort de ton mari et comment tu as quitté tes parents et ton pays pour venir vivre ici avec des gens que tu ne connais pas. Que le Dieu d'Israël vous récompense.

Ruth répondit à Boaz : « Puissé-je continuer à être favorisée à tes yeux, vous m'avez mis à l'aise en me parlant gentiment, même si je ne suis pas l'un de vos serviteurs. » Boaz lui a donné de la nourriture à emporter à la maison et Ruth a expliqué à Naomi ce qui s'était passé ce jour-là.

Ruth a continué à travailler pour Boaz pendant plusieurs autres récoltes cette année-là, tout en vivant à la maison avec Naomi. Finalement, ils se marièrent et eurent un fils nommé Obed, qui devint plus tard le père de Jessé, qui eut un fils nommé David, qui deviendrait le plus grand dirigeant d'Israël. Le statut de Ruth avait radicalement changé en raison de son intégrité et de son courage à changer d'allégeance.

Autres conflits et périodes de paix

Il y a eu une tendance constante au cours de ces siècles. Les Israélites commenceraient par honorer Dieu, mais ils se sentiraient à l'aise, se conformeraient aux coutumes et à la culture locales et oublieraient progressivement de suivre Dieu. Cela a conduit à l'oppression des autres et a amené le peuple à expériencer l'absence des bénédictions de Dieu. Lorsque les choses allaient vraiment mal pour les Israélites, ils faisaient appel à Dieu pour obtenir de l'aide, et différents héros émergeaient pour vaincre les oppresseurs. Leurs victoires étaient dues à la puissance de Dieu et non à la puissance des armées d'Israël. C'est à travers la faiblesse et les limites humaines que la puissance et la gloire de Dieu se sont révélées. Dieu a continué à être fidèle et à pardonner à ceux qui appelaient à l'aide, obéissaient aux règles d'une bonne vie et avaient la foi. Les victoires ont rétabli la paix (*shalom* en hébreu) et la justice jusqu'à ce que le cycle du déclin reprenne.

CHAPITRE 8

---◆◆◆---

COURONNER UN ROI UNIFICATEUR

Le statut national initial a des résultats mitigés

Les différentes tribus Israélites se battaient entre elles et étaient parfois en colère lorsqu'elles étaient exclues de batailles où elles auraient gagné quelque chose d'une victoire. Les tribus se battaient également entre elles parce que des offenses se produisaient entre les membres des différentes tribus. Au cours de ces guerres civiles, les habitants des différentes tribus se sont volés les uns les autres, prenant notamment des femmes d'autres tribus pour épouses. Les tribus n'avaient aucune loyauté les unes envers les autres et étaient jalouses les unes des autres. Il n'y avait pas de roi et chaque tribu agissait dans son propre intérêt.

Sans un roi unificateur et sans moyen de sélectionner le prochain roi, les tribus d'Israël avaient peu de prestige dans la région. Les Philistins représentaient la plus grande menace pour Israël : leur armée et leur économie étaient fortes tandis que celles d'Israël étaient faibles. Israël avait également des ennemis au nord et à l'est, et avoir la mer à sa frontière occidentale n'était pas un avantage car Israël n'avait aucune expérience dans l'utilisation de grands bateaux. Ils étaient entourés de troubles et devaient se défendre, mais les 12 tribus ne travaillaient pas ensemble pour y parvenir.

Samuel, le prophète et juge

À cette époque, la vie religieuse en Israël était largement négligée. Les prêtres ont agi de manière inappropriée et ont profité de ceux qui venaient au tabernacle de Shiloh pour adorer et faire des sacrifices.

Un jour, une femme sans enfant nommée Hannah est venue au tabernacle et pleurait passionnément. Pendant de nombreuses années, elle a désiré un enfant et elle a fait un vœu à Dieu : « Si tu me donnes un fils, je te le donnerai pour tous les jours de sa vie. » Le grand prêtre a vu Hannah prier et lui a posé

54

des questions sur sa prière. Il lui dit : « Va en paix. Que le Dieu d'Israël vous accorde ce que vous demandez. » Elle est partie encouragée et Dieu a exaucé sa demande : elle a eu un fils et l'a nommé Samuel.

Samuel travaillait et vivait dans le tabernacle alors qu'il était enfant et prenait ses devoirs au sérieux. Une nuit, il entendit quelqu'un l'appeler par son nom. Il a finalement appris que c'était Dieu qui l'appelait. Dieu a dit que le grand prêtre et ses fils seraient détruits parce qu'ils n'auraient pas honoré Dieu comme ils le devraient, et qu'ils mourraient plus tard au combat. La rumeur s'est répandue dans tout Israël selon laquelle Samuel, qui était encore garçon, était le prophète de Dieu.

Les Philistins ont dominé et maltraité les Israélites pendant 20 ans, et finalement Israël s'est tourné vers le Seigneur. Samuel a dit au peuple de détruire leurs dieux étrangers et de suivre Dieu. Le peuple a mis de côté ses autres dieux et n'a servi que le Seigneur. Samuel rassembla ensuite les Israélites dans une ville et pria pour eux. Les Philistins entendirent parler du rassemblement et attaquèrent les Israélites. Mais Dieu fit venir le tonnerre dans la région et les Philistins se retirèrent. Les Israélites poursuivirent et tuèrent un grand nombre d'entre eux, et les Philistins cessèrent d'envahir Israël pendant de nombreuses années.

Samuel fut juge et chef religieux dans tout Israël pour le reste de sa vie. Il voyagea de ville en ville pour prendre des décisions juridiques, libéra les villes que les Philistins avaient capturées et chassa les Philistins qui vivaient dans d'autres régions. Il y avait la paix entre Israël et ses voisins pendant que Samuel était le chef.

Saül, premier roi d'Israël

Quand Samuel était vieux, les anciens lui demandèrent de nommer un roi pour diriger la nation – ils voulaient être comme les autres nations qui avaient un roi. Le Seigneur dit à Samuel qu'ils rejetaient Dieu en tant que chef d'Israël et qu'avoir un roi signifierait que les Israélites devraient dépenser beaucoup d'argent et de temps et embaucher de nombreuses personnes pour servir le roi et protéger le royaume.

Lorsque Samuel décrit ce qui se passerait s'ils avaient un roi, le peuple n'écoutait pas. Ils disaient qu'ils voulaient un roi et être comme les autres nations. Dieu a dit à Samuel de nommer un roi et que le lendemain, un homme viendrait en ville de la tribu de Benjamin (la plus petite et la moins prestigieuse des 12 tribus) qui serait le premier roi d'Israël.

Le lendemain, un homme grand et bel, nommé Saül, entra en ville à la recherche de ses ânes. Samuel rencontra Saül et lui dit en privé qu'il deviendrait le premier roi d'Israël. Samuel le bénit et décrit les choses qui se passeraient le lendemain et qui confirmeraient à Saül qu'il était l'élu. Saül est devenu un homme changé, et tout s'est produit le lendemain comme Samuel l'avait prédit. L'esprit de Dieu remplit Saül et il dit clairement la vérité. Les gens qui connaissaient Saül étaient étonnés de son changement de personnalité.

Samuel a ensuite mené un processus avec les chefs de toutes les tribus pour choisir un roi. Ils ont tiré à la courte paille pour choisir une tribu, puis ont fait de même pour choisir un clan et encore une fois pour choisir une famille dans ce clan et enfin, un homme au sein de la famille. Cette méthode de prise de décision était souvent utilisée pour permettre à Dieu de prendre une décision. Finalement, le choix est passé à Saül et lorsqu'il fut amené devant le peuple, il était clairement le meilleur parmi ceux qui étaient présents. Samuel leur dit : « Voyez l'homme que l'Éternel a choisi. Il n'y a personne comme lui parmi tout le monde. » Le peuple répondit haut et fort : « Vive le roi ! » Il avait alors 30 ans.

Samuel prononça ensuite son dernier discours devant les Israélites et leur rappela leur passé. Il a dit que Dieu les aimait et qu'ils devaient aimer et honorer Dieu. Mais ils voulaient un roi, et maintenant ils en avaient un. Tant que les gens servaient et obéissaient au Seigneur, tout se passerait bien. Cependant, s'ils tombaient comme ils l'avaient fait dans le passé, la main de Dieu serait contre Israël et son roi, tout comme elle l'avait été dans le passé. Avoir un roi ne les sauverait pas.

Les défauts de Saül

Malgré son apparence physique impressionnante, Saul avait des défauts de personnalité qui ruinaient ses chances de grandeur. Il manquait d'assurance et ne pensait pas beaucoup de soi-même. Il venait de la plus petite tribu et se souciait toujours de ce que les autres pensaient de lui. Il était clair pour ceux qui étaient sur le champ de bataille qu'il manquait de confiance dans ses stratégies militaires. Il manquait de bon jugement lorsqu'il traitait avec les autres, se méfiait des motivations des autres, était jaloux lorsque les autres étaient reconnus et érigeait des monuments pour s'honorer.

Mais le pire de tout, c'est qu'il désobéit à Dieu. Il a eu peur et a offert des sacrifices trop tôt alors qu'il semblait qu'il risquait de perdre une bataille. Avant une bataille importante, Samuel dit à Saül que Dieu voulait qu'il détruise complètement leur peuple et tous ses biens. Cependant, après avoir remporté la bataille, Saül épargna leur roi, et ses soldats le persuadèrent de leur laisser garder les meilleurs animaux. Lorsque Samuel rencontra Saül après la bataille, Saül lui dit que tout avait été détruit. Mais Samuel savait que ce n'était pas vrai : il entendait des bruits de moutons et de bétail en arrière-plan.

L'excuse de Saül était que ses soldats gardaient les animaux pour les utiliser dans les sacrifices. Samuel était furieux et dit : « Le Seigneur prend-il plus plaisir à vos offrandes et à vos sacrifices qu'à obéir à Dieu ? L'obéissance à Dieu est plus importante que le sacrifice d'animaux engraissés. La rébellion est un péché et être fier est un mal. Parce que tu as rejeté la parole du Seigneur, Dieu t'a rejeté comme roi. » Samuel n'a plus jamais parlé à Saül.

David se lève, Saul tombe

Pendant que Samuel pleurait Saül et Israël, le Seigneur lui fit se rendre à Bethléem et rencontrer Jessé, le petit-fils de Boaz et Ruth, pour identifier le prochain roi. Le premier fils qui apparut à Samuel était Eliab, qui avait une apparence physique très impressionnante. Samuel pensait que ce serait sûrement l'homme que Dieu voulait être roi. Mais Dieu a dit à Samuel : « Non, ne tenez pas compte de son apparence ou de sa taille. Dieu ne regarde pas ce que les gens voient, leur apparence extérieure. Le Seigneur regarde le cœur. »

Jessé amena sept de ses fils à Samuel, qui les rejeta tous. Il a demandé s'il y en avait d'autres, et le plus jeune gardait les moutons. Jessé a appelé David qui est entré dans la pièce, très sain et beau. Samuel a dit que David serait le prochain roi. David était un bon orateur, un brave guerrier, un musicien et un poète. Lorsque Saül fut tourmenté par de mauvais esprits, ses serviteurs lui parlèrent de la capacité de David à jouer de la lyre (une petite harpe), ce qui apaisa les esprits de Saül. Saül l'a fait venir plusieurs fois en visite tandis que David a continué à être le berger des troupeaux de sa famille.

Goliath

Lorsque les Philistins menacèrent de nouveau d'attaquer Israël, les deux armées se firent face sur les collines au-dessus d'une vallée. L'armée Philistine avait une armure de fer et de bronze et un soldat nommé Goliath qui mesurait presque 2,14 mètres. Il avait une armure lourde et des armes parfaites pour le combat au corps à corps. Cependant, sa taille inhabituelle signifiait qu'il présentait une difformité qui le rendait lent et malvoyant, de sorte qu'il pouvait être tué par quelqu'un utilisant une méthode différente.

Goliath est allé dans la vallée chaque jour pendant plus d'un mois et a défié Israël d'envoyer un soldat dans la vallée pour le rencontrer dans un combat où le vainqueur remporterait tout. Le côté du perdant deviendrait le serviteur de l'autre. De cette façon, il n'y aurait pas d'effusion de sang dans une bataille à grande échelle. Saül et toute son armée étaient terrifiés par ce défi, et personne ne s'est porté volontaire pour se battre contre Goliath.

Plusieurs des fils de Jessé étaient avec Saül sur le champ de bataille, mais David était à la maison et gardait les moutons. Jesse lui a demandé d'apporter de la nourriture à ses frères, et quand David est arrivé, il a découvert le défi de Goliath. David s'est porté volontaire pour combattre Goliath, mais Saül a déclaré qu'il n'avait aucune chance contre un guerrier aussi grand et expérimenté.

David dit à Saül : « Je m'occupais des brebis de mon père, et quand un lion ou un ours attaque une brebis, je la tue. Si je peux tuer un lion ou un ours, je peux sûrement tuer ce Philistin. Il a défié les armées du Dieu vivant. »

Saül accepta de laisser David combattre Goliath. Saül a mis sa lourde armure à David, mais David a dit qu'il ne pouvait pas combattre de cette façon. Au lieu de cela, il utilisait les armes dont il se servait en tant que berger : un bâton en bois, quelques pierres lisses et une fronde. Les pierres, fouettées rapidement et relâchées par la fronde, pouvaient voyager à plus de 161 kilomètres à l'heure et étaient très mortelles entre les mains d'un frondeur expérimenté, même à des centaines de mètres. Avec Dieu à ses côtés et une arme mortelle à la main, il entra dans la vallée en toute confiance pour combattre Goliath.

Lorsque Goliath vit à quel point David était petit et qu'il n'avait pas d'armure, il se moqua de lui et le maudit. Mais David lui dit : « Tu me combats avec l'épée et la lance, mais je te combats au nom du Seigneur

Tout-Puissant, le Dieu des armées d'Israël, que tu défies. Alors maintenant, le Seigneur va vous livrer entre mes mains. Je te couperai la tête, et le monde entier saura qu'il y a un Dieu en Israël. »

Alors que Goliath se rapprochait pour l'attaque, David courut en avant, mit une pierre dans sa fronde et la tira directement sur le géant. La pierre frappa Goliath au front et le jeta au sol. David accourut, attrapa l'épée de Goliath et coupa la tête du géant, la soulevant à la vue de tous. Quand les Philistins virent que Goliath était mort, ils se retournèrent et s'enfuirent. L'armée Israélite les poursuivit et les tua sur leur passage.

Saül poursuit David

David est devenu très célèbre et Saül l'a gardé dans sa maison où David a développé une amitié très étroite avec Jonathan, le fils de Saül. David a eu beaucoup de succès lorsqu'il est allé au combat, ce qui a accru sa popularité. Saül devint jaloux de la renommée de David lorsqu'il entendit le peuple dire après les batailles : « Saül a tué ses milliers, David a tué ses dizaines de milliers. » Saül devint de plus en plus paranoïaque et essaya de tuer David à plusieurs reprises, mais David s'échappait toujours. Saül l'envoya au combat, espérant qu'il serait tué, mais David revenait toujours vainqueur.

La fille de Saül devint la femme de David et elle l'avertit que Saül voulait le tuer. David s'est échappé et a failli être capturé à plusieurs reprises alors que les hommes de Saül le poursuivaient dans toute la région. David a eu plusieurs occasions de tuer Saül, mais à chaque fois il a choisi de ne pas le faire parce que Saül avait été nommé roi par Dieu. David savait que s'il devait devenir roi, il ne devrait pas accélérer le processus en désobéissant au commandement de Dieu de ne pas tuer. Le processus de Dieu lui permettrait de devenir roi de la bonne manière. David s'est caché dans différents endroits et a finalement déménagé sur le territoire des Philistins pour des raisons de sécurité.

Saül et ses fils furent finalement tués dans une bataille contre les Philistins. Il ne reçut aucune sépulture royale et, grâce à leur victoire, les Philistins contrôlèrent tout Canaan. La vie de Saül était une tragédie. Il est passé d'humbles débuts à une position de pouvoir et de prestige, mais ses défauts personnels, ses comportements inappropriés et ses décisions de désobéir à Dieu ont entraîné une perte de la bénédiction de Dieu et une fin honteuse.

CHAPITRE 9

LE ROI DAVID ET LE ROI SALOMON

Des personnages imparfaits dominent l'âge d'or d'Israël

Lorsque David apprit la défaite d'Israël et la mort de Saül, il sut que le moment était arrivé pour devenir roi. Il se rendit à Hébron et fut nommé nouveau roi. Mais l'un des fils de Saül fut couronné prochain roi par d'autres tribus. Les familles des deux hommes se disputèrent pendant plusieurs années pour savoir qui était le bon roi. Grâce à une série de négociations et de combats entre ceux qui soutenaient chaque homme au cours de cette guerre civile, David est devenu roi. Il avait 30 ans.

David règne et Israël s'agrandit

Après être devenu roi, David a attaqué et vaincu les puissances étrangères qui avaient occupé Jérusalem, et la ville est devenue connue sous le nom de Cité de David (également appelée Sion en raison d'une colline dans la ville portant ce nom). La ville devint la capitale politique et religieuse du pays et, avec l'aide des Phéniciens, on a fait construire un grand palais. Ce palais est devenu la demeure de David. Il dansait dans les rues de Jérusalem lorsque l'Arche d'Alliance entra dans la ville. David avait beaucoup d'épouses et beaucoup d'autres femmes qui ont toutes eu de nombreux enfants. (De nombreuses personnes ont été tuées au combat, il fallait donc beaucoup d'enfants pour maintenir la population forte. Les épouses des hommes tués au combat avaient besoin d'un homme pour les soutenir, elles sont devenues donc les épouses d'autres hommes.)

Dieu a dit à David par l'intermédiaire du prophète Nathan : « Je rendrai ton nom grand. Je fournirai un logement à mon peuple afin qu'ils aient leur propre maison et ne devraient plus être dérangés. Quand tes jours seront terminés, je susciterai ta postérité pour te succéder et j'établirai son royaume.

Quand il fait du mal, je le punirai, mais mon amour ne le quittera jamais. Votre maison et votre royaume dureront pour toujours. »

Les armées de David vainquirent à plusieurs reprises les Philistins et les ennemis du sud-est. Il se dirigea loin vers le nord, au-delà de Damas et vers l'est, pour occuper davantage de territoire. Le Seigneur a donné à David des victoires partout où il allait, et il a toujours attribué à Dieu le mérite des victoires militaires et de la prospérité matérielle au fur et à mesure de l'expansion de l'empire.

David et Bethsabée

Un soir, David aperçut une belle jeune femme en train de se baigner. Il voulut savoir qui elle était et il apprit qu'elle s'appelait Bethsabée. Elle était mariée à Urie, un soldat qui se trouvait au loin au combat. David l'a appelée dans son palais et ils ont eu des relations sexuelles. Peu de temps après, elle a dit à David qu'elle était enceinte. David s'arrangea pour qu'Urie soit tué sur le front. David épousa ensuite Bethsabée et elle eut son bébé.

David pensait avoir commis le crime parfait. Personne ne connaissait l'histoire complète de tous les événements qui ont conduit à la mort d'Urie. Mais Dieu savait. Le prophète Nathan a raconté à David l'histoire d'un homme riche qui avait volé un pauvre. David était en colère contre l'homme riche et lui dit qu'il devait mourir. Alors Nathan dit à David :

C'est toi l'homme riche ! Le Dieu d'Israël te dit : « Je t'ai oint roi d'Israël et je t'ai sauvé de Saül. Je t'ai donné sa maison et ses femmes. Je vous ai donné tout l'Israël et le Juda. Pourquoi avez-vous méprisé le Seigneur en faisant le mal ? Vous avez fait tuer Urie et vous avez pris sa femme. Désormais, l'épée ne quittera plus jamais votre maison. Votre famille sera affectée par le mal et vous verrez quand je prendrai vos femmes et les donnerai à un proche. Vous avez péché en secret mais tout cela se passera en plein jour. »

Après avoir entendu cette prophétie, David dit à Nathan : « J'ai péché contre l'Éternel. »

Nathan répondit : « Le Seigneur a pardonné ton péché – tu ne vas pas mourir. Mais ton enfant mourra à cause de ton péché. » Peu de temps après la naissance du bébé de Bethsabée, il tomba malade et mourut une semaine plus tard. Le couple eut bientôt un autre petit garçon et l'appela Salomon.

David était un père indulgent et pendant de nombreuses années, des conflits ont éclaté au sein de sa famille et dans tout l'empire. Comme Nathan l'avait prédit, l'immoralité et la rébellion grandissaient, et il y avait beaucoup de sang versé en Israël et au sein de sa famille.

David envisagea finalement de construire un temple élaboré et, à la fin de son règne, il tint une réunion publique pour reconnaître Salomon comme son successeur (Salomon n'avait pas encore 30 ans). Quand David mourut, il fut enterré à Jérusalem, la Cité de David. Il est toujours connu comme le plus grand dirigeant d'Israël, même si lui et bien d'autres ont souffert à cause de ses nombreux péchés.

Le roi Salomon et le Temple

Salomon était roi à une époque de paix et de prospérité. Sa réalisation la plus importante fut la construction et la consécration d'un temple permanent qui devint le point central du culte religieux d'Israël. Jusqu'alors, le tabernacle utilisait des tentes pour le culte. Israël avait un traité de paix avec les Phéniciens, et ils ont fourni des architectes et des techniciens qualifiés pour concevoir le Temple conforme aux plans du tabernacle établis par Moïse. Le Temple était gigantesque et occupait deux fois plus de terrain que celui requis par l'ensemble de tentes pour le tabernacle. Par exemple, l'entrée du Temple avait d'énormes piliers en bronze, mesurant 7,32 mètres de haut et 5.50 mètres de diamètre. Ses immenses portes avaient des incrustations d'or et des décorations élaborées qui s'ouvraient sur le sanctuaire, qui avait des sols et des murs bien décorés du Liban – aucune pierre n'était visible à l'intérieur. Toutes les pierres du Temple ont été taillées dans la carrière, donc aucun outil n'a fait de bruit là où le Temple était en cours de construction.

Il a fallu sept ans pour achever le Temple, et une fois terminé, les gens étaient si heureux qu'ils ont sacrifié des milliers d'animaux lors de sa dédicace pour montrer leur gratitude envers Dieu. Salomon a prié Dieu publiquement lors de la dédicace.

La sagesse et la richesse de Salomon

Salomon était également connu pour être un roi sage qui savait comment traiter des cas complexes et inhabituels. Il a prié Dieu pour lui demander la sagesse, et il l'a obtenue. Dans un cas, deux femmes sont venues le voir, prétendant toutes deux être la mère d'un enfant. Salomon a dit que puisque tous deux disaient qu'ils étaient la mère, il couperait l'enfant en deux et donnerait à chaque femme une partie de l'enfant. En entendant cela, une mère a dit qu'elle abandonnerait l'enfant à l'autre, montrant ainsi qu'elle était la vraie mère.

Des gens du monde entier venaient voir Salomon pour apprendre de sa sagesse. Lorsque la reine Arabe de Saba lui rendit visite avec de nombreuses énigmes, il répondit à toutes. Elle est partie étonnée et a dit qu'il était beaucoup plus sage que tout le monde ne le disait. Salomon a également beaucoup écrit sur la sagesse.

La sagesse de Salomon et ses excellentes compétences organisationnelles ont maintenu l'Israël en paix avec ses voisins et ont contribué à rendre la nation riche à mesure que son commerce avec les autres se renforçait. L'Israël se trouvait au carrefour entre l'Europe, l'Asie et l'Afrique, ce qui lui permettait de commercer avec les autres. La richesse croissante du peuple s'est accrue à mesure qu'il payait de lourds impôts, et grâce aux cadeaux de nombreux visiteurs, Salomon est devenu le roi le plus riche du monde.

Pendant son règne, Salomon prit de nombreuses femmes, notamment des femmes d'autres nations. Malgré l'avertissement de Moïse de ne pas épouser des étrangers, il épousa la fille du pharaon égyptien et des femmes de cinq des nations frontalières de l'Israël. Il a poussé l'empire de l'Israël plus loin que David et a rencontré des femmes avec des systèmes de valeurs et des croyances différents, ce que Salomon a toléré dans un esprit de flexibilité. Son harem comptait 700 épouses et princesses et 300 autres femmes qui lui donnèrent plus d'enfants. Le succès et la prospérité ont entaché son jugement, et il a progressivement compromis ses valeurs, acquis des idoles de culte et construit des autels pour adorer les dieux associés à ses nombreuses épouses. Cela a désobéi au premier commandement de Dieu. À cause de sa désobéissance, le royaume devait être divisé après la mort de Salomon.

Vers la fin du règne de Salomon, des adversaires se sont soulevés autour du royaume et ont contesté son règne. Les menaces venaient également de l'intérieur. Jéroboam était l'un des fonctionnaires de Salomon et rencontra un prophète qui lui dit que l'Israël serait divisé en deux parties après la mort de Salomon et que Jéroboam serait le chef d'une partie du royaume. Salomon essaya alors de tuer Jéroboam, mais Jéroboam s'enfuit en Égypte.

Salomon régna 40 ans. Il fut remplacé par son fils Roboam. Sa réputation de dirigeant sage perdure encore aujourd'hui, mais bon nombre de ses réalisations dépendaient du travail d'esclave des Israélites, qui étaient lourdement taxés pour rendre grand l'Israël. Cela faisait près de 500 ans que Moïse avait fait sortir les Israélites d'Égypte et installé le tabernacle dans le désert. Or Israël était une nation comme les autres, avec un roi et un lieu de culte permanent. Comme David, l'héritage de Salomon était un mélange de grandeur et d'échecs personnels.

CHAPITRE 10

LE ROYAUME DIVISÉ

Les méchants rois du Nord et du Sud résistent aux avertissements des prophètes

À la mort de Salomon, deux hommes pensaient qu'ils devraient devenir roi. En tant que successeur de Salomon, Roboam fut couronné roi des tribus de l"Israël. Cependant, certains dirigeants se sont plaints du fait qu'ils voulaient un allégement des bas salaires et des lourdes taxes que Salomon leur imposait. Jéroboam revint de son exil en Égypte et était avec eux. Lorsque Roboam décida de ne pas alléger ces fardeaux et voulut exiger encore plus du peuple, ceux de toutes les tribus, à l'exception du, se retirèrent et firent de Jéroboam leur roi.

La nation était au bord d'une guerre civile. Mais la guerre a été évitée lorsqu'un prophète a déclaré que Dieu voulait que les tribus se divisent en deux royaumes. Ceux des tribus du Juda et de Benjamin étaient au sud, et ils s'appelaient Juda. On le connaissait comme le Royaume du Sud et comprenait Jérusalem comme capitale. Ceux des 10 autres tribus du nord s'appelaient eux-mêmes Israël, et leur « nation » comme le Royaume du Nord.

Les deux nations étaient rivales et se sont souvent battues au cours des nombreuses années qui ont suivi. La frontière entre les royaumes se trouvait à environ 16 kilomètres au nord de Jérusalem. Les deux nations avaient 20 rois et leur division réduisait la puissance de chaque royaume. En conséquence, ils étaient souvent attaqués par des envahisseurs étrangers. Divers prophètes ont parlé et écrit aux deux nations lorsque leurs peuples s'éloignaient des voies de Dieu.

Le royaume du Nord et ses prophètes

Jéroboam a changé la façon dont on pratique la religion dans le nord. Il érigea des veaux d'or en dieu et nomma des prêtres qui n'avaient aucune expérience dans l'exercice de leurs fonctions. N'importe qui pouvait devenir prêtre, et c'était un métier facile qui présentait de nombreux avantages. Le règne de Jéroboam dura 22 ans. Il a résisté aux prophètes qui condamnaient ses mauvaises décisions.

Parmi les 20 rois qui ont servi dans le Nord, quelques-uns ont eu des règnes très longs (un roi a régné pendant 41 ans) et d'autres ont été très courts (un roi n'a duré que sept jours). Presque tous les rois étaient mauvais. De nombreux prophètes ont parlé de la vérité divine à ces hommes de pouvoir sur la nécessité de se détourner des mauvaises voies, mais ces prophètes étaient généralement ignorés ou tués. Voici les histoires de certains de ces prophètes.

Amos

Pendant la dernière partie du règne de Jéroboam, le fermier Amos écrivit un message de Dieu au peuple de Dieu. La région connaissait une vie facile à une époque de prospérité. Mais la richesse n'était pas répartie également et de nombreuses injustices sociales existaient. Grâce au luxe égoïste et à l'oppression des pauvres, les riches vivaient bien tandis que beaucoup d'autres étaient en difficulté. La corruption morale et la fierté étaient présentes dans toute la culture israélienne.

Amos a écrit que les rituels religieux n'ont aucun sens lorsqu'il existe un manque d'équité. Il a d'abord critiqué l'injustice sociale dans d'autres nations et déclaré que le jugement divin viendrait sur eux. Les Israélites étaient heureux d'apprendre que leurs voisins détestés, des étrangers impies, seraient punis ! Puis il a mentionné la méchanceté des Israélites du Royaume du Sud qui étaient fiers de leur religion, mais qui ont désobéi à Dieu. Il savait que son public du Nord serait d'accord avec tout ce qu'il avait écrit jusqu'à présent.

Mais ensuite il a décrit tout ce qui se passait dans le Royaume du Nord. Les maux sociaux, l'injustice, l'immoralité, les grossièretés, tout cela existait, tout comme dans les endroits qu'il venait de nommer. Si d'autres méritaient d'être punis, l'Israël aussi. En fait, c'était encore pire parce que les Israélites étaient le peuple élu de Dieu et devraient en savoir plus. Le peuple riche de l'Israël détestait la responsabilité, résistait à la vérité, acceptait des pots-de-vin, négligeait les pauvres et harcelait les justes. Leur punition serait inévitable. Amos prédit un exil et rien ne pourra l'arrêter. Cette punition s'appliquerait à tout le peuple de Dieu, pas seulement à ceux du Royaume du Nord. Dieu ne pouvait pas être soudoyé par des offrandes et des sacrifices tant que le péché du peuple prévalait.

Le grand prêtre voulait qu'Amos soit tué, mais Amos savait qu'il disait la vérité de Dieu, alors il a continué à condamner les dirigeants et le peuple. Amos termine en prédisant que les Israélites reviendraient d'exil et connaîtraient une période de paix et que la dynastie de David continuerait grâce à un reste de personnes restées fidèles.

Élie

Élie était le principal prophète qui a annoncé la vérité divine dans le Royaume du Nord. Il a vécu sous le règne d'Achab et de sa méchante épouse Jézabel. Après qu'Élie ait prédit une sécheresse qui ne prendrait fin que lorsqu'il l'avait annoncé, il s'est caché dans le désert, puis il a vécu avec une veuve très pauvre au nord de Canaan. Jézabel a envoyé des hommes pour le tuer, et ils ont tué d'autres prophètes en cours de route, mais ils n'ont pas pu trouver Élie.

Dieu a dit à Élie de dire au roi Achab que la sécheresse s'était produite parce que l'"Israël n'avait pas suivi Dieu. Élie a dit à Achab d'appeler 850 prophètes de Baal et d'autres dieux sur le mont Carmel pour un test de puissance. Elie serait le seul prophète de Dieu. Chaque camp avait un taureau qui devait être consumé par le feu provoqué par leur dieu. Les prophètes du roi sont passés les premiers. Ils placèrent un taureau sur un autel et demandèrent à Baal d'allumer le taureau.

Rien ne s'est passé. Les prophètes ont dansé et prié du matin jusqu'à midi, mais aucun feu ne s'est allumé. Elie les a nargués : « Criez plus fort. Baal est sûrement un dieu ! Peut-être qu'il est plongé dans ses pensées, occupé ou en voyage. Peut-être qu'il dort. » Les prophètes criaient plus fort et se coupaient. Ils démolirent l'autel d'Élie et continuèrent à prier frénétiquement jusqu'à l'heure du sacrifice du soir. Il n'y eut aucune réponse de Baal.

Alors Élie reconstruisit son autel et creusa une tranchée autour de son autel. Il a dit aux prophètes du roi de verser de l'eau sur le taureau pour qu'il soit complètement trempé et que l'eau remplisse la tranchée. Alors Élie a prié : « Dieu d'Abraham, d'Isaac et de l'Israël, que tout le monde sache aujourd'hui que tu es Dieu en Israël et que je suis ton serviteur. » Le feu tomba du ciel et brûla le taureau, l'autel, la terre et consuma toute l'eau de la tranchée.

Alors tous ceux qui regardaient tombèrent et crièrent : « Votre Seigneur est Dieu ! » Élie leur a dit de tuer tous les prophètes de Baal, et il a dit au roi Achab de rentrer chez lui avant l'arrivée des pluies. De fortes pluies ont commencé et la sécheresse de 40 mois a pris fin.

Quand Jézabel a appris ce qui s'était passé, elle a voulu tuer Élie. Il s'est enfui vers le désert du sud, à environ 200 milles de là. Lorsqu'il était là-bas, Dieu le lui a dit dans un murmure discret à Damas, loin au nord. Dieu lui assura qu'il y avait encore 7 000 personnes qui honoraient encore Dieu et n'avaient pas adoré Baal.

Quand Élie voyagea vers le nord, il trouva Élisée et l'oignit comme prochain prophète. Élie a eu plusieurs autres rencontres avec le roi Achab au cours des années à venir, et il a travaillé aux côtés d'Élisée pour dire la vérité au royaume du Nord jusqu'à ce qu'Élie soit emmené dans le ciel dans une tornade juste sous les yeux d'Élisée. Une grande équipe de recherche a passé trois jours à chercher le corps d'Elie, mais aucun corps n'a été retrouvé.

Élisée

Élisée devint alors le principal prophète du royaume du Nord et il accomplit de nombreux miracles parmi le peuple. Dans un cas, un Syrien travaillant pour l'armée Israélienne, nommé Naaman, souffrait d'une maladie de peau notable. Il avait épousé une Israélite qui lui avait parlé des miracles de guérison d'Élisée. Il rencontra Élisée qui lui dit de se laver sept fois dans le Jourdain. Naaman fut contrarié par cette demande, mais ses serviteurs lui dirent que si Élisée lui avait demandé de faire un grand acte utilisant sa force pour être guéri, il le ferait sûrement. Était-il trop fier pour se laver dans la rivière ? Alors Naaman s'humilia, se lava dans le fleuve et fut guéri.

L'Israël et la Syrie se sont battus de temps en temps et le Royaume du Nord s'est progressivement rétréci à mesure qu'il perdait des terres. En utilisant la perspicacité divine, Élisée informait souvent les dirigeants Israélites des plans syriens, de sorte que l'Israël était toujours préparé à leurs attaques. Le roi syrien pensait qu'il y avait un traître parmi eux, mais il fut informé qu'Élisée pouvait prédire l'avenir et était au courant des attaques à l'avance.

Le roi syrien voulait alors la mort d'Élisée. Lorsque le roi apprit où se trouvait Élisée, il envoya son armée encercler la ville. Le matin, le serviteur d'Élisée aperçut les chars syriens et demanda à Élisée ce qu'ils devaient faire.

Élisée dit : « N'aie pas peur. Nous avons bien plus de chars qu'eux. Ouvrez les yeux et voyez-les. »

Le serviteur vit une multitude de chevaux et de chars brûlants dans les collines. Lorsque les Syriens se sont approchés de la ville, Dieu les a aveuglés. Élisée dit alors à leurs dirigeants qu'ils allaient attaquer la mauvaise ville et qu'il les conduirait là où ils trouveraient celui qu'ils cherchaient. Élisée conduisit ensuite l'armée aveugle en Samarie, où se trouvaient le roi et l'armée d'Israël. Quand Dieu leur ouvrit les yeux, ils étaient entourés de leurs ennemis !

Le roi d'Israël a demandé à Élisée ce qu'il devait faire. Élisée a déclaré que l'armée syrienne devrait recevoir de la nourriture et des boissons, puis être renvoyée chez elle. Le roi suivit l'ordre d'Élisée et, une fois rentrés chez eux, les Syriens arrêtèrent leurs incursions en Israël pendant de nombreuses années.

Lorsque les attaques syriennes ont repris, elles ont encerclé Samarie et empêché la nourriture d'entrer dans la ville. Cela provoqua une famine dans la ville. Élisée dit au peuple que Dieu fournirait de la nourriture le lendemain. Quatre lépreux sans abri vivant près de la ville avaient tellement besoin de nourriture qu'ils ont demandé de la nourriture aux Syriens. Lorsqu'ils arrivèrent au camp ennemi, ils ne trouvèrent aucun soldat. Au lieu de cela, ils trouvèrent beaucoup de nourriture et tous les animaux des Syriens. Au milieu de la nuit, Dieu avait créé des bruits de tonnerre qui ressemblaient à une armée chargeant avec des chars, et l'armée syrienne s'est enfuie pour sauver sa vie, bien au-delà du Jourdain. Ensuite, les habitants de Samarie sont allés chercher toute la nourriture et les animaux qui restaient sur place.

Osée

Osée fut l'un des derniers prophètes à avertir l'Israël de sa fin prochaine. Écrivant de la poésie, il a déclaré à son auditoire que Dieu lui avait demandé de prendre une prostituée comme épouse et d'avoir des enfants avec elle. De cette façon, il comprendrait ce que Dieu ressent lorsqu'il s'agit d'une partenaire infidèle. Les noms de ses enfants indiquaient qu'Israël était comme quelqu'un qui avait été infidèle dans un mariage en tombant amoureux d'autres dieux. Par conséquent, Dieu les quitterait parce qu'ils avaient commis l'adultère.

Osée avertissait l'Israël que Dieu couperait sa protection et que ses palais et ses villes fortifiées seraient détruits. Dieu désire la miséricorde et la reconnaissance, pas les sacrifices et les holocaustes. « Israël doit retourner à Dieu, maintenir l'amour et la justice et toujours attendre Dieu. » Osée a terminé son message comme Amos, qui avait prédit précédemment que Dieu les aimerait toujours de la même manière que les parents aiment leurs enfants. Dieu pardonne et guérit les fidèles, et certains reviendraient vivre dans le pays que Dieu leur avait donné.

Le royaume du Sud et ses prophètes

Comme les rois du nord, beaucoup de rois de le Juda furent infidèles à Dieu. Il y eut des périodes de paix et de prospérité plus longues dans le Royaume du Sud que dans le Nord et des périodes plus longues pendant lesquelles ces descendants de David et Salomon écoutèrent les prophètes de Dieu et cessèrent d'adorer d'autres dieux. Certains fidèles qui vivaient dans le nord ont fait défection et se sont installés dans le royaume du sud – Jérusalem était toujours respectée et proche de la frontière. Des 20 rois de le Juda, Manassé fut le roi le plus longtemps (55 ans), tandis que plusieurs autres ne restèrent roi que trois mois.

Comme ceux qui vivaient dans le Nord, ceux qui vivaient en Juda ont fait ce qui est mal aux yeux de l'Éternel. Sous Roboam, le premier roi, les gens élevèrent de nombreux autels à d'autres dieux et se comportèrent de la même manière horrible que ceux qui vivaient à l'origine en Canaan. L'Égypte attaqua Jérusalem et emporta tous les objets en or que Salomon avait placés dans le Temple et le palais royal.

Tout comme les prophètes parlaient et écrivaient aux dirigeants et au peuple du Nord et faisaient des prédictions sur les événements à venir, divers prophètes parlaient et écrivaient de la même manière à ceux du Royaume du Sud. Voici les histoires de certains de ces prophètes.

Josaphat

Josaphat était un roi qui régna 25 ans. Il fit des réformes qui ramenèrent le peuple aux pratiques religieuses utilisées sous David et Salomon. Il fit supprimer les autels dédiés aux dieux étrangers et sa bonne politique apporta la paix entre le Juda, les Philistins et les nations arabes. Il entretenait également de bonnes relations avec le Royaume du Nord, de sorte que le Juda n'avait aucun ennemi à ses frontières. Ces politiques religieuses et politiques ont conduit à la paix et à la prospérité économique dans le Royaume du Sud. Lorsqu'il fut réprimandé par un prophète, il écouta et fit des réformes. Par exemple, il a nommé des juges qui mettaient l'accent sur l'équité et n'acceptaient pas de pots-de-vin.

Pourtant, Josaphat n'a pas écouté tous les prophètes lorsqu'il a été confronté, et certaines de ses voies ont été transmises à son fils Joram lorsqu'ils régnaient ensemble. Lorsque Joram prit le contrôle total du trône, le Juda retomba dans le culte des idoles et connut à nouveau des guerres. Joram assassina six de ses frères et construisit des autels aux idoles. Son fils unique, Achazia, continua l'horrible règne de son père.

Isaïe et les prédictions d'un roi à venir

Isaïe a écrit le plus de tous les prophètes. Il est né à une époque prospère et sa poésie et ses autres écrits ont sévèrement condamné le déclin moral constant de l'Israël en raison de sa corruption et de son injustice. Mais il a également donné beaucoup d'espoir pour l'avenir. Le jugement et l'espoir sont tissés dans les paroles d'Isaïe, écrites sur de nombreuses années.

Il a d'abord écrit que Dieu condamne ceux du Juda et de Jérusalem parce qu'ils sont corrompus et pleins de mauvaises voies. Leurs sacrifices et leurs rassemblements religieux n'ont aucun sens parce que les gens n'obéissent pas à Dieu. Par l'intermédiaire d'Ésaïe, Dieu dit :

> Pensez-vous que je veux tous ces sacrifices et offrandes ? Je suis dégoûté par l'odeur de ton encens. Quand vous levez la main en prière, je ne vous regarde pas ; quand vous me dites beaucoup de prières, je n'écoute pas. Arrêtez de faire le mal ! Il y a du sang sur vos mains, car vous n'avez pas été juste envers les autres, vous n'avez pas aidé ceux qui souffrent à cause de votre injustice et vous n'avez pas soutenu les orphelins et les veuves.

L'Israël était comme la vigne de Dieu, et si elle ne produisait pas de fruit malgré les nombreux efforts du propriétaire, la vigne serait détruite. Dans la vraie vie, les nations impies des Assyriens et des Babyloniens seraient les destructeurs, utilisés par Dieu pour punir les Israélites.

Ésaïe a également donné l'espoir d'une restauration. Même si les Israélites seraient vaincus et détruits, une vie correcte mènerait à la paix pour ceux qui faisaient confiance à Dieu. Finalement, les nations méchantes conquérantes seraient renversées, et parmi ce qui restait des Israélites qui survivraient, un descendant de David arriverait au pouvoir et dirigerait un royaume mondial qui durerait pour toujours. Le mal serait détruit et la vigne de Dieu serait à nouveau fructueuse.

Isaïe a écrit à propos du chef juste à venir sous le nom d'Emmanuel (« Dieu avec nous »), qui sera « Dieu puissant » sous forme humaine et prévaudra dans le monde entier. Dieu dit : « Je pose une pierre angulaire précieuse pour une fondation solide. Ceux qui en dépendent n'ont jamais besoin de paniquer. Les gens seront jugés sur la base de leur justice, de leur équité et de leur vie correcte. » Cependant, le jugement et la destruction viendront en premier. Ceux qui ont la foi n'ont pas à s'inquiéter car « les grains de blé seront séparés de la balle ». Leur espoir réside dans ce qui viendra après leurs luttes, et ceux qui attendent seront bénis, car Dieu donne de la force à ceux qui sont fatigués et faibles. « Ceux qui espèrent dans le Seigneur renouvelleront leurs forces. Ils s'élèveront comme des aigles, ils courront et ne se lasseront pas, ils marcheront et ne s'évanouiront pas. »

Celui à venir est décrit comme un « serviteur ». Abraham fut le premier serviteur de Dieu parce qu'il obéit à l'appel de s'installer en Canaan. Israël était une nation choisie par Dieu pour être un serviteur obéissant et un témoin devant le monde de la puissance et de la compassion de Dieu. Le prochain serviteur aura l'esprit de Dieu afin que son royaume établisse une justice qui s'étend aux autres nations (les non-Israélites, également appelés « Gentils »). Il sera innocent et vivra correctement. Il sera comme un berger qui prend soin avec tendresse de ses brebis. Il ressemblera à n'importe quel être humain normal, mais il sera très spécial à d'autres égards – le seul de son espèce à parcourir la terre. Pourtant, il sera incompris et rejeté par de nombreuses personnes, et il sera tué d'une manière horrible. Pourtant, par le sacrifice de son propre sang, ce serviteur sauvera tous les peuples de leurs péchés, amenant tous les peuples à Dieu, même ceux qui ne font pas partie de la nation d'Israël. Il sera ensuite élevé et loué.

Ces messages inhabituels s'entremêlent. Une personne dotée d'un grand pouvoir et d'une grande bonté sera rejetée par ceux qu'elle vient servir. Il n'utilisera pas son pouvoir ou sa raison pour se défendre ou se sauver, et sa mort redonne la vie aux autres. Il va en enfer, vainc la mort et revient plus puissant que jamais, et il donne aux autres certains de ses grands pouvoirs. Le serviteur est le plus grand de tous !

Ésaïe a beaucoup écrit sur le futur roi des tribus de l'Israël et du Juda, devenus aveugles, sourds et désobéissants. Il a écrit que Dieu dit :

> Ne vois-tu pas que je fais quelque chose de nouveau ? Je fais une route à travers le désert. Je conduirai les aveugles d'une manière qu'ils ne connaissent pas et je les guiderai sur de nouveaux chemins. Je changerai les ténèbres en lumière et aplanirai les endroits difficiles. N'ayez pas peur, je vous ai sauvé ! Je t'ai appelé par ton nom et tu es à moi. Quand tu traverseras les eaux, je serai avec toi ; les fleuves puissants ne vous emporteront pas. Lorsque vous traverserez les feux de la vie, vous ne serez pas brûlé.
>
> Le prochain roi sera méprisé et rejeté, il souffrira beaucoup et ne sera pas respecté. Il sera considéré comme puni par Dieu, mais il assumera notre douleur et sera tué pour nos péchés. Son châtiment nous apportera la paix ; grâce à ses blessures nous serons guéris. Même s'il n'a commis aucune violence et n'a jamais menti, il ne protestera pas. Il sera conduit à la mort comme un agneau innocent qu'on va égorger. Mais il saura ce qui arrive et pourquoi. C'est la volonté de Dieu qu'il soit écrasé, car sa vie est une offrande pour nos péchés, et il interviendra pour tous ceux qui pèchent.

Isaïe a continué à écrire sur le jugement. Il sait ce que Dieu exige et ne le voit pas parmi les gens. Il appelle le peuple et les dirigeants à se détourner de la violence, du culte des idoles et de l'injustice envers ceux qui manquent de pouvoir. Il appelle les gens à revenir au Seigneur. Dieu dit :

> Vous avez vos rituels religieux et pratiquez le jeûne et la prière, mais vous ne traitez pas les autres équitablement. Vous attendez-vous à ce que j'écoute vos prières, que je sois impressionné et que je vous bénisse ? Vos rituels ont lieu une fois par semaine. Ce que je veux, c'est que vous ayez un esprit humble et que vous offriez encouragement et soutien à ceux qui ont le cœur brisé. Je suis heureux quand je vois mon peuple briser les chaînes de l'injustice, libérer les gens du lourd joug qui pèse sur eux, nourrir ceux qui ont faim, donner refuge aux sans-abris, vêtir ceux qui sont nus et soutenir ceux qui manquent de pouvoir - ce sont des signes de la vraie religion. Quand je

verrai ces choses arriver, je t'écouterai et je te guérirai, et la lumière viendra dans tes ténèbres. Mais il n'y aura pas de paix pour les méchants.

Isaïe dit que Dieu ne voit personne qui réponde à la définition de la sainteté, et il conclut par une description des signes qui indiquent que le prochain roi, le Rédempteur, est arrivé. Le Rédempteur dira :

L'Esprit du Seigneur est sur moi et m'a oint pour annoncer la bonne nouvelle aux pauvres. Dieu m'a envoyé pour réconforter ceux qui ont le cœur brisé, pour libérer les captifs et libérer les prisonniers de leurs ténèbres, pour proclamer l'Année du Jubilé, pour réconforter tous ceux qui pleurent et sont en deuil, pour leur donner une couronne de beauté au lieu de cendres, de l'huile de joie à la place de chagrin et un vêtement de louange au lieu d'un esprit de désespoir.

Isaïe a déclaré que le dirigeant pacificateur de ce royaume ressuscité serait un descendant de David. Le royaume du dirigeant grandirait et dominerait le monde, apporterait la paix, influencerait les autres nations et triompherait des impies. Isaïe écrit :

Dans les derniers jours, les nations iront ensemble vers le Seigneur et apprendront à travailler les unes avec les autres de la bonne manière. Dieu sera le juge entre les peuples et réglera les différends que les nations ont entre elles. Les nations ne se battront plus et leurs peuples ne s'entraîneront plus à faire la guerre. Ils changeront leurs épées en charrues et leurs lances en serpes.

Messages de jugement et d'espoir de Michée

Le prophète Michée a écrit en même temps qu'Isaïe et Osée et dans le même style poétique. Il a constaté la corruption politique et religieuse dans la région et ses vives critiques étaient similaires à celles d'Isaïe et d'Osée. Il a déclaré que Jérusalem et Samarie (les principales villes du sud et du nord) étaient mauvaises en raison de leur idolâtrie, de leur corruption qui opprimait les pauvres et ignorait la justice dans les tribunaux, et de leur manque général d'intérêt pour la résolution des problèmes de la société. Le roi Salomon avait écrit de sages proverbes sur la façon dont la paresse causait la pauvreté des gens, mais Michée écrit que les gens peuvent aussi être pauvres parce que ceux qui ont le pouvoir ignorent les problèmes des pauvres et utilisent tous leurs privilèges pour maintenir leur style de vie extravagant.

Mais contrairement à Amos, Isaïe et Osée, Michée ne dit pas aux Israélites de se repentir. Au lieu de cela, il les appelle au « tribunal » pour faire valoir leur cause devant Dieu, qui est à la fois témoin et juge. Qu'est-ce que Dieu exige pour que les gens échappent à une éventuelle punition ? Les gens doivent « agir équitablement, aimer la bonté et marcher humblement avec Dieu ». Moïse a dit que les gens devraient aimer Dieu et leur prochain comme eux-mêmes, et le peuple ne l'a pas fait. Par conséquent, les gens perdront devant le tribunal de Dieu parce qu'ils n'ont pas eu la bonne relation avec Dieu et avec les autres. La punition pour leur mauvaise conduite était la destruction de leurs nations et de leurs villes, et ils seraient emmenés en exil en Assyrie et à Babylone.

Après avoir prédit le jugement et l'exil, Michée a donné de l'espoir pour l'avenir. Un petit nombre d'Israélites faibles et exilés reviendraient et reconstruiraient les villes. « Dieu ne reste pas toujours en colère mais se réjouit lorsque les gens font preuve de miséricorde. » Michée a également prédit que le futur dirigeant de l'Israël viendrait de la ville de Bethléem.

* * * * *

Les Israélites du nord et du sud n'ont pas écouté les avertissements et les prédictions des prophètes concernant les prochaines invasions de leurs ennemis. L'injustice, la violence et le péché religieux persistaient en Israël et en Juda, et leurs dirigeants ne réalisaient pas combien de temps les prédictions des prophètes se réaliseraient.

CHAPITRE 11

---◆◆◆---

LES DEUX ROYAUMES TOMBENT

Les Assyriens et les Babyloniens conquièrent les Israélites

Les Assyriens attaquaient souvent les zones occupées par les Israélites, les Syriens et les Phéniciens. Un roi assyrien s'est montré particulièrement brutal lors de son expansion vers la mer Méditerranée et a commencé à ramener des captifs en Assyrie au lieu de laisser les peuples conquis rester sur leurs terres. Des étrangers ont été amenés dans les zones où vivait la population locale et les autorités assyriennes supervisaient les terres. Cela réduisait les chances que les gens se rebellent.

Les chutes du Royaume du Nord

Lorsque les Assyriens attaquèrent pour la première fois des régions du Royaume du Nord, les rois de l'Israël leur donnèrent de l'argent, de la nourriture et d'autres choses pour acheter la paix. Mais les rois de l'Israël travaillèrent également avec les Syriens pour se dresser contre les Assyriens. Lorsque l'Assyrie attaqua et gagna les batailles contre les Syriens, le Royaume du Nord n'avait aucune chance de survivre. Finalement, l'armée assyrienne conquit toutes les parties de la région, à l'exception des collines du centre de Canaan. À la mort du roi assyrien, le roi de l'Israël cessa de payer les Assyriens et obtint l'aide de l'Égypte pour résister à l'agression assyrienne. Mais le nouveau roi assyrien se montra tout aussi agressif et attaqua le reste du territoire de l'"Israël. Ses forces prirent la capitale de Samarie après un siège de trois ans et forcèrent le roi de l'Israël à se rendre.

Les Assyriens capturèrent plus de 27 000 dirigeants politiques et militaires israéliens et les ramenèrent en Perse et en Mésopotamie. Les Assyriens les remplacèrent par leur propre peuple. La plupart des Israélites sont restés sur place et ont continué à travailler la terre. Le mélange de personnes provenant de nombreuses régions et cultures en dehors de l'Israël a donné lieu à de nombreux types de pratiques religieuses. Aucun peuple n'a suivi le Seigneur et toutes les cultures se sont mariées entre elles. Collectivement, ils étaient connus sous le nom de Samaritains parce que leur capitale était Samarie.

Le Royaume du Nord a cessé d'exister en 722 avant JC. Le royaume avait duré environ 210 ans après s'être séparé des habitants du Juda. Au cours des 30 dernières années, Israël eut six rois et connut un déclin rapide. Leur effondrement avait été prédit par les prophètes, mais leurs dirigeants n'ont jamais fait appel à l'aide de Dieu. Ils avaient oublié à quel point l'obéissance à Dieu les avait rendus grands.

Le Sud survit

Dans le sud, la stratégie de Juda face à l'Assyrie était différente. Elle était plus éloignée des envahisseurs venus du nord et de l'est. Le Juda était heureux de voir l'armée assyrienne vaincre les Philistins alors que son armée se déplaçait le long de la côte pour atteindre l'empire égyptien, plus prisé. Le Juda n'a pas rejoint l'alliance du nord avec la Syrie contre les Assyriens, et le Royaume du Sud n'a plus eu à lutter contre le Royaume du Nord.

Pendant ce temps, le Royaume du Sud a poursuivi ses mauvaises pratiques religieuses. De nombreux prophètes ont parlé contre le nord et prédit sa chute du pouvoir, et leurs prédictions se sont réalisées. Au lieu d'écouter leurs avertissements adressés au Royaume du Sud, les dirigeants du Juda comptaient sur des stratégies politiques pour maintenir leur prospérité et leur paix. Lorsqu'un prophète avertit le peuple du Juda qu'il ne prospérerait pas s'il continuait à désobéir aux commandements de Dieu, il fut tué dans la cour du Temple.

Ézéchias

Certains dirigeants du Sud étaient fidèles à Dieu. Par exemple, lorsque le roi Ézéchias est arrivé au pouvoir après l'effondrement du nord, il a lancé de nombreuses réformes religieuses. Il a aboli le culte des idoles et détruit les autels dédiés aux faux dieux. Il purifia le Temple et recommença à célébrer la Pâque. Il a invité les Israélites du nord à participer à ces activités. Vingt ans après la chute du Royaume du Nord, il donna au roi de l'Assyrie 11 tonnes d'or du Temple en paiement de la paix et du retrait des villes du Juda qui avaient été capturées.

Lorsqu'un commandant militaire assyrien projeta d'attaquer Jérusalem et réprimanda Dieu, Ézéchias demanda conseil à Isaïe. Isaïe dit à Ézéchias de ne pas s'inquiéter : les Assyriens mourraient et n'attaqueraient pas – le Seigneur avait une réputation à défendre. Cette nuit-là, 185 000 soldats assyriens moururent mystérieusement et leur armée se retira jusqu'à leur capitale, Ninive, à environ 966 kilomètres de là.

Mais à la mort d'Ézéchias, son fils Manassé prit la relève et conduisit le Juda dans sa pire période de méchanceté. Les autels de Baal furent reconstruits et les pratiques associées à de puissants pouvoirs maléfiques étaient monnaie courante, notamment des sacrifices humains, d'horribles pratiques sexuelles et le culte des démons. Les prophètes qui condamnaient ces pratiques furent tués (Isaïe était probablement l'un d'entre eux). Ézéchias avait conduit le Juda à son point le plus élevé de moralité, mais son fils conduisit le Juda à son point le plus bas. À la fin de son règne, Manassé fut capturé et emmené à Ninive, où il se repentit et retourna à Jérusalem en tant que roi au service des Assyriens. Mais il n'eut pas le temps de faire des réformes et, à sa mort, son fils continua à adorer de faux dieux et des puissances maléfiques.

Josias

Josias, petit-fils d'Ézéchias, devint roi alors qu'il n'avait que huit ans. Le Juda avait maintenu la paix en concluant des traités avec d'autres nations, en payant les Assyriens et en bénéficiant parfois des puissances de Dieu. Le Juda a acquis plus d'indépendance lorsque les Assyriens ont commencé à se retirer de la région pour faire face aux problèmes de la Mésopotamie. Cela a donné au Juda l'occasion d'avoir plus d'influence dans les régions où se trouvaient les tribus du nord. Cela a renouvelé un sentiment de fierté nationale parmi tous les Israélites.

Lorsque le roi Josias avait 16 ans, il avait cessé d'adorer de faux dieux et honorait désormais le vrai Dieu. Quelques années plus tard, il entame une nouvelle série de réformes religieuses. Le Temple fut réparé, le peuple célébra la Pâque et les pratiques religieuses associées aux Assyriens cessèrent. Après une évaluation approfondie des pratiques religieuses de la région, Josias abolit les mauvaises pratiques religieuses en Juda et parmi les tribus du nord, et il renvoya les prêtres qui dirigeaient le culte des idoles. Les Lévites s'emparèrent du Temple.

On a retrouvé dans les décombres du Temple le livre original de la Loi que Moïse a écrit, et lorsque Josias l'a lu, il a été dégoûté de voir à quel point les Israélites s'étaient éloignés de Dieu et de la Loi. Une femme prophète de Jérusalem a dit à Josias que le jugement de Dieu était inévitable : le peuple élu n'avait pas obéi aux lois et aux commandements que Dieu avait donnés à Moïse. Même si le livre de la Loi était perdu depuis des décennies, l'ignorance de la Loi n'était pas une excuse pour éviter la punition. L'instruction orale et les paroles des prophètes auraient dû suffire aux rois pour savoir ce qu'il fallait faire.

Jérémie et autres prophètes

Pendant cette période, le prophète Jérémie s'adressa au peuple et aux dirigeants du Juda et déclara que le sort de Jérusalem serait le même que celui de Samarie un siècle plus tôt : destruction et exil. Josias et Jérémie sont nés à peu près à la même époque et se sont connus. Dieu a appelé Jérémie comme prophète, et il savait que les gens n'apprécieraient pas ce qu'il dirait. Mais il savait aussi que Dieu le soutiendrait et le protégerait dans les moments difficiles et le garderait hors des ennuis. Dieu lui dit : « Je t'ai choisi avant de te former dans le sein maternel ; je t'ai mis à part avant ta naissance. Je t'ai établi prophète des nations. » Jérémie a dit à Dieu qu'il ne parlait pas bien et qu'il était trop jeune pour être prophète. Mais le Seigneur lui dit : « Ne dis pas que vous êtes trop jeune. Vous devez aller partout où je vous envoie et dire ce que je vous dis de dire. N'aie pas peur, je serai avec vous et je vous sauverai.

Jérémie a soutenu les réformes religieuses de Josias et a été très triste quand Josias est mort. Lorsque les prochains rois du Juda revinrent au culte des idoles, Jérémie les avertit souvent des désastres à venir que seraient la défaite et l'exil. Le peuple et les dirigeants l'ont persécuté : il a été arrêté, battu, emprisonné et menacé de mort à plusieurs reprises. À un moment donné, Jérémie a été jeté dans un puits sans eau pour mourir lentement de faim dans la boue, mais il a été retiré par une équipe d'hommes qui ont utilisé une longue corde faite de chiffons. De faux prophètes disaient que les prédictions de Jérémie ne se réaliseraient pas et que les gens devraient ignorer ses messages de jugement et la nécessité de se repentir.

Les messages de Jérémie contenaient également de l'espoir. Un petit nombre du peuple de Dieu reviendraient de pays étrangers et Dieu créerait avec eux un nouvel accord qui remplacerait l'accord initial conclu avec Moïse et les Israélites. Dans ce nouvel accord, les lois de Dieu seraient écrites dans le cœur de tous, et tous leurs péchés seraient pardonnés. Un descendant de David émergerait et établirait la justice et le droit sur terre, et son pays ne serait plus jamais renversé.

Les écrits d'autres prophètes adressés au Juda étaient similaires aux messages de Jérémie : Dieu jugera le peuple pour sa désobéissance, il devra se repentir parce que Dieu est miséricordieux et indulgent, ceux qui ne se repentent pas et n'obéissent pas seront détruits et emmenés, mais il y a espoir pour ceux qui aiment Dieu et survivent.

- Le prophète **Joël** a écrit aux habitants du Juda et de Jérusalem. Son message utilisait la sauterelle qui venait d'envahir leur pays comme symbole de la façon dont Dieu les punirait. Il a également écrit que Dieu a un esprit qui est accessible à tous, sans distinction d'âge, de sexe ou de statut social. En tant que seul Dieu universel ayant autorité sur toutes les créatures sur terre, Dieu finirait par juger toutes les nations. Ceux qui s'opposent à Dieu seront vaincus, mais les fidèles seront victorieux.

- Le prophète **Sophonie** a choqué le peuple fier et satisfait du Juda en écrivant que le jugement de Dieu viendrait bientôt. Il a prédit que Jérusalem serait détruite et que ses habitants seraient capturés et transférés en Mésopotamie en guise de punition. Il a déclaré que le peuple devrait accepter ce châtiment et se soumettre aux envahisseurs étrangers. Les gens devaient être humbles, se repentir et vivre de la bonne manière. Si Dieu punissait d'autres nations pour leur comportement impie, Dieu punirait sûrement les Israélites pour avoir fait la même chose.

- Le prophète **Abdias** a condamné les Edomites, les descendants d'Ésaü qui vivaient près de la mer Salée et qui ont eu de nombreux conflits avec les Israélites au fil des siècles. Dans le livre le plus court de l'Ancien Testament (une page de poésie), Abdias dit que l'Édom tomberait du pouvoir en raison de sa fierté de pouvoir subvenir à ses besoins. Les Édomites ont profité du malheur des autres, notamment des migrants et des réfugiés. Mais ils seraient détruits et leurs terres seraient reprises par les Israélites revenus d'exil.

- Le prophète **Nahum** a écrit de la poésie condamnant les Assyriens pour leur oppression, leur cruauté et leur méchanceté. Les dirigeants des villes conquises ont été gravement torturés avant d'être exécutés. Tandis que les habitants de Ninive se repentaient après avoir été condamnés par **Jonas** (voir chapitre 13), ils reprirent bientôt leur violence et leur péché. Même si Dieu est « lent à la colère et constitue un refuge pour ceux qui font confiance au Seigneur, Dieu ne laissera pas les coupables impunis ». Toute nation bâtie sur une vie pécheresse et sur la cruauté finira par tomber. Le royaume de Dieu, fondé sur l'équité pour tous et une vie correcte, triomphera. Dieu est le Seigneur de toutes les nations et contrôle leur avenir.

- Le prophète **Habacuc** a écrit sur une conversation qu'il a eue avec Dieu plutôt que de s'adresser directement au peuple du Juda. Les fidèles se demandaient pourquoi ceux qui étaient injustes envers les autres n'étaient pas punis. Dieu a répondu que quelque chose de très inhabituel se produirait : les Babyloniens méchants seraient utilisés par Dieu pour punir le Juda. Habacuc a ensuite demandé pourquoi Dieu utiliserait le mal pour punir le mal. Dieu répondit que les Babyloniens finiraient par être eux-mêmes vaincus et que le peuple de Dieu se relèverait. Pendant ce temps, « les justes vivront de leur fidélité » et devront patiemment faire confiance au Seigneur jusqu'à ce que les Babyloniens soient renversés. Être fidèle signifie faire confiance à Dieu et dépendre de lui, et non simplement suivre les lois et les règles de manière irréfléchie.

Les chutes du Royaume du Sud

Les Assyriens ont finalement perdu leur pouvoir au profit des Babyloniens, qui ont utilisé leur pouvoir contre le Juda alors qu'ils poussaient vers le sud pour conquérir l'Égypte. À un moment donné, 10 000 dirigeants de Jérusalem furent capturés et renvoyés à la Babylone. Tout espoir d'un Israël ressuscité s'est effondré à mesure que le Juda était progressivement déchiré et que ses rois faisaient ce que les nations étrangères voulaient qu'ils fassent. Jérémie disait continuellement au roi Sédécias de Juda de se rendre aux Babyloniens afin d'éviter l'effusion de sang, mais il ne se rendit pas.

Les Babyloniens ont capturé Jérusalem en 586 avant JC après avoir été encerclée pendant deux ans et demi. Ils ont entièrement incendié Jérusalem et ont démoli ses murs. Les survivants les plus pauvres sont restés sur place et ont fait de leur mieux pour rester en vie. Jérémie a été traité avec gentillesse : il avait été prophète de Dieu pendant 40 ans et les Babyloniens savaient qu'il avait dit aux Israélites de se rendre. Ils lui ont donné le choix : soit il pouvait aller à Babylone et être traité équitablement, soit il pouvait rester en Canaan. Il a choisi d'y rester.

Des nomades à l'est ont ensuite attaqué les survivants qui ont perdu leurs maisons. Lorsqu'ils ont demandé à Jérémie quoi faire, il a répondu qu'ils devraient rester en Palestine et faire partie du peuple de Dieu, avec d'autres qui reviendraient éventuellement de la Babylone. Mais ils décidèrent d'aller en Égypte, pensant y être en sécurité. Jérémie les accompagna probablement et mourut en Égypte.

Jérémie avait pleuré pendant de nombreuses années à propos des Israélites obstinés et de la façon dont ils ignoraient ses messages sur le jugement de Dieu et leur besoin de se repentir. Il était souvent très déprimé et maudissait même le jour de sa naissance alors qu'il était persécuté. Il est probablement l'auteur du livre de poésie connu sous le nom de **Lamentations**. Le livre décrit soigneusement ce qui s'est passé lorsque les Babyloniens ont détruit le Juda et l'incroyable tristesse du peuple lorsque Jérusalem et le Temple ont été détruits. Les Israélites ne vivraient plus dans le pays que Dieu avait promis de leur donner. La seule réponse raisonnable au jugement d'un Dieu aimant est d'accepter la responsabilité de leur péché et de leur rébellion. Mais il a écrit qu'il y a encore de l'espoir parce que « les compassions du Seigneur ne manquent jamais. Ils sont nouveaux chaque matin : grande est ta fidélité. Le Seigneur est bon envers ceux qui espèrent en Dieu et qui cherchent Dieu. »

Le royaume du Sud dura 136 ans de plus que celui du Nord, et Sédécias fut le dernier des 40 rois. Les descendants d'Abraham et de Sarah qui s'installèrent à Canaan étaient connus sous le nom de Juifs, terme dérivé de la tribu et de la nation du Juda. Le terme a été étendu ensuite pour s'appliquer à tous les Israélites, quelle que soit leur tribu ou leur nation. Leur religion est devenue connue sous le nom de Judaïsme et a créé une culture juive unique. Le peuple juif partage un sentiment d'appartenance nationale et une identité en tant que peuple élu de Dieu. La région connue sous le nom de Canaan, qui s'étend de la mer Méditerranée au Jourdain, est également appelée Palestine et Terre Sainte.

CHAPITRE 12

---◆◆◆---

LA VIE EN EXIL, PUIS LA RESTAURATION

Les Israélites prospèrent dans des terres lointaines et un reste revient en Canaan

Les Israélites ont tenu de bons registres des événements historiques et des personnages importants qui ont vécu à Canaan, ceux qui ont émigré en Égypte, ceux qui ont erré dans le désert, ceux qui ont conquis le Canaan, et ceux qui ont vécu en Palestine. Mais lorsque Jérusalem fut attaquée et que la plupart des Juifs furent emmenés en Babylonie, la bonne tenue des registres cessa. En conséquence, nous ne savons pas grand-chose de la vie de ceux qui vivent dans des pays étrangers.

Les Édomites et les Babyloniens ont contrôlé le pays laissé par les Israélites. Les Juifs avaient abandonné l'esclavage en Égypte, vaincu les puissances locales en Canaan et résisté aux nations plus fortes de Syrie, d'Assyrie et de Babylonie. Mais à cause de leur désobéissance à Dieu, en environ 500 ans, les Juifs sont passés du premier roi à n'avoir plus de roi du tout. Au moment où Jérusalem fut conquise, cela faisait plus de 1 250 ans qu'Abraham s'était installé à Canaan, et maintenant la plupart des Juifs se trouvaient en Mésopotamie, à des centaines de kilomètres de la maison de leurs ancêtres au Canaan. La Palestine est devenue principalement un champ de bataille entre les Égyptiens et les Babyloniens.

Finalement, les Babyloniens ont souffert d'un mauvais leadership et des tensions de la guerre à mesure que leur empire grandissait. La corruption et le traitement cruel des peuples conquis ont provoqué des rébellions dans l'empire. En 539 avant JC, les habitants du nord de la Perse, dirigés par Cyrus le Grand, s'emparèrent de Babylone. Comme les prophètes l'avaient prédit, les Assyriens et les Babyloniens avaient été vaincus.

La religion perse était le Zoroastrisme et leurs prêtres étaient appelés mages. La région qui était contrôlée par les Assyriens et les Babyloniens passa sous contrôle perse. Les Juifs avaient été exilés en Babylonie à plusieurs reprises, et ils furent rejoints par ceux qui quittèrent le Royaume du Sud. Les Juifs étaient généralement traités avec gentillesse et apprenaient la langue araméenne, qui était utilisée dans les affaires, le commerce et la diplomatie. La plupart des Juifs sont devenus actifs dans l'économie locale. Certains ont travaillé sur des projets de construction ; ils avaient l'expérience de la construction de grandes structures en Palestine et les Babyloniens ont profité de leurs compétences. Certains ont continué à travailler dans l'agriculture dans les plaines fertiles de la Mésopotamie, et d'autres se sont impliqués dans les affaires et le commerce. Quelques-uns se sont impliqués dans les affaires gouvernementales. Ils essayèrent de vivre ensemble dans des villes dispersées à travers la région où ils pourraient maintenir leurs coutumes et leur religion. Les Juifs qui vivaient en Babylonie se demandaient quand ils reviendraient.

Les faux prophètes prédisaient qu'ils reviendraient bientôt, ce qui conduisit à des rébellions contre les Babyloniens parce qu'ils pensaient que Dieu les libérerait. Mais les chefs rebelles furent exécutés. Pendant ce temps, Jérémie écrivait des lettres de Palestine à ceux qui étaient en exil pour leur dire qu'ils devraient s'installer et accepter le châtiment de Dieu. Il leur a dit de « construire et habitez des maisons, plantez des jardins, prenez des femmes et ayez des enfants, recherchez le bien de la ville où Dieu vous a envoyé et priez Dieu pour la ville, car dans son bien vous trouverez votre bien-être ». Ses prédictions selon lesquelles ils reviendraient un jour leur donnaient de l'espoir – il leur suffisait d'être patients jusqu'au bon moment pour partir. Cela rendait confus ceux qui vivaient en exil : rentreraient-ils bientôt chez eux ou non ?

Messages d'Ézéchiel aux exilés

Le prophète Ézéchiel était un Juif instruit et religieux qui vivait à la Babylone. À l'âge de 30 ans, Dieu l'a appelé à parler aux Juifs qui vivaient en Babylonie pour savoir quand ils retourneraient en Palestine. Il a eu une vision très inhabituelle de la part de Dieu et il a utilisé des énigmes symboliques, des histoires et des actions pour anéantir les espoirs des Juifs qui voulaient retourner à Jérusalem. Il a dit que Dieu punirait les Juifs de Jérusalem à cause de leur immoralité sexuelle et de leur injustice. Jérusalem serait détruite, de sorte que les exilés ne rentreraient pas chez eux dans un avenir proche – il n'y aurait nulle part où aller.

Les méthodes de communication d'Ézéchiel étaient inhabituelles. Par exemple, il resta couché uniquement sur son côté gauche pendant 390 jours d'affilée, puis uniquement sur son côté droit pendant 40 jours consécutifs, pour symboliser la chute des royaumes du Nord et du Sud. Il ne parlait à personne à moins que Dieu ne le lui dise. Son comportement était si étrange que les Juifs de Babylone lui rendirent visite pour constater ses habitudes bizarres. Ses visions contiennent également le message que les Juifs retourneraient dans leur patrie, et ses messages étaient cohérents avec ceux de Jérémie.

Lorsque Jérusalem fut détruite et que ceux du Royaume du Sud arrivèrent en Babylonie, les Juifs furent plus disposés à l'écouter : ses prédictions s'étaient réalisées. Il avait aussi un message d'espoir. Il a déclaré que la réputation de Dieu à travers le monde serait restaurée et que l'Israël redeviendrait une seule nation. Ézéchiel a eu une vision d'os secs gisant dans un champ qui reprenaient vie et étaient réunis puis recouverts de peau pour redevenir vivants. Il a expliqué ce que Dieu voulait qu'ils sachent :

> Ce n'est pas à cause de vous que je fais ces choses, mais à cause de mon nom sacré, auquel vous avez porté atteinte parmi les nations. Je montrerai que mon nom est sacré. Les nations sauront que je suis le Seigneur. Je vous rassemblerai de toutes les nations et je vous ramènerai dans votre pays. Je vous purifierai de votre saleté. Je vous donnerai un cœur nouveau et mettrai mon esprit en vous. Il y aura un roi sur vous tous, un seul berger.

Daniel et ses fidèles compagnons

Daniel était à la fois un chef religieux et un leader politique qui vivait parmi les exilés en Babylonie avant la destruction de Jérusalem. Il était bien formé aux activités religieuses lorsqu'il vivait en Juda, et il était très intelligent et sage. Il parle couramment l'araméen parce que lui et trois autres Juifs (Shadrach, Meshach et Abednego) ont été invités par le roi Nébucadnetsar à apprendre l'araméen à leur arrivée en Babylone. Daniel a écrit des messages en hébreu et en araméen, ce qui a rendu ses messages accessibles aux non-juifs d'autres nations.

Quand Daniel et ses trois amis ont reçu de la nourriture impure pendant leur formation, ils ont refusé de la manger. Ils ont demandé à recevoir uniquement des légumes et de l'eau, et en 10 jours, ils étaient en meilleure santé que ceux qui mangeaient du menu royal. Après cela, ils ne mangeaient que des légumes. Après trois années de formation, les quatre hommes furent amenés au roi, qui les trouva tous de loin supérieurs à tous ceux qui le servaient. Lorsque le roi fit un rêve troublant, il demanda à ses magiciens et astrologues de lui raconter ce qu'il avait rêvé et ce que cela signifiait. Les sages disaient que c'était une tâche impossible : personne ne pouvait lire dans les pensées d'une autre personne à l'exception d'un dieu ! Le roi fut tellement bouleversé par leur réponse qu'il fit tuer tous les sages de Babylone.

Lorsque les hommes du roi vinrent emmener Daniel, il demanda pourquoi on le tuait. Lorsqu'il entendit parler de l'ordre du roi, il demanda à parler au roi. Il demanda ensuite au roi plus de temps afin qu'il puisse déterminer ce qu'était le rêve et ce qu'il signifiait. Le roi accepta et Daniel alla voir ses trois compagnons et lui expliqua la situation. Ils ont tous prié Dieu avec ferveur pour obtenir miséricorde et compréhension du rêve, car ils ne voulaient pas mourir.

Cette nuit-là, Daniel fit un rêve qui lui révéla les réponses aux questions du roi. Le matin, il dit au roi : « Personne sur terre ne peut répondre à ces questions, mais il y a un Dieu au ciel qui connaît le sens de vos rêves. Ce Dieu m'a révélé qu'il décrit ce qui se passera dans le futur. » Daniel expliqua ensuite au roi ce qu'était le rêve et ce qu'il signifiait. La fin du rêve révélait que Dieu établirait un royaume qui ne serait jamais détruit.

Daniel avait répondu correctement. Le roi Nébucadnetsar honora Daniel et son Dieu en disant : « Certainement, votre Dieu est le Dieu des dieux et le Seigneur des rois et celui qui révèle les mystères, car tu as révélé ce mystère. » Le roi fit alors de Daniel le gouverneur de toute la province de la Babylone et le chargea de tous ses sages. Daniel s'est arrangé pour que le roi nomme ses trois amis pour superviser tout le travail du gouvernement de la Babylone.

Plus tard au cours de son règne, le roi Nabuchodonosor fit de lui-même une statue dorée de 27 mètres de haut dans un champ près de la Babylone. Lors de sa dédicace, tout le monde reçut l'ordre de se prosterner et de l'adorer ; ceux qui ne le feraient pas seraient jetés dans une fournaise ardente. Les trois amis de Daniel étaient présents à la dédicace mais ne se sont pas inclinés, et il était évident pour tout le monde qu'ils avaient désobéi à cet ordre. Les trois hommes furent arrêtés et emmenés chez le roi enragé. Les hommes dirent au roi : « Nous n'avons pas besoin de nous défendre contre vous. Si vous nous jetez au feu, notre Dieu peut nous en délivrer. Mais même si notre Dieu ne nous sauve pas, nous voulons que vous sachiez que nous n'adorerons pas un autre dieu ni ne nous inclinerons devant l'image dorée que vous avez érigée. »

Le roi était furieux et ordonna de les attacher et de les jeter dans la fournaise. La chaleur était si forte que les soldats qui emmenaient les hommes au four furent tués par les flammes. Mais les trois hommes ne brûlèrent pas dans la fournaise, et ceux qui regardaient virent quatre personnages se promener dans le feu : Dieu était avec eux. Le roi leur ordonna de sortir de la fournaise, et lorsque les trois hommes sortirent, ils n'avaient subi aucune brûlure. Même leurs cheveux et leurs vêtements n'étaient pas brûlés et il n'y avait aucune odeur de fumée sur eux. Le roi fut tellement étonné qu'il ordonna que personne ne dise du mal du Dieu des Juifs, et que quiconque le ferait serait tué. Le roi promut alors les trois hommes.

De nombreuses années plus tard, Daniel a eu un certain nombre de visions qui prédisaient l'avenir et étaient pleines d'un vague symbolisme où des animaux et des bêtes étranges représentaient des rois et des nations. Il ne comprenait pas ces visions, alors il les gardait pour lui. Mais sa capacité à interpréter d'autres messages mystérieux fut reconfirmée lorsqu'il révéla la chute de la Babylone lors d'un grand banquet de dignitaires. La Babylone tomba aux mains des Perses le lendemain.

Les Perses n'ont pas détruit la Babylone et Daniel a continué à travailler comme chef du gouvernement perse. D'autres étaient jaloux de son pouvoir et complotaient contre lui, mais la réputation de Daniel en tant que fonctionnaire sage et juste était sans faille. Deux fonctionnaires ont comploté pour que Daniel soit puni à cause de sa religion. Ils ont demandé au roi de publier un édit selon lequel quiconque adorerait un dieu autre que le roi au cours des 30 prochains jours serait jeté dans une fosse avec les lions. Lorsque les fonctionnaires trouvèrent Daniel priant vers Jérusalem comme à son habitude, ils le dirent au roi.

Comme Daniel était une personne très respectée, le roi fut consterné. Mais les fonctionnaires rappelèrent au roi qu'il avait émis un édit qui ne pouvait être modifié, alors Daniel fut jeté aux lions. Le roi dit à Daniel : « Que ton Dieu, que tu sers toujours, te sauve ! »

La tanière était scellée avec une grosse pierre et le roi ne put dormir cette nuit-là. Le matin, le roi se rendit à la fosse et appela Daniel. Daniel répondit : « Mon Dieu a envoyé un ange qui a fermé la gueule des lions. Ils ne m'ont pas fait de mal parce que Dieu m'a trouvé innocent. »

Le roi ordonna alors de sortir Daniel de la fosse, et il en sortit sans une égratignure. Le roi fit alors jeter dans la fosse les hommes qui complotaient contre Daniel, avec leurs femmes et leurs enfants. Ils furent tous rapidement tués et mangés par les lions affamés.

Daniel a continué à servir comme chef du gouvernement perse. Quand il était très vieux, Daniel avait des rêves et des visions plus étranges sur ce qui allait se passer dans le futur. Il a écrit que de nombreux royaumes maléfiques s'élèveraient et que de nombreuses personnes saintes tomberaient entre leurs mains. Mais ces royaumes terrestres seraient un jour détruits pour toujours par un royaume final, établi par Dieu, qui ne finira pas. Bien qu'il ne comprenne pas la signification de ces visions, il les écrivit afin que d'autres puissent les lire plus tard, lorsque leur signification pourrait être déterminée. Daniel mourut peu après l'arrivée au pouvoir de Cyrus le Grand à la Babylone.

Une nouvelle politique encourage leur retour et leur restauration

Le roi Cyrus de la Perse a renversé la politique consistant à déplacer les habitants des régions qu'il avait conquises vers la Mésopotamie. Il a encouragé les gens qui avaient été capturés à rentrer chez eux et à adorer leurs propres dieux, et il a permis aux Juifs de rentrer chez eux. Mais à cette époque, beaucoup d'entre eux avaient trouvé des emplois bien rémunérés et vivaient confortablement, et ils ont ignoré l'opportunité de s'installer en Palestine.

Le roi Cyrus croyait au Dieu juif et voulait reconstruire le Temple de Jérusalem. Il a encouragé les Juifs de la Babylonie à donner de l'or, des animaux et des fournitures à ceux qui voulaient rentrer chez eux et reconstruire la ville et le Temple. (Le prophète Isaïe avait prédit que cela se produirait.) Environ 50 000 Juifs ont rapidement fait le voyage de 1448 kilomètres pour rentrer en Palestine, et Cyrus a envoyé des articles qui avaient été pris dans le Temple. À leur arrivée, cela faisait environ 70 ans que le premier groupe d'exilés du Juda était arrivé en Babylonie. (Jérémie a prédit qu'il y aurait 70 ans d'exil.)

Jérusalem était déserte depuis 50 ans et était en ruines. Il fallut sept mois aux Juifs pour s'organiser et recommencer à pratiquer leurs activités religieuses. Ils faisaient des holocaustes et célébraient leurs fêtes. La construction d'un nouveau temple commença avec des matériaux achetés aux Phéniciens, et les Lévites supervisèrent les travaux. Alors que beaucoup célébraient leur retour et louaient Dieu, les personnes âgées qui se souvenaient de l'apparence de Jérusalem pleuraient ouvertement et amèrement devant l'état dans lequel elle se trouvait.

Les habitants de Samarie voisine voulaient aider à construire le Temple. Les Samaritains occupaient des terres dans ce qui était autrefois le Royaume du Nord et s'étaient mariés avec les étrangers amenés dans la région. Lorsqu'ils n'étaient pas autorisés à aider, ils étaient en colère contre les Juifs de retour et s'opposaient à leurs efforts de reconstruction de la région. Les travaux sur le Temple furent arrêtés pendant 16 ans en raison de leur opposition.

Aggée et Zacharie

Les travaux sur le Temple reprirent lorsque le roi Cyrus fut remplacé par un nouveau roi de Perse intéressé par la religion de son empire. Le prophète Aggée a rappelé aux gens que la construction du Temple était une priorité plus élevée que l'amélioration de leurs propres maisons. La construction du Temple reprit bientôt, mais leur enthousiasme pour le projet s'affaiblit lorsqu'ils réalisèrent que la nouvelle structure ne serait pas proche de celle qui avait été construite sous le roi Salomon. Même s'ils manquaient de travailleurs et d'argent pour bien faire le travail, Aggée encouragea le peuple en prédisant que le nouveau Temple serait plus grand que le précédent. Dieu a parlé à travers Aggée.

> Soyez fort, car je suis avec vous. Mon Esprit demeure parmi vous. Dans peu de temps, j'ébranlerai toutes les nations, et ce que désirent toutes les nations viendra, et la maison sera pleine de gloire. La gloire sera plus grande que dans la maison précédente. Dans cet endroit, je vous accorderai la paix.

En même temps, le prophète Zacharie avait un message similaire mais plus long pour les Juifs. Dans une série de rêves, de visions et de messages symboliques, il voit que le peuple de Dieu est revenu et que sa nation est progressivement restaurée. Lorsque le Temple sera construit, le peuple se verra promettre un avenir glorieux. Bien que le Juda soit tombé, Jérusalem se relèvera tandis que toutes les autres nations tomberont. Le Seigneur a dit : « Jérusalem n'aura pas de murs parce qu'elle abritera beaucoup de gens et d'animaux. Mon feu sera le mur qui l'entourera, et j'en serai la gloire. » Dieu réprimanderait le mal (Satan) et un leader serviteur appelé la Branche dirigerait la restauration. Ce leader sera un prêtre devant Dieu et enlèvera les péchés de tous en un seul jour. La justice et la paix remplaceront la méchanceté et l'esprit de Dieu se répandra partout dans le monde. Toutes ces choses arriveront si les gens obéissent à Dieu – il ne leur suffit pas de jeûner et de prier. Le Seigneur a parlé par Zacharie :

> Apportez une vraie justice. Faites preuve de miséricorde et de compassion les uns envers les autres. Ne soyez pas méchant avec la veuve, le sans-abri, l'étranger ou le pauvre. Ne complotez pas le mal les uns contre les autres. Ceux qui vous ont précédé n'ont pas écouté, et ils ont été dispersés et sont devenus étrangers dans d'autres nations. Alors dites-vous la vérité les uns aux autres et portez des jugements justes devant vos tribunaux.

Zacharie a également fait des prédictions sur l'avenir. Un roi humble et bon entrera à Jérusalem monté sur un jeune âne. Les armes de guerre seront supprimées et la paix reviendra sur terre. De nombreux types de personnes et de nations puissantes se parleront de ce roi. « Ils vous attraperont et vous demanderont de vous accompagner parce qu'ils savent que Dieu est avec vous. » Mais Zacharie termine par un avertissement : Jérusalem sera à nouveau détruite et de nombreuses personnes quitteront la région parce que les Juifs rejettent le berger venu les sauver. Mais après une crise massive, Dieu reviendra et gouvernera le monde entier.

Encouragé par ces deux prophètes et espérant un avenir glorieux, le peuple a achevé le Temple cinq ans après la reprise des travaux. Il a été construit sur le même site que le temple précédent, mais il n'était pas aussi beau. Néanmoins, les Juifs commencèrent leurs activités religieuses en suivant les mêmes instructions fournies par Moïse, et les Israélites restés en Palestine les rejoignirent dans leurs cérémonies et fêtes religieuses.

Esther et Mardochée en Perse

De nombreux Juifs décidèrent de rester dans les zones contrôlées par les Perses. Lorsque la reine du roi perse xerxès désobéit à un ordre direct à Suse, le roi décida qu'elle devait être remplacée. S'il la laissait faire un tel manque de respect, la nouvelle se répandrait et les femmes cesseraient d'obéir à leurs maris. Ainsi, des jeunes femmes de tout l'empire furent amenées auprès du roi afin qu'il puisse choisir une nouvelle reine. Chaque femme a suivi un an de soins esthétiques avant de voir xerxès.

Esther faisait partie de ceux amenés pour se préparer à voir le roi. C'était une jeune et fidèle juive qui vivait également à Suse. Elle avait été adoptée par son cousin aîné Mardochée alors qu'elle était orpheline à cause de la mort de ses parents. Quand ce fut son tour de rencontrer le roi, elle l'impressionna tellement qu'elle fut choisie pour être la prochaine reine. Mais Mardochée lui a dit de ne pas dire qu'elle était adoptée ou juive.

Lorsque Mardochée entendit une conversation concernant un complot visant à tuer le roi, il le rapporta à Esther, qui en informa alors le roi, disant qu'elle l'avait entendu d'un homme nommé Mardochée. Lorsque le roi apprit que le complot était vrai, il exécuta les conspirateurs.

Un homme nommé Haman était le premier ministre et ordonnait à tout le monde de s'incliner devant lui lorsqu'ils le voyaient. Mais Mardochée refusa de le faire. Haman a découvert que Mardochée était juif, alors il a conçu un plan pour se débarrasser de tous les Juifs du royaume (environ deux millions de personnes). Il dit au roi xerxès : « Il existe un certain groupe de personnes dispersées dans votre royaume qui se tiennent à l'écart des autres. Leurs coutumes sont différentes et ils n'obéissent pas à vos lois. Ce n'est pas bon pour toi de les laisser vivre de cette façon. Si vous le souhaitez, vous pouvez donner l'ordre qu'ils soient tous tués. »

Le roi accepta et un ordre scellé de l'anneau du roi fut envoyé à chaque province. Il disait que tous les Juifs, y compris les femmes et les enfants, devraient être tués à un jour précis, 11 mois plus tard.

Les Juifs de tout l'empire perse pleuraient et jeûnaient lorsqu'ils entendaient cet ordre. Lorsqu'Esther eut connaissance de l'ordre, elle décida d'en parler au roi. Mais personne n'était autorisé à voir le roi dans sa chambre privée du palais à moins qu'il ne les y invite : ceux qui entraient sans invitation étaient tués par ses gardes.

Mardochée a dit à Esther que c'était son devoir en tant que dirigeante juive de faire quelque chose : elle pourrait être tuée parce qu'elle était juive. Esther lui dit que tous les Juifs de Suse prieraient pour elle pendant trois jours, puis qu'elle irait dans la chambre privée du roi. Elle dit à Mardochée : « Si je meurs, je meurs. »

Au bout de trois jours, Esther entra dans la chambre privée du roi et se tint à sa porte. Il l'a invitée dans sa chambre et elle a été soulagée de ne pas avoir été arrêtée et tuée. Elle lui a demandé si elle pouvait organiser un dîner avec lui et Haman uniquement. Il accepta et, pendant qu'ils mangeaient et buvaient ce soir-là, le roi demanda à Esther ce qu'elle voulait : il ferait presque tout pour elle. Elle a dit qu'elle lui donnerait sa réponse le lendemain, quand ils pourraient à nouveau dîner ensemble tous les trois.

Ce soir-là, Haman rentra chez lui et se vanta auprès de sa femme qu'il avait eu un dîner privé avec le roi et la reine et qu'il allait recommencer la nuit suivante. Mais il a dit qu'il avait quand même eu une mauvaise journée parce que Mardochée ne s'était pas incliné devant lui. Sa femme a déclaré que Mardochée devrait être tué et pendu à un grand poteau le lendemain matin avant son dîner. De cette façon, il pourrait prendre son repas avec le roi et la reine. Haman a aimé l'idée et a ordonné l'installation du poteau.

Le roi ne put dormir cette nuit-là. Dans la matinée, il a découvert que Mardochée, l'homme qui avait dénoncé le complot d'assassinat, était juif, mais rien n'avait été fait pour l'honorer. Quand Haman entra dans la pièce pour parler au roi de la possibilité de tuer Mardochée, le roi lui demanda d'abord ce qu'il fallait faire pour quelqu'un qui honore le roi. Haman pensait que le roi allait l'honorer, alors il a dit que la personne devrait revêtir des vêtements royaux et participer à un grand défilé. Le roi dit alors à Haman d'aller faire ce qu'il avait suggéré à Mardochée. Haman, humilié, le fit, puis il revint dîner avec le roi et la reine.

Pendant qu'ils mangeaient, Esther dit que sa demande était que le roi épargne les Juifs, son peuple. Le roi avait oublié qui avait proposé cette idée, alors il demanda qui était responsable de l'ordre. Elle a dit que c'était Haman, l'homme assis avec eux !

Le roi partit en colère, mais Haman resta et supplia Esther de lui accorder la vie sauve. Lorsque le roi revint, il vit Haman agenouillé aux pieds d'Esther et crut qu'il essayait de l'agresser. Le roi ordonna à ses gardes d'emmener Haman. Les gardes ont dit qu'il y avait un grand poteau à l'extérieur de la maison d'Haman qui allait être utilisé pour pendre Mardochée. Le roi ordonna qu'Haman soit tué et pendu au poteau, et le roi donna la propriété d'Haman à Esther. Lorsque le roi découvrit qu'Esther et Mardochée étaient liés, il fit de Mardochée son nouveau premier ministre.

Mais l'ordre de tuer tous les Juifs était toujours en vigueur. Esther a supplié le roi d'émettre un autre ordre supprimant l'ordre de tuer tous les Juifs. Le roi demanda à Mardochée d'écrire le nouvel ordre. Il fut rapidement rédigé, traduit dans toutes les langues parlées dans l'empire, scellé de l'anneau du roi et envoyé dans chaque province à l'aide des chevaux les plus rapides du roi. L'ordre accordait aux Juifs de chaque ville le droit de se rassembler, de se protéger et de tuer tout homme qui attaquait un Juif. Le texte de l'ordre fut porté à la connaissance de tout le monde dans l'empire afin que les Juifs puissent se protéger le jour où ils devaient être tués.

Lorsque la nouvelle arriva, les Juifs de chaque province furent ravis. Leur courageuse reine et leur nouveau premier ministre les avaient épargnés. Ils célébraient en festoyant. De nombreuses personnes d'autres nationalités sont devenues juives et ont commencé à poursuivre leurs activités religieuses parce qu'elles avaient peur de ce que les Juifs pourraient leur faire.

Mardochée envoya alors des lettres à tous les Juifs de l'empire, leur demandant de célébrer les deux jours du mois où ils recevaient du soulagement de leurs ennemis. Leur chagrin s'était transformé en joie et leur deuil en jour de fête. Pendant ces deux jours, les Juifs devaient organiser des fêtes, s'offrir des cadeaux de nourriture les uns aux autres et offrir des cadeaux aux pauvres. Cette occasion est devenue connue sous le nom de Pourim et c'est toujours célébré parmi les Juifs.

Esdras retourne à Jérusalem

Après la mort du roi xerxès, son fils Artaxerxès prit sa place comme roi. Un Juif très instruit nommé Esdras vivait alors en exil à la Babylone. C'était un Lévite et un descendant d'Aaron, et il comprenait tous les écrits religieux transmis au fil des siècles. Il a également gardé une trace de tous les événements survenus parmi les Juifs au cours des siècles et les a consignés dans des documents historiques. Il avait hâte de retourner à Jérusalem et il s'adressa au roi Artaxerxès pour obtenir la permission de partir.

Le roi soutenait l'idée du retour d'un plus grand nombre de Juifs en Palestine et il donna donc à Esdras la permission de mettre en place un gouvernement en Palestine. Le roi donna à Esdras toute l'aide financière dont il avait besoin pour rétablir les systèmes et les bâtiments religieux, y compris tout ce dont il avait besoin pour le Temple. Le roi a également déclaré que tous ceux qui travaillaient au Temple n'avaient à payer aucun impôt.

Esdras a alerté les Juifs du voyage de retour prévu en Palestine, mais peu de gens voulaient marcher près de 1 000 miles jusqu'à un pays qu'ils ne connaissaient pas et commencer une nouvelle vie. Beaucoup s'inquiétaient également pour leur sécurité pendant le voyage. Très peu de Juifs décidèrent de retourner en Palestine, et même après un appel spécial à la tribu, seuls 20 Lévites acceptèrent de partir.

Esdras ne voulait pas demander au roi des gardes pour leur voyage, car on savait que les Juifs comptaient sur Dieu pour leur protection. Alors ils ont tous prié pour la protection de Dieu pendant le voyage, et après un voyage de trois mois et demi, ils sont tous arrivés sains et saufs à Jérusalem.

Esdras a rapidement déterminé que les Israélites de la région, y compris les prêtres, s'étaient mariés avec des personnes d'autres cultures et religions. Esdras était dégoûté et en colère parce que les Juifs avaient adopté des pratiques non juives. Il priait fort dans le Temple et confessait les péchés des Juifs. Il ordonna ensuite à tous les Juifs de venir au Temple pour une réunion. Il s'est adressé à la foule et a parlé du danger des mariages mixtes avec des non-juifs. Le peuple était prêt à changer ses habitudes et des dirigeants furent choisis pour représenter tout le peuple lors des réunions futures afin que seulement quelques personnes soient obligées de se rendre à Jérusalem. Esdras a mené une enquête pour déterminer quels prêtres et Lévites s'étaient mariés, et chaque prêtre était coupable. Tous ont accepté d'annuler leurs promesses de mariage.

Néhémie

Plus de 13 ans après le retour d'Esdras à Jérusalem, la ville était toujours en reconstruction. Le Temple était achevé, mais les murs de la ville étaient toujours détruits et les portes incendiées. La ville n'était pas un endroit sûr où vivre.

Néhémie était un Juif très fidèle qui travaillait pour le roi perse à Suse. Lorsque son frère lui rendit visite depuis la Palestine, il apprit que la vie parmi les quelques exilés revenus en Palestine n'était pas bonne. Il a pleuré après avoir entendu cela et a prié pendant plusieurs mois pour déterminer ce que Dieu voulait qu'il fasse.

Son visage était triste lorsqu'il servait à boire au roi Artaxerxès et à sa reine, et le roi lui demanda pourquoi il était triste. Néhémie a parlé au roi de la situation dans son pays natal et a demandé la permission de retourner et de reconstruire Jérusalem. Il obtint la permission du roi et reçut de nombreuses provisions à emporter à Jérusalem. Il reçut également des lettres du roi pour s'assurer que sa caravane était bien traitée et pour obtenir du bois gratuit.

Lorsque Néhémie arriva à Jérusalem, lui et quelques autres sortirent la nuit en privé pour inspecter les défenses de la ville. Dans la matinée, il a dit aux autorités locales ce qu'ils savaient déjà : la ville n'était pas sûre et avait besoin de reconstruire ses murs et ses portes. Ils ont tous convenu de commencer immédiatement à travailler aux réparations. Il mit en place un système pour garder les portes et les brèches des murs pendant que les réparations étaient effectuées par des groupes d'hommes des différentes tribus d'Israël.

Toute cette activité a attiré l'attention des autorités des environs. Ils se sentaient menacés par une ville plus forte contrôlée par les Juifs et affirmaient que les Juifs se révoltaient contre le roi. Ils complotèrent pour attaquer la ville et Néhémie renforça la sécurité autour de la ville. Chacun a contribué comme il pouvait. Certains travaillaient tandis que d'autres montaient la garde, armés d'armes et de trompettes pour sonner en cas d'attaque. Les pauvres de la ville travaillaient également et n'avaient pas à payer d'impôts ni d'intérêts sur leurs dettes parce qu'ils ne gagnaient pas d'argent en faisant leur travail normal. Néhémie veillait à ce que tout le monde traite équitablement les pauvres. Ses ennemis n'arrêtaient pas d'essayer de nouvelles façons de l'amener à faire quelque chose de mal, mais Néhémie gérait sagement chaque situation et évitait d'avoir des ennuis.

Le mur et les portes furent achevés en 52 jours. Tous les habitants de la région ont été impressionnés par la force des Juifs et de leur Dieu, ce qui a restauré le respect et le prestige de la nation juive parmi les habitants de la région.

Lorsque les murs et les portes de la ville furent sécurisés, Néhémie mit en place un système permettant aux gens de garder les murs près de leurs maisons. Les Juifs de la campagne occupaient les zones ouvertes de la ville et, dans une ville plus sûre, les gens se sentaient plus en sécurité.

Néhémie a également travaillé avec Esdras pour renforcer les activités religieuses des Juifs. Le peuple reprit l'habitude de confesser ses péchés, de faire des sacrifices et des offrandes, de soutenir le travail des Lévites et de célébrer leurs fêtes comme le faisaient les Israélites du temps de Moïse. Le peuple s'est également engagé à ne pas laisser ses enfants épouser une personne qui n'était pas juive.

Après avoir consacré les murs lors d'une grande célébration, Néhémie rentra chez lui à Suse. Lorsqu'il revint à Jérusalem des années plus tard, il découvrit que les Juifs avaient cessé de pratiquer correctement leur religion. Ils travaillaient et vendaient des marchandises le jour du sabbat. Les Lévites étaient partis chercher du travail ailleurs parce que les dîmes n'étaient pas versées pour subvenir à leurs besoins et à ceux des autres ouvriers du Temple. Les étrangers avaient des bureaux dans la cour du Temple. Tout cela a mis Néhémie très en colère. Il jeta les meubles appartenant aux étrangers, ferma les portes de Jérusalem le jour du sabbat et rappela au peuple que ceux qui ignoraient les commandements de Dieu étaient punis en étant capturés.

Malachie

Le prophète Malachie a renforcé les avertissements de Néhémie parce que les Juifs ne comptaient pas sur Dieu. Tels étaient leurs péchés : offrir des animaux imparfaits en sacrifice, épouser des non-Juifs, être infidèle dans le mariage, négliger la dîme, ne pas prendre soin des veuves et des orphelins et maltraiter les pauvres et les étrangers. Malachie a également donné un aperçu des choses à venir dans le futur. Les bénédictions et le jugement survenaient, parfois à travers un processus douloureux. Par lui, Dieu dit aux Juifs :

> Je ne changerai pas ma façon de traiter avec vous : je vous bénirai si vous m'honorez et obéissez à mes commandements ; Je vous punirai si vous êtes arrogant et si vous désobéissez. Je serai compatissant si vous revenez vers

moi. J'enverrai mon messager préparer le chemin devant moi. Soudain, celui que vous cherchez viendra au Temple – le messager de l'accord viendra. Il sera comme le feu d'un fondeur ou comme un savon. Il purifiera les Lévites comme on raffine l'or et l'argent. Alors le Seigneur aura des gens qui apporteront des offrandes selon la justice, et leurs offrandes seront agréables au Seigneur comme elles l'étaient auparavant. Je frapperai aussi le pays avec une destruction totale.

(L'histoire continue au chapitre 14.)

Chapitre 13

━━━━━━━◆◆◆◆◆━━━━━━━

Livres uniques dans l'Ancien Testament

Plusieurs livres de la Bible donnent des leçons sur la façon de vivre correctement, comme faire face aux problèmes et aimer les autres, plutôt que de discuter d'événements historiques.

- Les livres des **Proverbes** et de **l'Ecclésiaste** parlent de sagesse. Les Proverbes contiennent de courtes paroles et des histoires sur la façon dont les humains devraient vivre correctement. Dans l'Ecclésiaste, Salomon souligne que la vraie vie est bien plus compliquée que de donner de simples vérités sur les conséquences du comportement humain.
- **Job** raconte pourquoi une personne qui a foi en Dieu et mène une bonne vie éprouve toujours de la douleur et de la souffrance. L'histoire se termine sur un rebondissement inattendu.
- **Jonas** est une courte biographie d'un homme appelé par Dieu à dire la vérité à un ennemi dangereux. Lorsqu'il ne le fait pas, il subit des conséquences inhabituelles.
- Le **Cantique des Cantiques** est un dialogue entre une jeune femme et son amant.
- Les **Psaumes** sont un recueil de poèmes qui reflètent de émotions fortes et pensées sur les événements qui ont eu lieu parmi les Israélites.

Proverbes

Le roi Salomon a écrit la plupart des Proverbes. Un proverbe est l'énoncé d'une vérité générale et traite souvent de la bonne et de la mauvaise manière de faire les choses. En général, les proverbes indiquent que ceux qui suivent ces vérités éviteront le mal et seront récompensés ; ceux qui ne suivent pas leurs conseils subiront des conséquences négatives.

Les déclarations positives et négatives sont souvent associées pour créer un contraste entre le bien et le mal. Parfois, il ne s'agit que d'une seule phrase. Par exemple, le dernier verset du chapitre 3 déclare : « Les sages héritent de l'honneur, mais les insensés héritent du déshonneur » (Proverbes 3 :35). Dans d'autres cas, il existe des groupes de proverbes qui discutent de la même idée. De nombreux dictons et nouvelles traitent de l'argent, de la justice et de la moralité sexuelle (de nombreux versets parlent d'éviter les tentations des péchés liés au sexe et de gagner de l'argent de la mauvaise manière). Le livre rappelle à plusieurs reprises à ses lecteurs qu'ils doivent constamment rechercher la sagesse et éviter de faire de mauvaises choses.

Le livre commence par dire que la sagesse vient de Dieu. Ainsi, une personne sage se comporte d'une manière droite, vertueux, et pieuse. Le dernier chapitre se concentre sur les qualités d'une bonne épouse à cette époque. De nombreux versets des 31 chapitres font le même point. Voici des exemples de certains proverbes — ils proviennent des chapitres et des versets notés.

Chapitre 1 : 7, 20-23, 33

Le respect du Seigneur est le début de la sagesse ; les insensés méprisent la sagesse et l'instruction. La sagesse crie dans la rue, elle élève la voix sur la place. A l'entrée des portes de la ville, elle dit : « Pour combien de temps, vous, les naïfs, aimerez-vous être simplets ? Pour combien de temps, vous, moqueurs, vous plairez-vous à vous moquer des autres, et vous, les insensés, haïr la connaissance ? Si vous aviez répondu à ma réprimande, j'aurais répandu mon esprit sur vous et je vous aurais fait connaître mes paroles. Ceux qui m'écoutent vivront en sécurité et n'auront pas peur du mal.

Chapitre 4 : 23-27

Gardez votre cœur car tout ce que vous faites en découle. Gardez votre discours clair et honnête. Laissez vos yeux regarder droit devant vous et réfléchissez bien aux trajectoires de vos pieds. Ne vous tournez ni à droite ni à gauche ; gardez votre pied du mal.

Chapitre 6 : 6-11

Paresseux, regarde la fourmi et regarder ses voies. Il n'a ni chef, ni officier, ni dirigeant, mais il prépare sa nourriture en été et la récolte lors de la moisson. Combien de temps allez-vous rester allongé et ne rien faire ? Quand vous vous levez de votre sommeil ? Avec un peu de sommeil, un peu de sommeil et un peu de mains jointes pour se reposer, votre pauvreté viendra comme un mendiant et votre besoin comme un intrus armé.

Chapitre 10 : 1-5, 8-9, 12-13

Un fils sage réjouit son père, mais un fils insensé fait du chagrin à sa mère.
L'argent mal gagné ne produit pas de profit.
Le Seigneur ne permettra pas aux justes d'avoir faim mais rejette l'avidité des méchants.
Celui qui ne travaille pas devient pauvre, mais celui qui travaille devient riche.
Ceux qui se rassemblent en été agissent avec sagesse ; ceux qui dorment pendant la moisson sont honteux.
Le sage recevra des ordres, mais l'idiot qui parle sera ruiné.
Ceux qui marchent dans l'intégrité marchent en sécurité, mais ceux qui commettent le mal seront découverts.
La haine attise les conflits, mais l'amour couvre toute transgression.
La sagesse se trouve sur les lèvres de ceux qui réfléchissent bien, mais une verge se trouve sur le dos de ceux qui manquent de compréhension.

Chapitre 15 : 1-4

Une réponse douce détourne la colère, mais une parole dure attise la colère.
Les sages fournissent des connaissances utiles, mais la bouche des idiots jaillit de la folie.
Les yeux du Seigneur sont partout, observant le mal et le bien.
Une langue apaisante est un arbre de vie, mais les paroles perverses écrasent l'esprit.

Chapitre 22 (extraits)

Une bonne réputation est plus désirable qu'une grande richesse. Être respecté
vaut mieux que l'or ou l'argent.

Les riches et les pauvres ont ceci en commun : le Seigneur les a tous fait.

Apprenez aux enfants comment ils doivent s'y prendre ; quand ils seront
vieux, ils ne s'en éloigneront pas.

Ceux qui sont généreux seront bénis, car ils donnent à manger aux pauvres.

Ceux qui oppriment les pauvres pour gagner plus où donner aux riches
finiront dans la pauvreté.

Chapitre 25 : 21-22

Si votre ennemi a faim, nourrissez-le ; s'ils ont soif, donne-leur de l'eau à
boire. Cela jettera des charbons ardents sur leurs têtes,[3] et le Seigneur vous
récompensera.

Ecclésiaste

Le livre de l'Ecclésiaste contient les réflexions d'un roi sage, probablement
le roi Salomon plus tard dans son règne. Contrairement aux Proverbes, la
sagesse est considérée de manière plus réaliste : il n'y a ni optimisme aveugle
pour faire le bien, ni pessimisme sceptique pour faire le mal. Au lieu de cela,
on voit la vie avec ses complexités et ses frustrations. Comme la vie elle-même,
la structure et le contenu des 12 chapitres du livre sont décousus, décousus
dans des directions différentes et souvent répétitifs. Cela peut être dû à la
probabilité que le livre ait eu plusieurs auteurs.

Le livre commence avec le Maître s'exclamant : « Tout n'a aucun sens ! »
Les cycles infinis de la vie et de la nature ne semblent jamais rien changer

---

[3] Cette phrase a plusieurs significations. Cela peut être pris littéralement dans le contexte
de cette culture, dans laquelle une personne fournit une grande quantité de charbon de
bois pour sauver le feu en déclin d'un voisin. Dans les temps anciens, certaines personnes
portaient des objets sur la tête. L'expression a également un sens plus profond, dans lequel
la générosité extravagante d'une personne envers un ennemi amène l'ennemi à réfléchir
à la manière de traiter les autres. Le résultat est d'augmenter les chances d'une relation
plus apaisée entre les deux personnes. L'expression ne signifie pas blesser votre ennemi en
lui brûlant la tête d'une manière ou d'une autre.

sur terre. Acquérir la sagesse et la connaissance apporte de la douleur et du chagrin. Les deux ont leurs limites, et créer des changements pour améliorer la vie, c'est comme « courir après le vent : rien ne se gagne sous le soleil ».

Le Maître a essayé de trouver le bonheur de différentes manières. Il a d'abord recherché les plaisirs terrestres : boire, avoir des relations sexuelles, travailler dur, acquérir des matériaux et des richesses et obtenir le pouvoir. Mais lorsqu'il réfléchissait à ses actions, aucune d'entre elles ne le rendait heureux. Ensuite, il réfléchit à la poursuite de la sagesse et aux conséquences du péché, mais il réalisa que les sages et les insensés meurent de la même mort. Les biens acquis au cours de la vie sont transmis lorsqu'une personne meurt à d'autres personnes qui peuvent être sages ou insensées, de sorte que les fruits du travail d'une vie peuvent être gaspillés. Pourquoi poursuivre ce que vous ne pouvez pas garder ?

Le Maître a conclu que la meilleure chose que les gens puissent faire pour trouver le vrai bonheur est d'honorer Dieu, de profiter de leur nourriture et de leurs boissons, de faire le bien et de trouver un travail significatif. Il a également conclu qu'au lieu de suivre des règles fixes dans chaque situation, le bon comportement dépend des circonstances spécifiques de chaque contexte : il existe un moment propice pour chaque expérience humaine.

> Un temps pour naître et un temps pour mourir, un temps pour planter et un temps pour récolter,
> Un temps pour tuer et un temps pour guérir, un temps pour démolir et un temps pour reconstruire,
> Un temps pour pleurer et un temps pour rire, un temps pour lamenter et un temps pour danser,
> Un temps pour jeter des pierres et un temps pour les rassembler, Un temps pour s'embrasser et un temps pour rester à l'écart,
> Un temps pour chercher et un temps pour abandonner, un temps pour garder et un temps pour jeter,
> Un temps pour déchirer et un temps pour coudre, un temps pour se taire et un temps pour parler,
> Un temps pour aimer et un temps pour haïr, un temps pour la guerre et un temps pour la paix.

Le Maître admet que le bien peut provenir d'expériences négatives, mais il préfère toujours les attributs de la sagesse, même si la vie peut être injuste. Il conclut en encourageant les gens à profiter pleinement de la vie, à travailler dur et à considérer les événements inattendus de la vie comme des opportunités offertes par Dieu pour apprendre et grandir.

Job

Job est une longue histoire qui comprend de nombreuses conversations sur la foi, l'obéissance, les récompenses, les punitions, le bien et le mal, et pourquoi de mauvaises choses arrivent aux personnes fidèles. La nature aimante et juste de Dieu est remise en question à travers un dialogue entre les personnages principaux : Dieu et Satan, Job et ses amis, et Dieu et Job. Le livre n'est pas une histoire vraie (il n'y a pas d'auteurs, de dates ou de lieux clairs).

Le livre commence en décrivant Job comme un homme riche demeurant avec sa grande famille et 11 000 animaux. Il est « le plus grand homme de l'Orient ; il est irréprochable, droit, fidèle à Dieu et toujours attentif à éviter de faire le mal ». Il fait des sacrifices à Dieu au cas où des membres de sa famille auraient péché.

Satan dit à Dieu que Job n'est bon et fidèle que parce que Dieu l'a béni de toutes les manières. Satan défie Dieu de retirer toutes les bénédictions de Job pour voir si Job aimera toujours Dieu, disant que Job maudira Dieu lorsque les bénédictions lui seront retirées. Dieu accepte de laisser Satan tourmenter Job mais Dieu interdit à Satan de le tuer.

Job et sa famille commencent bientôt à subir des désastres. Job reçoit un message selon lequel un ennemi a volé ses animaux et tué les serviteurs qui gardaient le troupeau. Alors le feu du ciel tue ses brebis et les serviteurs qui gardaient les troupeaux. Puis un autre ennemi vole tous ses chameaux et tue tous les serviteurs à l'exception du messager. Finalement, il apprend que la maison où mangeaient ses enfants s'est effondrée à cause d'un vent violent, tuant tout le monde.

Après avoir entendu ce qui s'est passé, Job arrache ses vêtements et adore Dieu en disant : « Je suis sorti nu dès le ventre de ma mère et je quitterai le monde sans rien. Le Seigneur donne et le Seigneur reprend. Béni soit le nom du Seigneur. » Job n'a pas péché ni blâmé Dieu pour ces événements.

Dieu rappelle à Satan comment Job est resté fidèle même après avoir tout perdu. Satan lance une nouvelle accusation, disant que Job maudira Dieu si son propre corps souffre. Dieu accepte de laisser Satan apporter douleur et maladie à Job, et le corps de Job développe des plaies douloureuses de la tête aux pieds. La femme de Job lui demande : « Pourquoi vis-tu toujours de la bonne manière ? Maudis Dieu et meurs ! » Job répond : « Devrions-nous simplement accepter le bien de Dieu et non les ennuis ? » Et Job ne pèche pas et ne maudit pas Dieu.

Lorsque trois amis de Job apprennent ce qui s'est passé, ils lui rendent visite pour le réconforter. Ils le reconnaissent à peine, pleurent bruyamment et restent assis en silence avec Job pendant une semaine.

Job brise le silence et les quatre hommes ont une longue conversation. Job a parlé de tous ses problèmes et du fait qu'il aurait souhaité ne jamais être né. Mais ses amis disent que les afflictions de Job sont dues aux péchés que Job a commis et l'exhortent à se repentir et à obéir. De cette façon, il retrouvera la faveur de Dieu. Les trois amis disent que Dieu ne punit pas les bonnes personnes pour rien.

Job n'est pas d'accord et dit qu'il n'a rien fait de mal. Les amis se moquent de l'attitude de Job et de ses affirmations d'innocence, mais Job insiste sur le fait qu'il n'a rien fait pour mériter aucune des afflictions. Alors que les amis blâment la victime, Job devient très irrité par leurs fausses accusations de péché et par leur confiance en leurs réponses simples pour remédier à sa situation. Il leur dit de se taire !

Néanmoins, Job ne comprend pas comment sa vie a changé si rapidement sans commettre le moindre péché. Il se demande comment les gens peuvent plaire à un Dieu qui peut être à la fois juste et indulgent envers ceux qui méritent d'être punis. Les voies de Dieu dépassent la compréhension humaine. Job est triste de sa vie mais croit que Dieu finira par déclarer qu'il est innocent. Son expérience prouve que la souffrance n'est pas automatiquement liée au péché et au mal. Et même s'il meurt, il dit qu'il revivra. « Je sais que mon rédempteur est vivant et qu'à la fin, Dieu sera toujours debout. Après la destruction de mon corps, je verrai toujours Dieu. » Job ne sait pas pourquoi certaines choses arrivent : parfois les méchants prospèrent, la vie peut être injuste. Mais sa foi lui donne l'espoir que l'amour et le jugement de Dieu lui permettront d'être déclaré « non coupable » dans sa prochaine vie.

L'un des amis dit alors que Job souffre parce qu'il a négligé les pauvres. Mais Job insiste sur le fait que ces accusations sont fausses. Il a obéi aux commandements de Dieu, réconforté ceux qui étaient désespérés et aidé ceux qui étaient impuissants et dans le besoin. Job est frustré de ne pas avoir été traité équitablement : il n'a commis aucune infraction. Dieu a le pouvoir de changer les choses, mais il reste silencieux. Job maintient son innocence et se moque des jeunes hommes qui pensent tout savoir. « Ma langue ne mentira pas et je n'admettrai jamais que tu as raison. Je vivrai de la bonne manière, je maintiendrai mon innocence et je n'admettrai pas avoir fait quelque chose que je n'ai pas fait. » Job est un homme brisé et souffre en écoutant ses faux accusateurs.

Un autre ami arrive et critique les trois amis d'avoir accusé Job sans fournir aucune preuve d'actes répréhensibles. Mais il dit aussi que Dieu ne récompensera pas ceux qui ne se repentent pas et ne répondra pas aux cris des méchants.

Pendant tout ce temps, Dieu a écouté Job et ses amis alors qu'ils justifiaient mutuellement leurs points de vue. Dieu entre alors dans la conversation et pose à Job de nombreuses questions qui révèlent son ignorance sur le fonctionnement du monde et sur la puissance de Dieu. Par exemple, Dieu dit : « Où étiez-vous quand j'ai posé les fondations de la terre ? Qui en a délimité les dimensions ? Vous êtes si intelligent, vous le savez sûrement ! Où vivent la lumière et les ténèbres ? Qu'en est-il de la pluie et du vent : d'où viennent-ils ? » Job est dépassé et ne peut pas répondre aux questions de Dieu. Dieu se tourne alors vers les amis de Job avec colère parce qu'ils disent à tort que la souffrance ne survient qu'à cause du péché et que la justice ne se produit que pendant la vie. Les réponses faciles peuvent apaiser la conscience du messager, mais elles ne s'appliquent pas aux situations complexes. Ironiquement, les amis de Job ont ignoré sa douleur et n'ont fait preuve d'aucune empathie lorsqu'ils ont essayé de l'aider.

L'histoire se termine très vite sans donner de détails importants. Dieu honore l'humilité et la fidélité de Job et le bénit à nouveau avec plus que ce qu'il avait initialement. Mais l'histoire n'inclut rien sur l'accord entre Dieu et Satan. En fin de compte, le bien l'emporte sur le mal parce que Job ne vacille pas. De nouveau vaincu, Satan n'apparaît pas à Dieu avec un autre pari. De plus, l'histoire n'explique jamais pourquoi les fidèles souffrent ou pourquoi les méchants prospèrent, de sorte que les lecteurs doivent réfléchir aux réponses par eux-mêmes. La vie est imprévisible lorsque les forces du bien et du mal coexistent. Les voies de Dieu ne sont pas nos voies, le plan de Dieu n'est pas notre plan. Ce qui compte le plus, c'est la fidélité à Dieu et notre réponse aux événements de notre vie. Les crises de la vie peuvent être utilisées pour le bien : les gens sont des êtres humains développés et façonnés dans des moments difficiles.

Jonas

Dans cette brève histoire, Dieu appelle le prophète Jonas à dire la vérité et le jugement aux habitants de Ninive, la capitale de l'empire assyrien. L'histoire comporte peu de détails et on peut lire ses deux pages très rapidement, mais le contenu porte de nombreuses leçons universelles. L'histoire se rapporte à la désobéissance humaine, aux conséquences de ne pas suivre l'appel de Dieu, à la façon dont la nature est parfois utilisée pour montrer la puissance de Dieu, au sectarisme envers les étrangers, à la grâce et au pardon de Dieu pour tous, et à la manière dont nous sommes déçus lorsque Dieu montre de l'amour à ceux que nous ne pensons pas le mériter.

Nous voyons d'abord que Jonas avait peur d'aller prêcher le jugement à Ninive. Au lieu de voyager vers l'est et de risquer la mort, il prend un bateau pour l'Espagne (2 000 milles dans l'autre sens). Une forte tempête menace de couler le navire et l'équipage appelle ses dieux pour sauver le navire. Le capitaine dit à Jonas de prier son dieu.

La tempête est si inhabituelle que l'équipage sait que quelqu'un à bord du navire est maudit. Ils découvrent qu'il s'agit de Jonas et il explique qu'il est un Israélite qui désobéit à Dieu. Il dit que la tempête s'arrêtera s'ils le jettent par-dessus bord, et lorsque l'équipage fera cela, la tempête s'arrêtera immédiatement. Cela fait que tout le monde à bord adore le Dieu israélite.

Jonas est pris dans les algues et une grosse baleine lui a avalé. Il passe trois jours à l'intérieur de la baleine et manque de mourir. Jonas promet à Dieu qu'il ira à Ninive s'il survit. La baleine tombe malade et vomit Jonas sur terre.

Finalement, Jonas se rend à Ninive. Il dit aux gens que la ville sera détruite à cause de leurs mauvaises voies. Les gens croient à son message et changent leurs habitudes. Le roi ordonne à tous les habitants de la ville de prier et de mettre fin à leur méchanceté.

En voyant la réaction des habitants de Ninive, Dieu fait preuve de compassion et ne détruit pas la ville. Cela met Jonas très en colère : il veut que l'ennemi souffre. Il dit à Dieu : « Je sais que tu es miséricordieux et compatissant, lent à la colère et généreux dans ton amour, un Dieu qui n'aime pas envoyer des calamités. Seigneur, enlève-moi la vie, car je préfère mourir que vivre. »

Jonas gravit une colline près de la ville pour observer ce qui va se passer. Un ver mange la plante qu'il utilisait pour l'ombre et il prend de graves coups de soleil. Il s'apitoie sur son sort et dit : « Je suis tellement en colère que je préfère être mort que vivant. » Dieu dit à Jonas : « Tu t'inquiètes de ne pas avoir d'ombre ? Ne devrais-je pas m'inquiéter d'une ville qui compte plus de 120 000 enfants innocents et ignorants ? » Jonas manque d'amour et de pardon, même si son Dieu est aimant et indulgent.

Cantique de Cantiques

L'auteur du Cantique de Cantiques est inconnu. L'écrivain utilise un dialogue écrit en poésie pour décrire une histoire d'amour parfaite entre une jeune femme et un jeune homme. La romance n'a aucun conflit et l'auteur utilise des images vives de plantes et d'animaux pour décrire l'attirance du couple l'un pour l'autre. L'histoire affirme que l'amour physique est une bénédiction au sein d'un mariage.

La nouvelle décrit le couple. La jeune fille est bronzée à force de travailler dans un vignoble et l'homme est très respecté. Il tombe amoureux d'elle au premier regard et pense au jour de son mariage avec elle. Ils aspirent à être ensemble et réfléchissent aux caractéristiques du beau corps et des mouvements de l'autre. Bien qu'il y ait de nombreuses femmes éligibles autour de lui, elle est unique par sa beauté à la fois externe et interne – cette travailleuse humble et sincère est la seule pour lui. Elle rêve de lui et est triste quand elle se réveille et découvre qu'il n'est pas là.

Lorsqu'ils se marient et quittent la ville ensemble, ils se montrent mutuellement amoureux. Plus tard, elle lui dit :

Place-moi comme un collier suspendu à côté de ton cœur,
Comme un bracelet sur ton bras, exposé à la vue de tous,

Car l'amour est aussi fort que la mort ; sa jalousie est aussi inflexible que
la tombe.
L'amour brûle comme un feu ardent, comme une flamme divine.

Psaumes

La poésie était utilisée dans certains livres de la Bible, et certains livres étaient
entièrement écrits sous forme de poésie. Le livre des Psaumes contient 150
poèmes écrits par David et d'autres auteurs il y a environ 3 000 ans. Ils
reflètent des émotions fortes et pensées liées à ce qui s'est passé parmi les
Israélites. La plupart se rapportent d'une manière ou d'une autre aux concepts
du bien et du mal. Environ la moitié des psaumes traitent des prières dans les
moments difficiles, et certains louent simplement Dieu. Certains psaumes
étaient censés être accompagnés de musique. Plutôt que d'utiliser des mots
qui riment, les psaumes contiennent souvent des idées répétitives.

Trois psaumes complets apparaissent ci-dessous. Les auteurs utilisaient
généralement des pronoms et des noms masculins (il, son, lui, homme) pour
décrire Dieu et tous les hommes.

Psaume 1 *(Les justes et les méchants contrastés)*
Heureux l'homme qui ne suit pas le conseil des méchants,
Qui ne s'arrête pas sur la voie des pécheurs,
Et ne s'assied pas en compagnie des moqueurs,
Mais qui trouve son plaisir dans la loi de l'Éternel,
Et la médite jour et nuit !
Il ressemble à un arbre planté près d'un cours d'eau,
Qui donne son fruit en sa saison
Et son feuillage ne se flétrit pas. Tout ce qu'il fait lui prospère.
Les méchants, au contraire, ressemblent à la paille que le vent disperse.
Voilà pourquoi les méchants ne résistent pas lors du jugement,
Ni les pécheurs dans l'assemblée des justes.
En effet, l'Éternel connaît la voie des justes,
Mais la voie des méchants mène à la ruine.

Psaume 23 *(Un Psaume de David)*

L'Éternel est mon berger, je ne manquerai de rien.

Il me fait reposer dans de verts pâturages ;

Il me dirige près des eaux paisibles.

Il restaure mon âme ;

Il me conduit dans les sentiers de la justice à cause de son nom.

Même si je marche dans la vallée de l'ombre de la mort,

Je ne crains aucun mal, car tu es avec moi ;

Ta houlette et ton bâton me rassurent.

Tu dresses devant moi une table, en présence de mes adversaires.

Tu oins d'huile ma tête et ma coupe déborde.

Certes, le bonheur et la grâce m'accompagneront tous les jours de ma vie,

Et j'habiterai dans la maison de l'Éternel jusqu'à la fin de mes jours.

Psaume 100 *(Un Psaume d'action de grâce)*

Faites un bruit joyeux au Seigneur, vous tous habitants de la terre !

Servez l'Éternel avec joie, venez avec allégresse en sa présence !

Sachez que l'Éternel est Dieu. C'est lui qui nous a créés, et nous-lui appartenons ;

Nous sommes son peuple et le troupeau de son pâturage.

Entrez dans ses portes avec des louanges, dans ses parvis avec des cantiques.

Soyez-lui reconnaissant et bénissez son nom. Car l'Éternel est bon et sa bonté dure toujours, Et sa fidélité de génération en génération.

DEUXIÈME PARTIE

LE NOUVEAU TESTAMENT

CHAPITRE 14

LE MESSIE ARRIVE

Deux bébés grandissent et annoncent une nouvelle ère

Arrière-plan

Les prophéties de Malachie ont été écrites en 420 avant JC et constituent le dernier récit des prophètes de l'Ancien Testament. De nombreux Juifs vivaient en dehors de la Palestine, principalement en Babylonie et en Égypte, et leurs communautés devinrent assez importantes. Pour maintenir leur foi en Dieu, ces communautés ont créé des lieux de culte (synagogues) dirigés par un érudit religieux (rabbin) qui lisait et expliquait les Écritures aux Israélites.

Au cours des 400 années qui ont suivi les prophéties de Malachie, des événements importants ont eu lieu et ont influencé les Juifs.

- Les Grecs, menés par Alexandre le Grand, ont conquis de nombreuses régions du monde, dont la Palestine. Les Grecs ont apporté de façons nouvelles de penser du monde à travers leurs idées religieuses et politiques, et la langue grecque est devenue largement parlée et écrite (l'hébreu et l'araméen étaient également utilisés par les Juifs). Les communautés juives jouissaient de la paix sous le règne d'Alexandre.
- Après la mort d'Alexandre, le Judaïsme fut interdit. Quelques Juifs se sont rebellés parce qu'ils devaient faire des sacrifices à d'autres dieux. Une révolte s'est répandue dans toute la Palestine et les Grecs ont finalement été expulsés en 142 avant JC. (Hanouka célèbre cette victoire.)
- Les Romains ont conquis la Palestine et pris le contrôle de Jérusalem en 63 avant JC. Ils n'ont pas toléré la rébellion et ont exécuté de nombreux prêtres et dirigeants juifs. En 37 avant JC, Hérode le Grand fut déclaré roi des Juifs et commença à construire de nombreux bâtiments, y compris un plus grand temple à Jérusalem. À sa mort en 4 avant JC, Rome mit d'autres dirigeants à sa place.

Le peuple palestinien

Au cours de cette période de 400 ans, les modes de pensée grecs sont devenus attrayants pour de nombreux Juifs, et des divergences sont apparues entre eux sur la manière de vivre dans un monde dominé par les idées grecques tout en préservant leur foi.

- Les *Pharisiens* formaient un groupe restreint mais influent qui se concentrait sur la stricte obéissance aux commandements de Dieu. Ils voulaient également être séparés du monde plutôt que de « se mêler » aux non-croyants. Ils insistaient sur le fait qu'ils étaient très religieux et avaient une vision rigide du bien et du mal. Rester à l'écart de l'influence étrangère était très important pour eux, et ils suivaient des règles supplémentaires pour s'assurer de ne pas être sur le point d'enfreindre les commandements essentiels de Dieu. Ils étaient fiers et exprimaient leurs croyances religieuses aux autres de manière très visible.
- Les *Sadducéens* constituaient un autre groupe petit mais influent, mais ils se concentraient sur la moralité et ne croyaient pas aux pouvoirs surnaturels. Ils acceptèrent les idées étrangères, notamment celles des Grecs. Les Sadducéens étaient généralement riches et bien éduqués et ne suivaient pas les règles supplémentaires suivies par les Pharisiens.
- Les *Esséniens* se concentraient sur la maîtrise de soi et le retrait du monde. Ce petit groupe s'est retiré dans des régions reculées de la région, principalement dans le désert près de la mer Salée (Morte).
- *Zélotes* voulait utiliser la force physique pour s'assurer qu'aucune puissance étrangère ne contrôle la vie du peuple de Dieu. Ils étaient prêts à mourir pour leur cause.

D'autres types de personnes vivaient en Palestine. Certains étaient étiquetés en fonction de l'endroit où ils vivaient, comme les Samaritains et les Galiléens impurs qui étaient détestés parce qu'ils s'étaient souvent mariés avec des non-juifs ou n'étaient pas juifs du tout. (La Galilée était la partie nord de la Palestine, la Samarie était la partie centrale et la Judée était la partie sud qui était auparavant connue sous le nom de Juda.) Les Galiléens étaient également connus pour leur rébellion contre les autorités étrangères. Certains groupes étaient distincts en fonction de leur profession, comme les scribes, qui rédigeaient des documents importants (souvent de nature religieuse), et les membres du Sanhédrin, un groupe important et diversifié de dirigeants qui veillaient sur la vie religieuse des Juifs et avaient le pouvoir de punir les Juifs. Certains étaient connus pour leur allégeance : les Hérodiens étaient des Juifs qui suivaient les traditions et les croyances romaines, les Hellénistes étaient des Juifs qui suivaient les traditions et les croyances grecques, et les Nazaréens existaient toujours (ceux qui faisaient vœu de se consacrer à Dieu).

En raison de l'immigration de non-juifs en Palestine et de l'émigration des juifs hors de Palestine, la plupart des habitants de la Palestine il y a 2 000 ans n'étaient pas juifs, et plus de 80 % des juifs vivaient ailleurs. La Palestine ne dispose pas d'un bon réseau routier et il n'est pas facile de se déplacer dans la région. Les gens marchaient généralement ou utilisaient un âne ou un mulet. Quelques auberges primitives existaient le long des routes, de sorte que de nombreux voyageurs comptaient sur leur réseau d'amis et de famille pour se loger pendant leur voyage.

De nombreux prophètes avaient écrit d'un Roi-Serviteur qui viendrait ramener la nation à la gloire. Les Juifs se demandaient quand Dieu enverrait ce dirigeant et pourquoi cela prenait si longtemps. Les événements dans la région ont fait croire aux Juifs que quelqu'un les délivrerait de l'oppression. La brutalité romaine leur a rappelé l'époque où leurs ancêtres avaient été maltraités en Égypte et où les Assyriens et les Babyloniens les ont conquis. Cela faisait 400 ans qu'ils n'avaient pas entendu parler d'un prophète au sujet de quelqu'un qui apparaîtrait soudainement. Ils surveillaient de près la venue du Messie (Christ en grec), l'Oint qui viendrait les sauver alors que Rome écrasait les chefs rebelles juifs et les exécutait lentement en les clouant vivants sur les croix qui parsemaient la région.

La vie de Jésus

Le reste de ce chapitre et les chapitres 15 à 18 décrivent les événements importants qui ont eu lieu dans la vie de Jésus et ses principaux enseignements tels qu'ils ont été enregistrés par quatre hommes. Deux auteurs étaient des témoins oculaires qui suivaient Jésus de près et comptaient parmi les premiers disciples (Jean était pêcheur et Matthieu était publicain). Les deux autres auteurs étaient Marc, un ami proche de Pierre, et Luc, un médecin païen qui a enquêté sur les histoires racontées par d'autres sur Jésus. Le récit de Marc a été le premier écrit, et celui de Jean a été écrit en dernier et comprend de nombreuses histoires et détails que les autres n'ont pas inclus. Chaque auteur avait un public différent, ainsi que son propre style et ses propres perspectives, les récits sont donc quelque peu différents. Collectivement, ils sont connus comme les « évangiles » (bonnes nouvelles concernant Jésus).

Un bébé est né

En 5 avant JC, alors qu'Hérode était le roi romain responsable du Juda, un prêtre nommé Zacharie et sa femme Elizabeth ont vieilli sans avoir d'enfants, même s'ils priaient souvent pour un fils. Alors que Zacharie brûlait de l'encens dans le Temple, un ange l'a surpris et lui prit peur. Mais l'ange lui dit : « N'aie pas peur. Dieu a entendu votre prière. Votre femme aura un fils et vous l'appellerez Jean. Il ne boira jamais de vin et le Saint-Esprit le remplira. Il amènera à l'Éternel de nombreux rebelles d'Israël et il préparera le peuple à l'Éternel. »

Zacharie demanda : « Comment cela va-t-il se passer ? Je suis un vieil homme et ma femme est également vieille. » L'ange répondit : « Je suis Gabriel. J'ai été envoyé pour vous annoncer cette bonne nouvelle. Mais tu ne pourras pas parler jusqu'à la naissance de l'enfant parce que tu as douté de moi. »

Lorsque Zacharie sortit du Temple, il ne pouvait pas parler. Il a utilisé des mouvements de la main pour décrire aux autres personnes proches du Temple ce qui s'était passé et qu'il ne pouvait pas parler. Il en a parlé à Elizabeth de la même manière.

Alors qu'Elizabeth était enceinte de six mois, le même ange est apparu à une jeune adolescente nommée Marie qui vivait à Nazareth, une ville de Galilée (à environ 113 kilomètres au nord de Jérusalem). Elle était fiancée à Joseph, un descendant du roi David. L'ange dit à Marie : « Salutations, tu es hautement favorisée ! Le Seigneur est avec vous ! »

Marie était confuse et effrayée lorsqu'elle entendit cela d'un parfait inconnu qui était soudainement apparu. Mais l'ange dit : « N'aie pas peur. Vous donnerez naissance à un fils et vous l'appellerez Jésus. Il sera grand et sera appelé Fils du Très-Haut. Dieu lui donnera le trône du roi David, son ancêtre. Il régnera pour toujours sur la descendance de Jacob. »

Marie a demandé à l'ange comment cela pouvait arriver : elle était encore vierge et pas encore mariée. L'ange répondit : « L'esprit de Dieu sera le père, et ta parente Elizabeth est enceinte, même si elle est très vieille. »

Marie était étonnée qu'une telle chose aussi impossible peut arriver chez Elizabeth. Elle alla immédiatement voir Elizabeth. Lorsque Marie a salué Elizabeth, le bébé en elle a sursauté et Dieu a donné à Elizabeth un aperçu de ce qui était arrivé à Marie. Elle dit à Marie : « Tu es bénie entre les femmes et l'enfant de ton ventre! Je suis tellement bénie que la mère du Seigneur soit venue à moi. » Marie est restée avec Elizabeth pendant trois mois jusqu'à la naissance de son petit garçon.

Quand le temps est venu pour circoncire l'enfant, tout le monde pensait qu'il s'appellerait Zacharie en hommage à son père (c'était la tradition). Mais Elizabeth a dit que son nom serait Jean. Ses voisins et ses proches étaient perplexes : aucun membre de leur famille ne s'appelait Jean. Ils se tournèrent vers Zacharie et lui demandèrent d'écrire le nom de l'enfant sur une tablette. Il a écrit Jean et immédiatement il a pu parler, et il a expliqué ce qui lui était arrivé. Il a également fait des prédictions sur la vie du garçon.

> Dieu est venu pour nous sauver, un de la maison de David dont les prophètes nous ont parlé il y a longtemps pour nous souvenir de l'alliance conclue avec notre père Abraham. Il nous délivrera de la main de nos ennemis et nous permettra de servir Dieu sans crainte. Mon enfant sera appelé prophète du Très-Haut car il marchera devant le Seigneur pour préparer le chemin à Dieu, afin que les gens puissent connaitre le salut par le pardon de leurs péchés.

Un autre bébé est né

Quand Marie rentra chez elle, son fiancé Joseph a découvert qu'elle est enceinte. C'était un homme fidèle et il envisageait de divorcer tranquillement (ils étaient légalement tenus de se marier). Mais alors qu'il y réfléchissait, un ange lui apparut en rêve et lui dit : « N'aie pas peur de prendre Marie pour épouse. Le Saint-Esprit de Dieu est le père. Elle aura un fils, et tu lui donneras le nom de Jésus, car il sauvera les gens de leurs péchés. »

Cela avait été prédit par le prophète Isaïe : « La vierge concevra et enfantera un fils, et il sera appelé Emmanuel » (ce qui signifie « Dieu avec nous »). Lorsque Joseph s'est réveillé, il a fait ce que l'ange lui avait dit : il a pris Marie comme épouse.

Alors que Marie était sur le point d'accoucher, l'empereur romain César Auguste ordonna qu'un recensement soit effectué. Tout le monde devait retourner dans sa ville natale où il serait compté. Marie et Joseph ont voyagé vers le sud, de Nazareth à Bethléem, une ville proche de Jérusalem. La ville était pleine de gens qui revenaient pour être dénombrés, et il n'y avait pas de place pour Marie et Joseph. Il y avait de la place pour dormir dans une grange, et c'est là que Marie a donné naissance à son fils. Elle l'a enveloppé dans de longues bandes de tissu et a utilisé une mangeoire (une mangeoire pour les animaux) comme berceau.

Cette nuit-là, un ange apparut aux bergers qui surveillaient leurs troupeaux à proximité. Ils furent très effrayés, mais l'ange leur dit : « N'ayez pas peur. Je vous apporte une bonne nouvelle qui fera le bonheur de tout le monde ! Un Sauveur est né aujourd'hui à Bethléem. Il est le Messie, le Seigneur. Allez le voir. C'est lui qui est enveloppé dans un tissu et couché dans une crèche. » Puis soudain, de nombreux autres anges apparurent et crièrent hardiment :

« Gloire à Dieu au plus haut des cieux et sur la terre. Il apportera la paix à ceux qu'il favorise. »

Puis les anges ont disparu. Les bergers étaient tous d'accord pour aller chercher le bébé. Ils se précipitèrent en ville et trouvèrent Marie, Joseph et le bébé. Après l'avoir vu, ils ont raconté aux autres ce qui s'était passé, et tout le monde a été étonné en entendant leur histoire.

Quand l'enfant avait huit jours, Marie et Joseph le firent circoncire et lui donnèrent le nom de Jésus. Ils l'emmenèrent au Temple de Jérusalem et le présentèrent au Seigneur avec les sacrifices requis. Un homme âgé et fidèle, nommé Siméon, se trouvait dans le Temple. Dieu lui avait dit qu'il ne mourrait pas avant d'avoir vu le Messie. Lorsque Jésus apparaît au Temple avec ses parents, Siméon est submergé d'émotion. Il prit Jésus dans ses bras et dit : « Seigneur, tu peux me prendre maintenant en paix. Comme tu l'as promis, j'ai vu ton salut que tu as préparé pour toutes les nations : lumière pour les païens et gloire de ton peuple Israël. »

Siméon les bénit et dit à Marie : « Cet enfant fera tomber et se relever de nombreux peuples d'Israël. Beaucoup l'accepteront et d'autres non. »

Trois hommes sages

Avant la naissance de Jésus, les prêtres de Perse (les mages) qui étudiaient les étoiles virent une lumière brillante dans le ciel qui les convainquit qu'un nouveau roi était né en Juda. Ils parcoururent des centaines de kilomètres et se rendirent à Jérusalem pour demander au roi Hérode où était né le roi des Juifs. La pensée d'un autre roi inquiétait Hérode et d'autres dirigeants de Jérusalem. Hérode apprit par les dirigeants juifs que le Messie devait naître à Bethléem, et il dit aux mages de retrouver le garçon et de lui dire où il se trouvait. Hérode a dit aux mages qu'il voulait lui-même adorer le garçon.

L'étoile brillante planait au-dessus de Bethléem, à quelques kilomètres de là. Les mages allèrent trouver Jésus avec ses parents, où ils tombèrent et adorèrent le bébé. Ils offrirent également au bébé de l'or, de l'encens et de la myrrhe. Avant de partir, ils furent avertis dans un rêve d'emprunter un itinéraire différent pour rentrer chez eux et de ne pas dire à Hérode où se trouvait Jésus.

Après le départ des mages, Joseph fit un rêve. Il devait emmener Marie et Jésus en Égypte et y rester. Hérode cherchait Jésus et voulait le tuer. Joseph se réveilla pendant la nuit et partit immédiatement pour l'Egypte.

Quand Hérode réalisa que les mages étaient partis sans lui dire où était Jésus, il était furieux. Il a donné l'ordre de tuer tous les garçons de Bethléem et de ses environs âgés de deux ans ou moins. (Jérémie avait prédit que cela arriverait.)

La famille resta en Égypte jusqu'à la mort d'Hérode. Cela accomplit ce que le prophète Osée a dit : « J'ai appelé mon fils hors de l'Égypte. » Joseph et Marie retournent ensuite chez eux à Nazareth.

Jésus est devenu fort et rempli de sagesse. Ses ancêtres remontaient à plusieurs générations et comprenaient Abraham, Isaac, Jacob, Juda, Boaz, Jessé, David, Salomon, Roboam, Ézéchias, Amos et Josias. Quatre femmes, dont Rahab et Ruth (toutes deux étrangères), comptaient également parmi ses ancêtres.

La famille visite Jérusalem

Chaque année, la famille se rendait à Jérusalem pour la fête de Pâque. Quand Jésus avait 12 ans, Marie et Joseph l'ont accidentellement laissé derrière eux après être allés à la fête. Ils ont voyagé pendant une journée avec leurs amis et leurs proches avant de réaliser que Jésus avait disparu. Ils ne purent pas le trouver dans leur caravane, alors ils retournèrent à Jérusalem pour le chercher. Ils le trouvèrent trois jours plus tard dans le Temple alors qu'il était assis parmi les enseignants, les écoutant et leur posant des questions. Tous ceux qui l'ont entendu ont été étonnés de sa compréhension, de ses idées et de ses réponses, même s'il était encore un jeune garçon.

Marie était à la fois soulagée et frustrée lorsqu'elle l'a trouvé. Elle dit à Jésus : « Pourquoi nous as-tu fait cela ? Votre père et moi avons été très inquiets. »

Jésus répondit : « Pourquoi as-tu passé autant de temps à me chercher ? Ne savais-tu pas que je devais être dans la maison de mon père ? » Mais Marie et Joseph ne savaient pas ce qu'il voulait dire. Ils rentrèrent tous chez eux à Nazareth, et Jésus était un enfant obéissant. Il grandit en sagesse et en taille, et il plut à Dieu et à tous ceux qui le connaissaient.

Jean émerge du désert

Quand Jean est devenu adulte, il vivait dans le désert. Quand il avait 30 ans, il sortit du désert. Il portait des vêtements étranges et mangeait de la nourriture étrange. Il est allé dans la campagne le long du Jourdain et a dit aux gens de changer leurs habitudes et de demander le pardon de leurs péchés. Jean dit au peuple : « Repentez-vous, car le royaume des cieux vient.» Le prophète Isaïe avait prévenu son arrivée, et il a écrit : 'Une voix crie dans le désert : Préparez le chemin de l'Éternel, aplanissez ses sentiers et aplanissez les endroits accidentés. Tout le monde verra l'œuvre salvifique de Dieu.' »[4]

Des milliers de personnes sont venues voir Jean. Après avoir confessé leurs péchés, Jean les baptisa dans la rivière. Il a baptisé des milliers de personnes

---

[4] Chaque fois qu'un roi voyageait à cette époque, il envoyait des ouvriers en avant pour s'assurer que l'itinéraire était direct et fluide, rendant ainsi le voyage du roi plus rapide et plus confortable.

et est devenu connu sous le nom de Jean-Baptiste. Lorsqu'il vit des Pharisiens et des Sadducéens venir au fleuve pour voir ce qui se passait, Jean parla durement à ces chefs religieux.

Espèce de serpents venimeux ! Qui est-ce qui vous a averti de fuir la colère à venir ? Produisez des fruits qui montrent que vous vous êtes repenti. Ne pensez pas que vous puissiez vous dire : « Nous avons Abraham pour père. » Je vous le dis, Dieu peut faire naître des enfants d'Abraham de ces pierres. La hache est prête à couper les racines des arbres. Tout arbre qui ne produit pas de bons fruits sera coupé et brûlé.

Des scribes et des Lévites de Jérusalem vinrent lui demander s'il était le Messie. Jean a dit non, puis il a cité Isaïe, disant qu'il était «la voix qui criait dans le désert : 'Aplanissez le chemin pour l'Éternel.'» Il leur disait que le Messie allait bientôt venir.

Lorsque la foule lui a demandé ce qu'elle devait faire ensuite, Jean a répondu : « Celui qui a deux chemises devrait en partager une avec celui qui n'en a pas. Quiconque a de la nourriture devrait partager de la même manière. » Lorsque les collecteurs d'impôts méprisés qui travaillaient pour les Romains sont venus se faire baptiser et ont demandé ce qu'ils devaient faire, Jean leur a dit de ne pas collecter plus que ce qu'ils étaient tenus de collecter. Les soldats lui ont demandé ce qu'ils devaient faire. Il a répondu : « Ne forcez pas les gens à vous donner de l'argent et ne les accusez pas à tort – contentez-vous de ce que vous êtes payé. »

Les gens se demandaient tous si Jean était le Messie. Jean a répondu :

Je vous baptise d'eau, mais un autre viendra bientôt, plus puissant que moi. Je ne suis pas assez bien pour porter ses sandales. Il vous baptisera du Saint-Esprit et de feu. Il rassemblera le blé dans son grenier, mais il brûlera toute la balle.

Jésus avait également 30 ans et se rendit au Jourdain pour se faire baptiser par Jean. En qualité de parents nés à peu près à la même époque, les deux hommes se connaissaient bien. Quand Jean vit Jésus venir, il dit à haute voix : « Regardez, c'est l'Agneau de Dieu qui enlève les péchés du monde ! »

Se tournant vers Jésus, Jean dit : « Pourquoi viens-tu vers moi ? Tu devrais me baptiser ! »

Jésus répondit : « Cela doit arriver pour que j'accomplisse tous les signes de justice. »

Alors Jean a baptisé Jésus, et quand Jésus est sorti de l'eau, le ciel s'est ouvert et l'Esprit de Dieu est descendu sous la forme d'une colombe et s'est posé sur lui. Une voix d'en haut dit : « Celui-ci est mon Fils. Je l'aime et je suis content de lui. Les gens présents pensaient qu'un ange avait parlé. »

Jésus est testé et commence à prêcher

De nombreuses personnes ont jeûné et prié après avoir été baptisées, et Jésus n'était pas différent. Il a quitté le fleuve rempli du Saint-Esprit qui lui a conduit dans le désert. Après n'avoir rien mangé pendant 40 jours, il avait très faim, il était faible et vulnérable.

Puis Satan est venu comme un mauvais esprit et l'a tenté. « Si tu es vraiment le Fils de Dieu, dis à cette pierre de devenir du pain. »

Jésus a répondu : « Il est écrit : 'Nous ne devons pas vivre de pain seulement, mais par les paroles de Dieu.' »

Satan a conduit Jésus au point culminant du Temple de Jérusalem et lui a dit : « Si tu es le Fils de Dieu, jette-toi en bas. Car il est écrit : 'Dieu ordonnera à vos anges de vous garder soigneusement. Ils vous soulèveront pour que vous ne heurtiez pas votre pied contre une pierre.' »

Jésus a répondu : « Il est aussi écrit : 'Ne mettez pas le Seigneur votre Dieu à l'épreuve.' »

Satan conduisit alors Jésus vers un haut lieu et lui montra tous les royaumes du monde en disant : « Je vous donnerai le pouvoir de contrôler tout cela. Tout m'appartient et je peux le donner à n'importe qui. Si vous vous prosternez et m'adorez, tout sera à vous. »

Jésus répondit : « Je vous ordonne de partir, car il est écrit : 'Adorez et servez uniquement le Seigneur votre Dieu.' » Après l'échec de ces trois tentations, Satan se retira et attendit une autre occasion de tenter ou de piéger Jésus.

Alors que Jésus était en train de jeûner dans le désert, Jean réprimanda Hérode Antipas (le fils d'Hérode le Grand) à cause de toutes les mauvaises choses qu'il avait faites. Hérode fit arrêter Jean et le jeter en prison. Lorsque Jésus a découvert ce qui était arrivé à Jean, il a commencé à prêcher le message de Jean : « Repentez-vous, car le royaume des cieux est sur le point de venir. » Prêcher dans ce domaine était une autre prédiction d'Isaïe concernant la venue du Messie.

Plus tard, Jésus retourna à Nazareth où il avait grandi enfant et travaillé comme adulte. Un jour de sabbat, il se rendit à la synagogue comme il le faisait habituellement. Tout le monde le connaissait et il s'est levé devant l'assemblée et a déroulé le rouleau. Il trouva l'endroit où se trouvaient les prophéties d'Isaïe et lu ceci à l'assemblée : « L'Esprit du Seigneur est sur moi, parce que Dieu m'a oint pour annoncer la bonne nouvelle aux pauvres. Dieu m'a envoyé pour proclamer la liberté des prisonniers et le recouvrement de la vue pour les aveugles, pour libérer les opprimés et proclamer l'année du Jubilé. » Cette partie bien connue des écrits d'Isaïe concernait le Messie. Il roula le parchemin, le donna au serviteur et s›est assis. Tout le monde le surveillait de près pour voir ce qui allait se passer ensuite. Il a dit : « Aujourd'hui, cette écriture s'accomplit. »

Tout le monde disait de belles choses à son sujet et tous étaient étonnés de ses sages paroles. Ils se demandaient si cet homme qui parlait bien était le même Jésus qu'ils connaissaient, qui était charpentier et fils de Joseph et de Marie. Mais leur bonheur s'est rapidement transformé en colère lorsque Jésus les a méprisés, eux et les autres Juifs.

Vous me demandez de faire ici, dans ma ville natale, ce que vous avez entendu dire que j'ai fait à Capharnaüm. Mais aucun prophète n'est le bienvenu dans sa ville natale. Élie n'a aidé aucun des Israélites, mais a plutôt aidé une veuve dans un autre pays. Et il y avait beaucoup de lépreux en Israël quand Élisée était le prophète, mais seul Naaman, le Syrien, fut purifié.

Tout le monde dans la synagogue était furieux. Comment un homme qui prétendait être le Messie pouvait-il montrer une préférence pour les étrangers ? Ils l'ont suivi alors qu'il sortait jusqu'au sommet de la plus haute colline de la ville, un endroit où les gens étaient emmenés pour être lapidés. Mais quand Jésus arriva au sommet de la colline, il fit demi-tour et traversa la foule et descendit la colline. Personne ne l'a touché et il n'a jamais fait de miracle à Nazareth.

Jésus se rendit ensuite à Capharnaüm et enseignait dans la synagogue le jour du sabbat. Tout le monde était étonné de son enseignement et de la manière dont il comprenait les Écritures. Dans la synagogue, un homme possédé par un démon lui cria d'une voix forte : « Va-t'en ! Qu'attendez-vous de nous ? Êtes-vous venu pour nous détruire ? Je sais que tu es le Saint de Dieu !

Jésus dit fermement à l'homme : « Tais-toi et sors de lui ! » Le démon jeta l'homme à terre et ressortit sans le blesser. Tout le monde était émerveillé ! Ses ordres avaient autorité et pouvoir sur les mauvais esprits, et les démons auxquels il était confronté sortaient des gens ! Les nouvelles concernant Jésus et ses pouvoirs s'étendent rapidement dans toute la région.

Jésus appelle ses premiers disciples

Jésus attirait désormais de grandes foules qui voulaient entendre son point de vue et voir ses incroyables pouvoirs. Alors qu'il prêchait sur les rives de la mer de Galilée, la foule était si grande qu'il était pressé contre l'eau. Il a aperçu deux bateaux vides sur le rivage et a poussé l'un d'eux à l'eau. Il est monté dans le bateau et a parlé à la foule alors qu'il était assis dans le bateau flottant près du rivage.

Le bateau appartenait aux frères nommés Simon et André. Quand Jésus eut fini de parler, il descendit du bateau et leur dit de mettre le bateau dans les eaux profondes et de jeter leurs filets. Simon répondit : « Maître, nous avons travaillé toute la nuit et nous n'avons rien attrapé. Mais nous le ferons. » Quand ils l'ont fait, ils ont attrapé tellement de poissons que leurs filets ont commencé à se déchirer. Ils ont appelé leurs deux partenaires à terre (des frères nommés Jacques et Jean) et leur ont demandé d'amener leur bateau pour les aider à transporter tous les poissons. Ces pêcheurs ont capturé tellement de poissons que les deux bateaux ont commencé à couler.

Tout le monde était étonné de l'ampleur des prises. Ils se demandaient comment un charpentier pouvait en savoir autant sur la pêche et comprendre si bien les écritures. Lorsque Simon est arrivé à terre avec tous les poissons, il tomba aux pieds de Jésus et dit : « Éloigne-toi de moi, Seigneur. Je suis un homme pécheur. Jésus dit à Simon de ne pas avoir peur. Il donna à Simon le nom de Pierre (qui signifie « rocher ») et lui dit qu'il attraperait bientôt des hommes, pas des poissons. En fait, Jésus a dit à Pierre qu'il serait le rocher sur lequel un nouveau royaume devait être fondé, et que les puissances de la mort ne viendraient pas à bout de celui-ci. Les quatre hommes ont laissé leurs bateaux et leurs filets entre les mains de leurs parents et ont suivi Jésus.

Le lendemain, Jésus a dit à Philippe, un ami de Pierre et André, de le suivre. Philippe a parlé de Jésus à son ami Barthélemy, qui se demandait si quelque chose de bon pouvait sortir de Nazareth. Philippe a dit : « Viens voir ! »

Jésus a vu les deux hommes s'approcher et a dit à propos de Barthélemy : « Voici un homme honnête et qui ne trompe pas les autres. » Barthélemy était impressionné par le fait que Jésus le connaissait bien même s'ils ne s'étaient jamais rencontrés. Jésus avait maintenant six hommes qui le suivaient de près. Ces hommes étaient connus sous le nom de « disciples » : elles se consacraient à l'apprentissage d'un enseignant avisé, de la même manière qu'un apprenti est guidé par un maître. (Il était courant que des enseignants sages se fassent suivre par les gens et apprennent d'eux.)

Jésus se rend chez Simon Pierre dont la belle-mère avait une forte fièvre. Pierre a demandé à Jésus de l'aider. Jésus a ordonné à la fièvre de la quitter. Elle se leva aussitôt et commença à les servir tous. La rumeur s'est répandue selon laquelle Jésus pouvait guérir les malades, et ce soir-là, les gens ont commencé à lui amener ceux qui étaient malades d'une manière ou d'une autre. Il imposa les mains à chacun et les guérit.

Le lendemain matin, Jésus est sorti seul. Les gens l'ont trouvé et ont essayé de l'empêcher de partir. Mais Jésus a dit qu'il était venu prêcher la bonne nouvelle du royaume de Dieu dans de nombreux domaines.

CHAPITRE 15

———— ✦•✦•✦ ————

ACTES DE JÉSUS

Des rencontres insolites et des miracles attirent de grandes foules

Jésus a continué à prêcher dans les synagogues et à accomplir des miracles. Il avait un charisme inhabituel et agissait avec autorité. Les nouvelles à son sujet se sont rapidement répandues et les gens lui amenaient des personnes malades ou souffrant de maladies physiques. De grandes foules de gens sont venus de toute la Palestine et des grandes villes à l'est du Jourdain (la plupart étaient des Gentils) commencèrent à le suivre. Il fréquentait souvent des non-juifs et des personnes considérées comme immorales par les juifs religieux. Beaucoup de ses actions ont aidé les non-juifs et ceux qui vivaient en marge de la société (les femmes, les personnes handicapées, les possédés par un mauvais esprit).

Jésus a accompli de nombreux miracles. Parfois, il le faisait pour faire valoir un point, et parfois c'était simplement un acte de gentillesse. Il guérissait le corps, les émotions et l'esprit des gens. Il accomplissait intentionnellement des miracles le jour du sabbat afin d'enseigner les priorités de Dieu. Les pharisiens croyaient que ces miracles étaient un type d'œuvre interdite le jour de repos. Ce chapitre décrit certains des actes importants de Jésus après qu'il soit devenu un personnage public en Galilée à l'âge de 30 ans.

Des rencontres significatives

La Samaritaine

Un jour Jésus a fait un voyage avec ses disciples de Jérusalem en Galilée. Au lieu de prendre la route habituelle qui évitait la Samarie, il prit une route plus directe passant par la Samarie. Il est arrivé à un puits à midi et il était fatigué du voyage et de la chaleur. Les disciples allèrent en ville chercher de la nourriture pendant que Jésus était assis seul au bord du puits.

Lorsqu'une Samaritaine vint puiser de l'eau au puits, Jésus lui demanda à boire. La femme dit : « Vous êtes juive et je suis samaritaine. Comment peux-tu me demander à boire ? (Les Juifs ne fréquentaient pas les Samaritains.)

Jésus répondit : « Si tu savais qui je suis, tu me demanderais à boire et je te donnerais de l'eau vive» (terme désignant l'eau fraîche d'un puits).

Elle répondit : « Mais monsieur, vous n'avez rien pour puiser et le puits est profond. Où peut-on trouver cette eau vive ? Es-tu plus grand que Jacob, qui nous a donné le puits ? »

Jésus répondit : « Tous ceux qui boivent de l'eau de ce puits auront à nouveau soif, mais ceux qui boivent l'eau que je leur donne n'auront plus jamais soif. L'eau que je donne devient une source d'eau dans votre âme et apporte la vie éternelle. »

La femme dit : « Monsieur, donnez-moi cette eau pour que je n'aie pas soif et que je n'aie pas à venir ici chercher de l'eau au milieu de la journée. »

Il lui a dit : « Va appeler ton mari et reviens. »

Elle répondit : « Je n'ai pas de mari. »

Jésus dit alors : « Tu as raison de dire que tu n'as pas de mari. C'est parce que vous avez eu cinq maris et que l'homme avec qui vous vivez maintenant n'est pas votre mari. »

Gênée, la femme changea de sujet. « Monsieur, je vois que vous êtes un prophète. Nos ancêtres adoraient sur cette montagne, mais vous, les Juifs, prétendez que nous devons adorer à Jérusalem. »

Jésus répondit : « Un temps vient où vous n'adorerez plus Dieu sur cette montagne ou à Jérusalem. Les vrais adorateurs adoreront bientôt Dieu dans l'Esprit. »

La femme dit : « Je sais que le Messie vient. Quand il viendra, il nous expliquera tout. »

Jésus lui dit : « Je suis cet homme. »

Juste au moment où Jésus disait cela, ses disciples revinrent avec de la nourriture et furent surpris de le voir parler avec une femme. Mais personne ne lui a posé la question. La femme a laissé sa cruche d'eau au puits et est allée en ville et a dit à tout le monde : « Venez voir un homme qui m'a dit tout ce que j'ai fait. Serait-il le Messie ? »

Beaucoup de gens sont venus le voir, et tout le monde croyait en lui. Les gens l'invitèrent à rester et Jésus resta là deux jours. En conséquence, encore plus de Samaritains ont commencé à suivre Jésus à cause de ses enseignements, ils croyaient qu'il était le Messie.

Curieusement, la Samaritaine, impuissante et immorale, était méprisée même parmi son propre peuple, et pourtant elle était la première des rares personnes à qui Jésus avait dit qu'il était le Messie. Il était vague sur qui il était pour tout le monde et se référait généralement indirectement à lui-même comme au Fils de l'Homme. Daniel a utilisé ce terme lorsqu'il a prédit la venue du Messie.

Une réunion secrète dans la nuit

Un membre du conseil dirigeant juif nommé Nicodème est venu secrètement vers Jésus pendant la nuit. Il était curieux d'en savoir plus sur Jésus et lui dit : « Rabbi, nous savons que Dieu t'a envoyé, car personne ne pourrait faire ce que tu fais si Dieu n'était pas avec lui. »

Jésus répondit : « Personne ne peut voir le royaume de Dieu à moins de naître de nouveau. »

Nicodème était perplexe et demanda : « Comment quelqu'un peut-il naître alors qu'il est déjà vieux ? Ils ne peuvent sûrement pas naître une seconde fois ! » Jésus a répondu et a décrit une nouvelle alliance.

Personne ne peut entrer dans le royaume de Dieu à moins de naître d'eau et d'Esprit. La chair donne naissance au corps, mais l'Esprit donne naissance à l'esprit. Vous êtes enseignant mais vous ne comprenez pas ces choses ? Tout comme Moïse a élevé le serpent dans le désert pour vivre, de même le Fils de l'Homme doit être élevé pour que quiconque croit ait la vie éternelle. Car Dieu a tellement aimé le monde qu'il a envoyé son Fils dans le monde afin que quiconque croit en lui ne meure pas mais vive éternellement. Le Fils existait avant la création du monde, et Dieu ne l'a pas envoyé dans le monde pour condamner le monde. Il est venu dans ce monde pour le sauver. Ceux qui croient et le suivent ne sont pas condamnés ; ceux qui ne le feront pas seront condamnés. La lumière est venue dans le monde, mais les gens aiment les ténèbres parce que leurs actes sont mauvais. Tous ceux qui font le mal détestent la lumière parce qu'ils ont peur que leurs actions soient révélées. Mais ceux qui vivent selon la vérité apparaissent à la lumière afin que ce qu'ils font soit visible.

Zachée le percepteur d'impôts

Alors que Jésus traversait Jéricho, un homme nommé Zachée voulait le voir. Zachée était riche parce qu'il était le principal collecteur d'impôts de la ville, mais il ne pouvait pas voir Jésus dans la foule parce qu'il était très petit. Alors Zachée courut devant et grimpa sur un arbre pour voir Jésus passer.

Quand Jésus atteignit l'arbre, il leva les yeux et dit Zachée de descendre pour qu'ils puissent se rendre chez lui ce soir-là. Zachée descendit et accueillit chaleureusement Jésus.

Tout le monde savait qui était Zachée, et ils ont commencé à dire que Jésus allait être l'hôte d'un pécheur ! Mais Zachée était un homme changé et dit à Jésus : « Regardez, Seigneur ! Je vais désormais donner la moitié de mes biens aux pauvres, et si j'ai trompé quelqu'un, je lui rendrai quatre fois le montant. »

Jésus lui dit : « Aujourd'hui, vous et ceux de votre maison avez été sauvés. Cet homme est aussi un fils d'Abraham. Le Fils de l'Homme est venu sauver les perdus. »

Un jeune dirigeant riche

Un jeune dirigeant s'est approché de Jésus et lui a demandé ce qu'il fallait faire pour hériter de la vie éternelle. Jésus a répondu que l'homme doit obéir aux 10 commandements.

L'homme a déclaré qu'il leur obéissait à tous depuis qu'il était enfant. Quand Jésus entendit cela, il lui dit : « Il vous manque encore une chose. Vendez tout ce que vous avez et donnez-le aux pauvres, et vous aurez un trésor dans le ciel. Alors suivez-moi. »

Quand l'homme entendit cela, il devint très triste parce qu'il était très riche. Jésus le regarda et dit à ceux qui étaient là : «Il est très difficile aux riches d'entrer dans le royaume de Dieu! En fait, il est plus facile à un chameau de passer par le trou d'une aiguille qu'à un riche d'entrer dans le royaume de

Dieu. » Ceux qui entendirent cela demandèrent à Jésus qui pouvait être sauvé. Jésus répondit : « Ce qui est impossible aux hommes est possible à Dieu. »[5]

Une femme pécheresse oint Jésus

Un pharisien nommé Simon a invité Jésus et d'autres chez lui pour le dîner, et ils se sont assis par terre pendant qu'ils mangeaient. Une femme pécheresse bien connue, Marie-Madeleine, a découvert que Jésus y mangeait et elle est entrée à la maison avec un pot coûteux de pommade parfumée. Elle s'est approchée derrière Jésus alors qu'il était allongé sur le sol, les pieds et les jambes derrière lui. Elle s'est mise à pleurer et lui a mouillé les pieds avec ses larmes. Elle lui essuya les pieds avec ses cheveux et les embrassa. Puis elle a cassé le pot et lui a mis de l'huile sur la tête et les pieds.

Certains disciples présents étaient dégoûtés qu'elle ait gaspillé le pot et l'huile. Ils ont déclaré que le pot et l'huile auraient pu être vendus pour plus d'un an de salaire et que l'argent aurait pu être donné aux pauvres.

L'hôte pensait que si Jésus était un prophète, il saurait qu'un pécheur le touchait. Jésus savait à quoi pensait l'hôte, alors il a raconté à Simon une histoire. Il a décrit deux personnes qui devaient de l'argent à un prêteur. L'un devait 500 deniers (près de deux ans de salaire pour un travailleur moyen) et l'autre 50 deniers. Ni l'un ni l'autre n'avaient d'argent pour le rembourser, alors le prêteur a remis leurs dettes à tous deux.

Jésus a demandé à Simon quelle personne l'aimerait le plus ? Simon a répondu : « Je suppose que c'est celui à qui la dette est la plus importante. »

Jésus dit que c'était exact et regarda la femme lorsqu'il parla à Simon :

> Regardez cette femme. Je suis venu chez vous, mais vous ne m'avez pas donné d'eau pour mes pieds, et pourtant elle m'a mouillé les pieds avec ses larmes et les a essuyés avec ses cheveux. Vous ne m'avez pas embrassé, mais cette femme n'a pas arrêté de m'embrasser les pieds. Vous ne m'avez

---

[5] Le « chas d'une aiguille » était une très petite ouverture dans le mur de Jérusalem. Un chameau devait être complètement déchargé et couché à plat sur une planche, puis traîné sur une planche de bois pour pouvoir franchir la porte. Le message implique qu'une personne ne peut pas hériter de la vie éternelle simplement en devenant très humble et pauvre : l'aide de Dieu est nécessaire. De plus, les biens d'une personne peuvent constituer une pierre d'achoppement pour mener une vie d'obéissance.

pas mis d'huile sur la tête, mais elle a versé de l'huile sur mes pieds. Par conséquent, ses nombreux péchés sont pardonnés parce qu'elle a montré un grand amour. Mais celui à qui on pardonne peu aime peu. Elle a fait une chose merveilleuse. Les pauvres seront toujours avec vous, mais je ne suis là que pour un petit moment.

Alors Jésus dit à la femme : « Vos péchés sont pardonnés. Votre foi vous a sauvé ; allez en paix. » Certains des invités se disaient à voix basse : « Qui est celui qui pardonne les péchés ? »

Miracles accomplis par Jésus

Un miracle de mariage

Peu de temps après que Jésus ait parlé depuis le bateau dans la mer de Galilée, il s'est rendu à un mariage à Cana avec sa mère et quelques-uns de ses disciples. Le troisième jour de la fête, sa mère dit à Jésus qu'il n'y avait plus de vin. Jésus dit : « Pourquoi tu me dis cela ? Ce n'est pas mon heure. » Mais Marie a dit aux serviteurs de faire tout ce que Jésus disait.

Six grandes jarres d'eau en pierre se trouvaient à proximité et étaient utilisées par les Juifs pour se laver les mains avant un repas. Chacun contenait au moins 20 gallons d'eau. Jésus a dit aux serviteurs de remplir les jarres d'eau. Une fois les jarres pleines, il dit aux serviteurs d'en apporter une partie au maître du banquet.

Le maître l'a goûté, ne sachant pas d'où il venait. Puis il appela le marié à part et lui dit : « Chacun apporte d'abord le meilleur vin, puis le vin le moins cher lorsque les invités ont trop bu. Mais vous avez gardé le meilleur jusqu'à présent ! » L'eau s'était transformée en vin – plus de 100 gallons après que beaucoup de ceux qui étaient là avaient déjà trop bu !

Jésus guérit de nombreux types de personnes

Jésus enseignait dans une maison et les gens de toutes les régions de la Palestine étaient là. Les pharisiens et les scribes étaient assis au premier rang d'une salle bondée. Jésus avait guéri de nombreuses personnes et certains hommes sont venus à la maison portant un homme paralysé sur une natte. Ils essayèrent de franchir la porte et de l'amener à Jésus, mais ils ne purent entrer. Alors ils montèrent sur le toit, enlevèrent les tuiles et descendirent lentement l'homme sur sa natte, avec des cordes nouées à chaque coin, jusqu'à l'endroit où Jésus parlait. Tout le monde regardait l'homme descendre du toit.

Quand Jésus vit leur foi, il dit à l'homme sur la natte que ses péchés étaient pardonnés. Les pharisiens et les scribes se demandaient quel genre d'homme prononcerait un tel blasphème, car seul Dieu peut pardonner les péchés.

Jésus savait ce qu'ils pensaient et demanda : « Qu'est-ce qui est le plus facile, de dire: 'Vos péchés sont pardonnés', ou de dire 'Levez vous et marchez ?' Mais je veux que vous sachiez que le Fils de l'Homme a le pouvoir sur terre de pardonner les péchés. Jésus se tourna alors vers l'homme paralysé et lui dit : « Levez-vous et ramenez votre natte à la maison. » Immédiatement, l'homme se leva, prit ce sur quoi il était couché et rentra chez lui, louant Dieu tout en s'en allant. Tout le monde était étonné et louait également Dieu.

* * * * * *

Un centurion romain vint un jour vers lui et lui demanda de l'aide. Il avait chez lui un domestique paralysé qui souffrait beaucoup. Jésus a proposé d'aller chez lui pour aider, mais le soldat a dit : « Seigneur, je ne mérite pas de vous avoir dans ma maison. Dites-moi simplement un mot, et mon serviteur sera guéri. Je comprends l'autorité : j'ai des soldats sous mes ordres, et si je dis à l'un d'eux 'Partez', il s'en va. Si je dis à mon serviteur : 'Faites ceci', il le fera. »

Quand Jésus entendit cela, il fut étonné et dit au centurion : « En vérité, je n'ai trouvé personne en Israël avec une foi aussi grande ! Allez, cela a été fait, comme vous le croyiez. » Le serviteur chez lui fut guéri à ce moment-là.

* * * * * *

Certaines personnes ont amené un aveugle à Jésus pour qu'il soit guéri. Jésus a mis sa propre salive sur les yeux de l'homme et lui a posé les mains. Puis il a demandé à l'homme ce qu'il peut voir. L'homme a levé les yeux et a dit : « Je vois des gens qui ressemblent à des arbres se promener. » Jésus posa de nouveau ses mains sur les yeux de l'homme, et les yeux de l'homme s'ouvrirent et il a vu tout clairement.

* * * * * *

Lorsque Jésus était à Jérusalem pour une fête juive, il se rendit à une piscine qui avait des pouvoirs de guérison. De nombreuses personnes handicapées s'allongeaient près de la piscine, et un homme y était allongé depuis 38 ans. Quand Jésus l'a vu et a appris depuis combien de temps il était là, il a demandé à l'homme s'il voulait se rétablir.

L'infirme a dit à Jésus qu'il n'avait personne pour l'aider à entrer dans la piscine lorsque l'eau remuait. Quelqu'un d'autre arrivait toujours à l'eau en premier et était guéri. Jésus lui dit : « Levez-vous ! Prenez votre tapis et marchez. » Aussitôt l'homme fut guéri. Il ramassa son tapis et sortit de la piscine.

Puisque cela est arrivé le jour du sabbat, les dirigeants juifs ont rappelé à l'homme qu'il était interdit de porter une natte le jour du sabbat. Mais il leur dit que l'homme qui l'avait guéri lui avait dit de prendre sa natte et de marcher. Ils lui ont demandé qui lui avait dit de faire cela. L'homme n'en avait aucune idée car Jésus avait tranquillement laissé la foule à la piscine. Plus tard, Jésus le trouva au Temple et lui dit : « Vous allez bien à nouveau ! Ne péchez plus pour qu'il ne vous arrive pas quelque chose de pire. » L'homme est alors allé dire aux dirigeants juifs que c'était Jésus qui l'avait guéri.

* * * * * *

Un chef de synagogue nommé Jaïrus rencontra Jésus et le supplia de venir chez lui. Sa fille unique était mourante et n'avait que 12 ans. Alors que Jésus se rendait chez lui, de nombreuses personnes se pressaient autour de lui. Une femme qui saignait continuellement depuis 12 ans n'avait trouvé personne capable de la guérir. Elle pensait qu'elle serait guérie si elle pouvait toucher les vêtements de Jésus. Elle vint derrière lui et toucha le bord de sa robe, et immédiatement son saignement s'arrêta.

Jésus s'arrêta brusquement et demanda qui l'avait touché. Comme personne ne disait rien, Simon Pierre dit : « Maître, toute la foule vous presse. »

Mais Jésus dit : « Quelqu'un m'a touché et une puissance est sortie de moi. » La femme qui saignait s'approcha de lui, très effrayée, et tomba à ses pieds. Tout le monde l'écoutait alors qu'elle lui expliquait pourquoi elle l'avait touché et qu'elle avait été guérie. Il lui dit : « Prends courage, ma fille, ta foi t'a guérie. Vas en paix. »

Pendant que Jésus parlait encore, quelqu'un est venu et a dit à Jaïrus que sa fille était morte et que Jésus n'était plus nécessaire. Jésus entendit cela et dit à Jaïrus de croire et qu'elle serait guérie. Lorsque Jésus est arrivé à la maison, il n'a laissé entrer personne avec lui, à l'exception de trois disciples et des parents de l'enfant. Tout le monde est resté dehors et a pleuré bruyamment à propos de l'enfant mort.

Jésus a dit à ceux qui étaient dehors d'arrêter de pleurer parce qu'elle dormait et n'est pas morte. Les gens se moquaient de lui, sachant qu'elle était morte. Mais il alla jusqu'à son lit, lui prit la main et lui dit de se lever. Son esprit revint et elle se leva. Jésus a dit aux parents de lui donner à manger pour montrer qu'elle n'était pas un fantôme. Elle a mangé et tout le monde était émerveillé.

Jésus guérit ceux qui ont de mauvais esprits

Parmi ceux que Jésus a rencontrés se trouvaient des gens habités par de mauvais esprits. Lorsqu'il les rencontra, ils le reconnurent comme le Fils de Dieu car les mauvais esprits savent qui il est. Mais lorsque les esprits révélaient ce qu'ils savaient de lui, Jésus les arrêtait et ne les laissait pas parler parce qu'il ne voulait pas que les gens sachent qu'il était le Messie jusqu'à ce que le moment soit venu.

Certains pharisiens ont amené à Jésus un homme possédé par un démon, aveugle et incapable de parler. Jésus a guéri l'homme afin qu'il puisse voir et parler. Tandis que tout le monde était stupéfait et pensait que Jésus était le Messie, les pharisiens dirent à ceux qui regardaient que c'était la puissance de Belzébul, le prince des démons, qui chassa les mauvais esprits de l'homme. Jésus connaissait leurs pensées et dit :

> Aucun royaume, aucune ville ou famille ne peut survivre s'il est divisé. Si Satan chasse Satan, il est divisé contre lui-même et son royaume ne peut pas subsister. Si je chasse les démons par Béelzébul, par qui les chasserez- vous ? Laissez les gens décider. Si je chasse les démons en utilisant l'Esprit de Dieu, alors le royaume de Dieu est venu sur vous. Toutes sortes de péchés peuvent être pardonnés, mais mentir sur l'Esprit de Dieu ne sera pas pardonné.

* * * * * *

À un moment donné de son ministère, Jésus avait besoin de s'éloigner de la foule et se rendit sur la côte du Phénicie avec seulement ses disciples. Une femme grecque qui demeurait dans la région est venue et a supplié Jésus d'avoir pitié de sa fille qui était possédée par un démon et qui souffrait terriblement. Jésus l'ignora et dit à ses disciples : « Je n'ai été envoyé qu'aux brebis perdues d'Israël. » Mais elle a continué à les déranger et est devenue une nuisance. Elle s'est agenouillée devant Jésus et a demandé de l'aide.

Jésus répondit : « Ce n'est pas bien de prendre le pain des enfants et de le jeter aux chiens. »

Elle répondit d'une manière inhabituelle : « Mais Seigneur, même les chiens mangent les miettes qui tombent de la table de leur maître. »

Jésus lui dit : « Femme, vous avez une grande foi ! » Le démon est parti. Elle rentra chez elle et trouva son enfant allongé sur le lit sans le démon.

* * * * * *

Jésus a fait un jour un voyage inhabituel dans une région païenne à l'est de la mer de Galilée pour aider deux hommes qui avaient de nombreux démons. Ils vivaient dans les tombes, où ils se coupaient leur corps avec des objets pointus, ne portaient aucun vêtement et étaient si violents que personne ne pouvait s'approcher d'eux.

Lorsque Jésus s'est approché d'eux, ils ont crié : « Pourquoi êtes-vous venus exercer votre pouvoir sur nous maintenant ? » Jésus leur a demandé comment ils s'appelaient. Ils ont dit « Légion » parce qu'il y avait tellement de démons chez les hommes. (Le terme légion fait référence à un groupe de plusieurs milliers de soldats romains.) Les démons aperçurent un grand troupeau de cochons au loin et ils demandèrent à Jésus de les jeter dans les cochons au lieu de les envoyer dans l'abîme. Jésus a pointé du doigt aux cochons et dit « Allez » aux démons. Les démons quittèrent les hommes et entrèrent dans les cochons, et le troupeau tout entier dévala une colline et descendit une falaise dans la mer.

Ceux qui s'occupaient des cochons allaient en ville et à travers la campagne pour raconter à tout le monde ce qui s'était passé. Beaucoup de gens sont venus voir Jésus, aussi que les deux hommes qui avaient des démons, qui étaient assis aux pieds de Jésus, vêtus de vêtements normaux et sains d'esprit. Mais les gens ont demandé à Jésus de partir : ils avaient peur de lui et il venait de détruire leurs cochons, une source de revenus très précieuse. Alors que Jésus retournait à son bateau, l'un des hommes a supplié de l'accompagner, mais Jésus lui a dit de rentrer chez lui et de dire à tout le monde tout ce que Dieu avait fait pour lui. Jésus est retourné en Galilée dans son bateau et l'homme a fait ce qu'on lui avait dit de faire.

Les morts reprennent vie

Jésus a ressuscité les morts et la nouvelle de sa puissance s'est répandue rapidement. Par exemple, il se trouvait dans la ville de Naïn avec ses disciples, et une foule nombreuse s'est approchée de la porte de la ville. On emmenait un mort, fils unique de sa mère, veuve. Quand Jésus la vit, il eut compassion d'elle et lui dit de ne pas pleurer. Jésus a touché la structure sur laquelle se trouvait le mort. Ceux qui le portaient restèrent immobiles. Jésus dit au mort de se lever, et le mort se redressa et commença à parler.

* * * * * *

L'un des meilleurs amis de Jésus était un homme nommé Lazare. Sa sœur était Marie-Madeleine qui avait été délivré des démons. Lazare était très malade, et Marie et sa sœur Marthe envoyèrent dire à Jésus de venir aussi vite qu'il le pourrait pour guérir son bon ami.

Jésus était dans une autre ville très loin et a dit que la maladie ne le ferait pas mourir. C'était plutôt une occasion pour lui de glorifier Dieu. Il resta donc encore deux jours là où il était, puis il dit à ses disciples qu'il était temps d'aller voir Lazare parce qu'il était mort. Il leur a fallu deux jours pour y arriver.

Quand ils arrivèrent, Lazare était dans un tombeau depuis quatre jours. De nombreux Juifs étaient là pour réconforter Marthe et Marie. Lorsque Marthe entendit que Jésus était proche, elle a couru à sa rencontre et lui dit : « Seigneur, si vous aviez été ici, mon frère ne serait pas mort. Mais je sais que Dieu vous donnera tout ce que vous demanderez. »

Jésus lui dit que Lazare ressusciterait des morts. Marthe a dit qu'elle savait qu'il ressusciterait à la résurrection au dernier jour. Jésus lui dit : « Je suis la résurrection et la vie ; ceux qui croient en moi vivront toujours, même s'ils meurent. Croyez-vous cela ? » Elle répondit : « Oui, Seigneur, je crois que vous êtes le Messie, le Fils de Dieu, venu dans le monde. »

Après avoir dit cela, elle est allée dire à sa sœur Marie que Jésus était arrivé. Marie courut rapidement à sa rencontre. Les Juifs venus réconforter les sœurs pensèrent que Marie allait au tombeau pour pleurer, alors ils la suivirent. Mais elle est allée trouver Jésus et se plaignit que s'il était venu plus tôt, Lazare ne serait pas mort.

Quand Jésus la vit pleurer et que les Juifs qui l'accompagnaient pleuraient aussi, il fut très triste. Il demanda à Marie de lui montrer où Lazare était enterré et elle l'emmena au tombeau.

Lorsque Jésus est arrivé au tombeau, il s'est agenouillé et a pleuré, submergé par l'émotion. Lazare était jeune mais il était maintenant enterré dans une grotte, et une grosse pierre bloquée l'entrée.

Jésus a dit aux autres de déplacer la pierre. Marthe lui a dit : « Seigneur ! Il est là depuis quatre jours. Il ne sentira pas bon ! (Marthe essayait constamment de bien faire les choses afin de faire bonne impression.) Jésus lui a dit que c'était pour montrer aux gens le pouvoir de la croyance en Dieu.

Une fois la pierre retirée, Jésus leva les yeux et dit : « Père, je te remercie de m'avoir écouté. Je sais que tu m'écoutes toujours, mais je dis cela pour le bien des gens qui sont ici, afin qu'ils croient que tu m'as envoyé. »

Après avoir dit cela, Jésus dit d'une voix forte dans la grotte : « Lazare ! Sortez-vous ! » Le mort sortit les mains et les pieds enveloppés de bandes de linge. Un tissu lui entourait le visage. Jésus a dit à ceux qui étaient là d'enlever ses vêtements funéraires et de le laisser partir.

Jésus se comporte de manière inhabituelle

Jésus s'associe aux pécheurs

Jésus a vu un publicain nommé Lévi assis à son stand d'impôts. Il a dit à Levi de le suivre. Lévi se leva, laissa tout derrière lui et suivit Jésus. Plus tard, Lévi (également appelé Matthieu) organisa un grand banquet pour Jésus chez lui, et de nombreux publicains et autres étaient présents. Mais les pharisiens et les scribes se plaignaient des disciples de Jésus et lui demandaient pourquoi il mangeait et buvait avec les publicains et les pécheurs.

Jésus répondit : « Les personnes en bonne santé n'ont pas besoin de médecin, mais les malades en ont besoin. Je suis venu appeler les pécheurs à se repentir, pas les justes. »

Les chefs religieux ont continué à interroger Jésus. Ils ont noté que les disciples de Jean et les pharisiens jeûnaient et priaient souvent, mais que ceux qui suivaient Jésus étaient heureux de manger et de boire.

Jésus répondit : « Pouvez-vous faire jeûner les amis du marié pendant qu'il est avec eux ? Mais le temps viendra où le marié leur sera enlevé ; en ces jours-là, ils jeûneront. » Alors Jésus leur raconta cette parabole :

Personne n'arrache un morceau d'un vêtement neuf pour réparer un vieux. Autrement, ils déchireraient le vêtement neuf, et la pièce du vêtement neuf ne correspondrait pas à l'ancien. Et personne ne verse du vin nouveau dans de vieilles outres. Sinon, le vin nouveau se dilatera et fera éclater les outres — le vin s'épuisera et les outres seront ruinées. Il faut verser le vin nouveau dans des outres neuves, et quiconque boit du vieux vin ne veut pas du nouveau, car on dit : « Le vieux est meilleur. »

(Jésus disait que les gens sont plus à l'aise avec les façons habituelles de penser et de faire les choses – les gens ont tendance à résister à faire de nouvelles choses et à penser de nouvelles manières. Nous avons du mal à changer notre façon habituelle de penser et d'agir.)

Jésus perturbe le temple

Au moment de célébrer la Pâque, Jésus se rend à Jérusalem. Dans les cours du Temple, il trouva des gens en train de vendre des animaux pour des sacrifices et d'autres assis à des tables pour faire échanger de l'argent. Cela l'a mis très en colère. Il fabriqua un fouet et chassa tous les animaux des parvis du Temple. Il renversa les tables, éparpillant l'argent sur le sol. Il dit aux vendeurs de colombes : « Sortez ces oiseaux d'ici ! Arrêtez de transformer la maison de mon père en marché ! Il est écrit : 'Ma maison sera une maison de prière', mais vous en avez fait un repaire de voleurs ! »

Les Juifs demandèrent à Jésus quel signe il pouvait donner pour prouver son autorité et justifier ses actes. Jésus a répondu : « Détruisez ce Temple, et je le relèverai en trois jours. »

Ils lui répondirent : « Il a fallu de nombreuses années pour construire ce Temple. Vous allez le relever dans trois jours ? » Le Temple dont Jésus parlait était son corps.

Les principaux prêtres et les anciens demandèrent alors à Jésus qui est-ce qui lui avait donné le pouvoir de détruire les stalles du Temple. Jésus a répondu : « Je vais vous poser une question, et si vous y répondez, je vous donnerai ma réponse. Le baptême de Jean venait-il du ciel ou d'un homme ? » Les prêtres et les anciens parlaient entre eux et se rendaient compte que peu importe ce qu'ils disaient, ils auraient une mauvaise image devant le peuple. Alors ils ont dit qu'ils ne savaient pas. Jésus a dit que puisqu'ils n'avaient pas répondu à sa question, il ne répondrait pas à la leur.

Jésus et la mer de Galilée

Un soir, quelques disciples embarquèrent dans un bateau pour aller d'une rive à l'autre de la mer de Galilée. Jésus n'était pas avec eux. Tard dans la nuit, un vent fort s'est levé et les eaux sont devenues très agitées. Après avoir ramé presque sept kilomètres vers Capharnaüm, ils étaient très fatigués. Jésus vit de loin que le bateau luttait contre les vagues et le vent, alors il marcha vers eux sur l'eau.

Quand les disciples le virent venir et qu'il marchait sur l'eau, ils avaient peur – ils pensaient que c'était un fantôme. Mais Jésus s'est identifié et leur a dit de ne pas avoir peur. Pierre dit : « Seigneur, si c'est vraiment vous, dites-moi de venir vers vous. » Jésus lui dit de venir, et Pierre descendit du bateau et commença à marcher sur l'eau vers Jésus. Mais quand Pierre vit le vent, il eut peur et commença à couler. Il a crié pour être sauvé, et Jésus a immédiatement tendu la main et l'a attrapé. Il dit à Pierre alors qu'il le tenait : « Tu as peu de foi. Pourquoi as-tu douté ? »

Lorsqu'ils montèrent dans le bateau, le vent tomba. Les gens dans le bateau l'adoraient et disaient qu'il était vraiment le Fils de Dieu. Le lendemain, certaines personnes qui savaient que Jésus n'avait pas embarqué avec les disciples dans la barque furent surprises de le voir avec eux.

Une autre fois, Jésus et ses disciples étaient dans un bateau sur le lac. Une violente tempête a soudainement provoqué de grosses vagues qui se sont écrasées sur les côtés du bateau, et celui-ci a commencé à couler. Jésus dormait, même lorsque le bateau se remplissait d'eau. Les disciples l'ont réveillé parce qu'ils pensaient qu'ils allaient tous se noyer. Jésus leur dit : « Hommes de peu de foi, pourquoi avez-vous si peur ? » Il s'est levé et a dit aux vents et aux vagues de s'arrêter, et tout est devenu totalement calme. Les hommes à bord du bateau étaient étonnés que même les vents et les vagues lui obéissent !

Les douze disciples

Alors que Jésus attirait des foules immenses lors de ses déplacements en Palestine, 12 hommes restaient ses plus proches disciples. Jésus a appelé ces disciples voués « apôtres ». Les 12 étaient :

- Pierre (Simon) et son frère André (pêcheurs et propriétaires de petites entreprises)
- Jacques et Jean (partenaires de pêche de Pierre et André)
- Philippe (l'ami des pêcheurs) et son ami Barthélemy (également connu sous le nom de Nathaniel)
- Matthieu (un percepteur d'impôts, également connu sous le nom de Levi)
- Thomas (également connu sous le nom Didyme)
- Jacques (fils d'Alphée)
- Simon le Zélote
- Judas (fils d'un autre homme nommé Jacques)
- Judas Iscariot (un homme avec une expertise financière).

Jésus a dit aux 12 disciples et à peu près 60 autres personnes de faire connaître les villes et villages qu'il allait visiter. Il a donné à ces hommes le pouvoir et l'autorité pour chasser tous les démons, guérir les malades et annoncer le royaume de Dieu. Ils n'ont rien emporté avec eux : pas de canne, pas de sac, pas de pain, pas d'argent, pas de chemise supplémentaire. Lorsqu'ils entraient dans une maison, ils disaient d'abord : « Que la paix soit dans cette maison. » Si quelqu'un faisait la promotion de la paix, il restait là. Mais si les gens de la ville ne les accueillaient pas ou ne les écoutaient pas, ils quittaient la ville et se débarrassaient de la poussière de leurs pieds en signe contre eux. Ils allaient par deux proclamer la bonne nouvelle et guérissaient les gens partout.

De nombreuses femmes ont également suivi Jésus. Il s'agissait notamment de Marie-Madeleine, de Joanna (la gérante de la maison d'Hérode) et de Susanna. Ces femmes soutenaient Jésus et ses disciples avec leur propre argent.

Jean le Baptiste

Jean le Baptiste était en prison alors que le ministère de Jésus grandissait. Les disciples de Jean lui expliquèrent ce que Jésus faisait et disait, et Jean était confus. Il a envoyé deux hommes demander à Jésus : « Êtes-vous celui que nous attendons, ou devrions-nous attendre quelqu'un d'autre ? »

Jésus dit aux messagers : « Dites à Jean ce que vous avez vu et entendu : les aveugles recouvrent la vue, les infirmes marchent, les lépreux sont purifiés, les sourds entendent, les morts ressuscitent et la bonne nouvelle est annoncée aux pauvres. »

Après le départ des hommes, Jésus parla de Jean à la foule et aux chefs religieux présents. « Jean est celui dont les prophètes ont parlé lorsqu'ils ont écrit 'J'enverrai devant vous mon messager, qui préparera votre chemin devant vous.' Jean-Baptiste est venu sans manger de pain ni boire de vin, et vous avez dit qu'il avait un démon. Le Fils de l'homme est venu manger et boire, et vous dites. 'C'est un glouton et un ivrogne, l'ami des publicains et des pécheurs.' »

Jean fut bientôt tué alors qu'il était en prison parce qu'il avait dit au roi Hérode qu'il n'aurait pas dû épouser la femme de son frère. L'épouse du roi ordonna l'exécution et le roi accepta à contrecœur.

CHAPITRE 16

---·◆·---

ENSEIGNEMENTS DE JÉSUS

Des opinions peu orthodoxes remettent en question les traditions religieuses

Jésus était la personne la plus intéressante à avoir parlé aux Juifs depuis des siècles, mais ses messages et ses actions ont dérouté de nombreuses personnes. Il enseignait principalement en racontant des histoires que les gens comprenaient. Il pouvait citer n'importe quelle écriture à tout moment, même s'il n'avait pas reçu de formation de rabbin. Il a fourni de nouvelles idées sur les commandements écrits par Moïse et il n'a pas suivi de règles religieuses strictes.

Le nombre de personnes qui ont commencé à suivre Jésus a menacé les activités religieuses habituelles. Beaucoup de ceux qui attendaient la venue du Messie pensaient que cette personne apporterait des victoires militaires et renverserait les Romains, mais Jésus avait un message différent. Il a parlé du royaume de Dieu et du royaume des cieux comme s'ils étaient proches, présents et à venir.

Jésus avait des points de vue sur les Écritures très différents de ceux des chefs religieux. Parfois, son enseignement était en contradiction directe avec les Écritures. Il disait : « Vous avez entendu dire mais je vous le dis ». Parfois, ses messages étaient difficiles à comprendre et n'étaient pas censés être pris au pied de la lettre. Parfois, ses messages concernaient des choses qui se produiraient dans le futur et que les gens ne connaissaient pas encore. Il a seulement condamné ceux qui étaient très religieux et ceux qui utilisaient la religion pour leur propre bénéfice. Il s'est concentré sur la croissance spirituelle plutôt que sur le changement de gouvernement et il n'a jamais critiqué les cruels Romains. Jésus a dit que le problème résidait dans les croyances et les attentes religieuses inappropriées des Juifs très religieux.

Ce qui souille une personne

Les Juifs religieux ne mangeaient pas avant de se laver les mains d'une certaine manière et suivaient d'autres traditions liées à la propreté, comme faire la vaisselle. Certains pharisiens et scribes sont allés voir Jésus et ont vu ses disciples manger sans se laver les mains. Les chefs religieux ont demandé à Jésus pourquoi ses disciples ne suivaient pas les pratiques normales et mangeaient plutôt de la nourriture avec les mains sales. Jésus a dit que la nourriture était pure.

> Isaïe avait raison quand il parlait de vous, hypocrites. Il a écrit : « Vous m'honorez de vos lèvres mais vos cœurs sont loin de moi. Votre culte ne vaut rien pour moi, vos enseignements ne sont que des règles humaines. » Vous avez abandonné les commandements de Dieu et vous ne suivez que les traditions humaines. Vous êtes doué pour mettre de côté les commandements de Dieu afin d'observer vos propres traditions ! Manger avec des mains sales ne rend pas une personne mauvaise. C'est ce qui sort du cœur d'une personne qui montre son péché. Le mal vient du cœur d'une personne : les péchés sexuels, le vol, l'infidélité, le meurtre, l'égoïsme et la méchanceté, le complot du mal, la jalousie, le mensonge, l'orgueil et la folie. Tous ces maux viennent de l'intérieur d'une personne.

Jésus alla ensuite dîner avec un pharisien. Lorsque Jésus s'assit pour manger, le pharisien fut surpris que Jésus ne se soit pas d'abord lavé. Jésus lui dit : « Vous, les Pharisiens, nettoyez l'extérieur de la coupe et du plat, mais à l'intérieur vous êtes pleins d'avidité et de méchanceté. Un signe que vous êtes pur intérieurement se montre quand vous êtes généreux envers les pauvres. »

Le sabbat

Alors que Jésus se promenait dans les champs de céréales pendant le sabbat, lui et ses disciples cueillirent quelques épis et mangèrent les grains. Certains pharisiens ont demandé à Jésus pourquoi il faisait ce qui était illégal le jour du sabbat. Jésus leur répondit :

> N'avez-vous pas lu ce que David faisait quand lui et ses amis avaient faim ? Ils entrèrent dans la maison de Dieu et mangèrent le pain bénit qui était licite uniquement aux prêtres. Les gens n'étaient pas faits pour le sabbat ;

le sabbat a été fait pour les gens. Si vous saviez ce que signifie la parole de Dieu : « Je désire la miséricorde et non le sacrifice», vous ne condamneriez pas les innocents. Si votre brebis tombe dans une fosse le jour du sabbat, ne l'enlèverez-vous pas ? Combien plus précieux est une personne qu'un mouton ! »

Lorsque Jésus enseignait dans la synagogue le jour du sabbat, il y avait un homme à la main ratatinée. Les pharisiens et les scribes cherchaient une raison pour accuser Jésus, alors ils l'observèrent de près pour voir s'il guérirait quelqu'un le jour du sabbat (ils considéraient la guérison comme une sorte d'œuvre). Jésus savait à quoi ils pensaient et a dit à l'homme de se lever devant la foule. Quand il se leva, Jésus demanda aux chefs religieux : « Qu'est-ce qui est permis le jour du sabbat : faire du bien ou du mal, sauver la vie ou la détruire ? » Comme personne ne répondait, Jésus dit à l'homme de tendre la main. Quand il l'a fait, sa main était complètement guérie. Les pharisiens et les scribes étaient furieux que Jésus ait guéri l'homme ce jour-là.

Le bon Samaritain

Un chef religieux voulait tester Jésus et lui a demandé ce qu'il fallait faire pour qu'une personne vive éternellement. Jésus a répondu que les gens devraient faire ce qui est écrit dans la Loi. Le dirigeant a cité la Loi : « Aime le Seigneur ton Dieu de tout ton cœur, de toute ton âme, de toutes tes forces et de toute ta pensée » et « Aime ton prochain comme toi-même ». Jésus répondit : « Vous avez raison. Faites cela et vous vivrez. »

Mais le chef voulait avoir l'air intelligent et a demandé à Jésus : « Qui est mon prochain ? » Jésus a répondu avec une histoire.

Un homme marchait sur la route dangereuse qui mène de Jérusalem à Jéricho et a été attaqué par des voleurs. Ils l'ont déshabillé, puis l'ont battu et l'ont laissé à moitié mort. Un prêtre qui circulait sur la route a aperçu l'homme et est passé de l'autre côté de la route. Un Lévite aperçut également l'homme et le dépassa de l'autre côté de la route. Mais un Samaritain est arrivé, a vu l'homme à moitié mort et a eu pitié de lui. Il nettoya et pansa d'abord ses blessures, puis il mit l'homme sur son âne et le conduisit à l'auberge la plus proche où il dit à l'aubergiste de s'occuper de lui. Il a donné deux jours de salaire à l'aubergiste et a dit : « À mon retour, je paierai toutes les dépenses supplémentaires que vous aurez pour prendre soin de lui. »

Jésus a demandé au dirigeant lequel des trois hommes était le voisin de l'homme attaqué. Le chef répondit : « L'homme qui lui a fait miséricorde. » Jésus a dit au chef : « Allez et faites miséricorde à ceux qui en ont besoin. »

Joie de retrouver ce qui est perdu

Les publicains et les pécheurs se rassemblaient souvent autour de Jésus pour l'entendre parler. Un jour, des pharisiens et des scribes étaient dans la foule et parlaient doucement avec dégoût du fait que Jésus accueillait et mangeait avec les pécheurs. Jésus savait ce que disaient ces chefs religieux et leur a donné deux scénarios hypothétiques.

Si une femme a 10 pièces d'argent et en perd une, n'allume-t-elle pas une lampe, ne balaie-t-elle pas le sol et ne cherche-t-elle pas soigneusement jusqu'à ce qu'elle la trouve ? Si vous avez 100 moutons et que vous en perdez un, ne laisserez-vous pas les 99 et chercherez-vous celui qui est perdu jusqu'à ce que vous le trouviez ? Quand vous le trouverez, ne serez-vous pas si heureux de le mettre sur vos épaules et de le ramener à la maison ? Dans les deux cas, les gens se réjouissent lorsqu'ils trouvent ce qu'ils cherchent. Dieu ne veut perdre personne. Il y a plus de joie au ciel lorsqu'un pécheur se repent que pour 99 justes qui n'ont pas besoin de se repentir.

Le fils prodigue

Jésus a également raconté une longue parabole sur un homme avec deux fils. Le fils cadet demanda son héritage à son père. Après que le père ait vendu suffisamment de ses biens pour donner à son fils la moitié de sa part, celui-ci a pris son argent et est parti pour un long voyage. Il a gaspillé son argent en vivant de manière imprudente. Après avoir dépensé tout son argent, une grave famine s'est produite et il est devenu si pauvre qu'il a accepté un emploi comme nourrisseur de porcs (les Juifs ne touchent pas aux porcs et ne mangent pas de porc). Il avait tellement faim qu'il voulait manger ce que mangeaient les cochons.

Le fils reprit bientôt ses esprits. Il pensait aux serviteurs de son père qui avaient beaucoup de nourriture, mais il mourait de faim ! Il décida de retourner chez son père et de demander à être l'un de ses serviteurs.

Le père le surveillait tous les jours après son départ, espérant qu'il reviendrait. Plusieurs mois plus tard, le fils apparut au loin et le père reconnut sa démarche. Rempli de joie et d'amour et ne se souciant pas de l'apparence des autres, il courut vers son fils, l'entoura de ses bras et l'embrassa. (Dans cette culture, les hommes plus âgés ne couraient pas.) Le fils commença à s'excuser, mais le père l'interrompit et dit à ses serviteurs : « Allez vite, apportez la plus belle robe et mettez-la-lui. Mettez-lui une bague au doigt et des sandales aux pieds. Tuez le plus gros veau pour que nous puissions nous régaler et faire la fête. Car mon fils était mort mais il est vivant ; il était perdu et a été retrouvé. » Puis ils ont commencé à faire la fête.

Jésus a continué son histoire. Le fils aîné était dans les champs et alors qu'il rentrait à la maison, il a entendu de la musique et a vu des gens danser. Il a demandé à un serviteur ce qui se passait et on lui a répondu que son frère était vivant et qu'il était rentré à la maison. Son père avait tué le plus gros veau pour célébrer le retour de son frère.

Le frère aîné s'est mis en colère et a refusé de se joindre à la célébration. Le père l'a supplié d'entrer, mais le fils aîné a dit : « Regardez ! J'ai travaillé pour toi toutes ces années et je ne vous ai jamais désobéi. Mais tu ne m'as jamais donné ne serait-ce qu'un chevreau pour que je puisse faire la fête avec mes amis. Mais quand votre fils revient à la maison après avoir dilapidé votre argent dans une vie sauvage, vous tuez le plus gros veau pour lui ! »

Le père dit avec un profond amour : « Mon fils, tu es toujours avec moi et tout ce que j'ai est à toi. Mais nous devons célébrer parce que votre frère était mort et est de nouveau vivant – il était perdu mais maintenant il a été retrouvé. » (Le terme prodigue signifie dépenser des ressources librement et imprudemment ou être inutilement extravagant. La compréhension habituelle de cette histoire applique le terme au fils, mais dans le contexte des autres enseignements de Jésus sur la préoccupation de Dieu pour ceux qui sont perdus, une meilleure compréhension du l'histoire est d'appliquer le terme à l'amour extravagant que le père avait pour son fils perdu, même lorsqu'il a embarrassé la famille. Par conséquent, « Le père prodigue » est un meilleur titre pour l'histoire.)

Plus d'exemples de générosité inattendue

Un pharisien très respecté a invité à dîner Jésus, aussi qu'il a invité plusieurs de ses amis religieux. Jésus remarqua que les hommes essayaient de choisir les places d'honneur à table. Jésus a vu cela se produire et a raconté une parabole.

Un homme a préparé un somptueux dîner pour de nombreux invités. Lorsque le dîner fut prêt, il envoya son serviteur pour prévenir tous les invités de venir à table. Mais ils ont tous trouvé des excuses pour ne pas venir. Le premier a dit qu'il venait d'acheter un champ et qu'il devait l'examiner. Un autre a déclaré qu'il venait d'acheter cinq bœufs et qu'il devait en prendre soin. Un troisième homme a dit qu'il venait de se marier et qu'il ne pouvait pas venir. Le domestique est revenu et a dit que personne ne viendrait. L'hôte était en colère et dit à son serviteur : « Allez dans les rues et les ruelles de la ville et amenez les pauvres, les estropiés, les aveugles et les boiteux. » Le domestique l'a fait, mais il restait encore de la place pour d'autres invités. L'hôte fit alors parcourir au serviteur toute la région pour attirer davantage de monde, et sa maison se remplit. Aucun des invités initialement invités n'a eu l'occasion de goûter à son dîner.

Lors d'un autre rassemblement, Jésus a raconté une parabole sur la manière dont Dieu serait généreux envers ceux qui ne semblent pas le mériter. Le royaume à venir serait comme un propriétaire foncier qui sortait tôt le matin et engageait des ouvriers pour sa vigne, disant qu'il leur paierait un salaire journalier pour une journée de travail. Mais quelques heures plus tard, le propriétaire foncier en a vu d'autres qui attendaient d'être embauchés et il les a embauchés en leur disant qu'il leur paierait un salaire équitable. Il a refait la même chose plusieurs fois, notamment en embauchant des hommes en fin d'après-midi.

En fin de compte, tout le monde venait être payé. Le propriétaire commençait par les derniers embauchés, et ceux qui arrivaient en dernier recevaient un salaire journalier. Ceux qui ont été embauchés tôt le matin l'ont vu et s'attendaient à recevoir bien plus qu'une journée de salaire. Mais chaque homme recevait le même montant, un salaire journalier, quel que soit le nombre d'heures travaillées.

Ceux qui furent embauchés les premiers commencèrent à grogner. Ils ont dit au propriétaire : « Les derniers embauchés n'ont travaillé qu'une heure, mais vous les avez rendus égaux à nous et nous avons fait la majeure partie du travail ! »

Mais le propriétaire a dit qu'il n'était pas injuste. Il leur versa une journée de salaire, comme il l'avait promis. Il a dit qu'ils devraient l'accepter, puis il a ajouté : « N'ai-je pas le droit d'être généreux avec mon propre argent ? Vous êtes jaloux de ma générosité ! »

Jésus termine en disant : « Les derniers seront les premiers, et les premiers seront les derniers. »

Le pardon

Pierre a demandé un jour à Jésus à quelle fréquence les gens devraient pardonner aux autres. La tradition juive était de pardonner à quelqu'un trois fois, et Pierre a suggéré que le nombre correct pourrait aller jusqu'à sept fois, soit plus du double de ce qui avait été enseigné dans le passé. Mais Jésus a répondu que le bon nombre était 77 fois, puis il a raconté cette histoire.

Un des serviteurs d'un roi lui devait une très grosse somme d'argent. Lorsque le roi est venu chercher la somme, l'homme n'a pas pu payer. Alors, le roi lui ordonna de vendre tous ses biens pour rembourser la dette. Mais le serviteur tomba à genoux et demanda grâce, disant qu'il rembourserait tout. Le roi eut pitié de l'homme, annula la dette et laissa partir le serviteur et sa famille.

Mais le serviteur se rendit alors chez un homme qui lui devait une petite dette. Lorsque l'homme a dit qu'il ne pouvait pas rembourser, le serviteur l'a étranglé et a exigé l'argent. Lorsque l'homme lui a demandé de patienter et lui a dit qu'il rembourserait tout, le serviteur l'a fait jeter en prison jusqu'à ce qu'il puisse payer la dette.

Quand les autres serviteurs le virent faire cela, ils le dirent au roi, qui appela le serviteur et lui dit : « J'ai annulé votre grande dette, vous auriez donc dû faire preuve de miséricorde envers l'homme qui vous devait une petite dette. » Le roi jeta alors le serviteur pardonné en prison où il fut torturé jusqu'à ce qu'il puisse rembourser ce qu'il devait.

Il n'y avait aucun moyen pour l'un ou l'autre des serviteurs de payer au roi ce qui lui était dû. Jésus a conclu en disant que Dieu ne pardonnerait pas à ceux qui ne pardonneraient pas aux autres. En disant que les gens devraient pardonner aux autres 77 fois, il disait en réalité que les gens devraient toujours pardonner à ceux qui le demandent.

Paraboles sur les graines

Alors que Jésus se rendait dans les villes et les villages, il annonçait la bonne nouvelle du royaume de Dieu. Ses disciples étaient avec lui lorsqu'il raconta cette parabole.

> Un agriculteur est sorti pour disperser ses graines. Certains sont tombés sur le chemin où ils ont été piétinés et mangés par les oiseaux. Certaines graines sont tombées sur un sol rocheux et lorsqu'elles ont germé, les plantes se sont flétries faute d'humidité. D'autres graines tombèrent parmi les épines qui poussèrent et étouffèrent les plantes. D'autres graines tombèrent sur une bonne terre, poussèrent et produisirent une récolte énorme, cent fois supérieure à ce qui avait été semé.

Lorsque ses disciples lui demandèrent ce que signifiait cette parabole, il le leur a expliqué.

> Les graines sont la parole de Dieu. Les graines sur le chemin sont ceux qui entendent, mais le diable vient et enlève la parole de leur cœur, pour qu'ils ne croient plus. Les graines sur le sol rocailleux sont celles qui reçoivent la parole avec joie, mais elles n'ont pas de racines. Ils croient pendant un moment, mais quand les choses deviennent difficiles, ils abandonnent. Les graines tombées parmi les épines sont celles qui entendent, mais tandis qu'ils vivent leur vie, ils sont étouffés par les soucis, les richesses et les plaisirs de la vie – ils ne mûrissent pas dans leur foi. Mais les semences qui se trouvent dans une bonne terre sont celles qui ont un bon cœur, qui entendent la parole, la gardent et produisent une bonne récolte grâce à leur persévérance.

Jésus a raconté une autre histoire sur le royaume de Dieu. C'était comme les graines éparpillées sur le sol. Au fil du temps, les graines poussent d'une manière ou d'une autre. À lui seul, le sol produit progressivement des céréales, qui sont récoltées lorsqu'elles sont prêtes.

Il a donné d'autres illustrations semblables sur le royaume de Dieu. Le royaume est comme une toute petite graine de moutarde. Lorsqu'il est planté, il grandit et devient si grand que ses branches peuvent accueillir des oiseaux.

Le royaume est aussi comme un levain invisible qui fait lever mystérieusement le pain.

Le Sermon sur la Montagne

Jésus parlait parfois à des milliers de personnes à la fois. Un jour, il parla très longtemps sur une montagne devant plusieurs milliers de personnes. Une partie de ce qu'il prêchait était difficile à comprendre et différente de ce qui avait été enseigné auparavant.

> Bénis les pauvres en esprit, car le royaume des cieux est à eux.
> Bénis ceux qui sont tristes, car ils seront consolés.
> Bénis les humbles, car ils hériteront de la terre.
> Bénis ceux qui ont faim et soif de vivre correctement, car ils seront rassasiés.
> Bénis ceux qui sont bons, car ils recevront de la bonté.
> Bénis ceux qui ont de bonnes pensées et de bons désirs, car ils verront Dieu.
> Bénis les artisans de paix, car ils seront appelés enfants de Dieu.
> Bénis ceux qui sont persécutés parce qu'ils vivent de la bonne manière, car le royaume des cieux est à eux.
> Bénis serez-vous quand les gens seront méchants avec vous et diront toutes sortes de choses fausses et mauvaises contre vous à cause de moi. Réjouissez-vous et soyez dans l'allégresse, car votre récompense sera grande dans le ciel, car ils ont persécuté les prophètes qui vous ont précédé.

Vous êtes le sel de la terre, mais si le sel perd sa saveur, il est jeté. Vous êtes la lumière du monde. Une ville construite sur une colline ne peut pas être cachée. Les gens n'allument pas une lampe et ne la cachent pas : ils la mettent sur son support où elle éclaire tout le monde. Laissez votre lumière briller pour que les autres voient vos bonnes actions et glorifient Dieu.

Je ne suis pas venu pour jeter la loi ou les paroles des prophètes ; je suis venu pour les accomplir. Il a été écrit il y a longtemps : « Vous ne tuerez pas, et quiconque tue sera jugé. » Mais je dis que quiconque est en colère contre un frère ou une sœur sera jugé. Donc, si vous offrez un présent à l'autel et que vous vous souvenez que votre frère ou votre sœur a quelque chose contre vous, allez d'abord et réconciliez-vous avec eux. Alors revenez et offrez votre cadeau.

Il a été écrit il y a longtemps : « Nous ne commettrez pas d'adultère ». Mais moi, je vous dis que quiconque regarde une personne et la veut pour lui-même a commis un adultère dans son cœur. Si votre œil droit vous fait trébucher, vous arrachez l'œil. Il vaut mieux perdre une partie de votre corps que d'aller en enfer.

Vous avez entendu dire : « Œil pour œil et dent pour dent. » Mais moi, je dis : si quelqu'un vous gifle sur la joue droite, tendez-lui l'autre joue. Si quelqu'un veut vous poursuivre en justice et prendre votre chemise, donnez- lui également votre manteau. Si quelqu'un vous oblige à faire un kilomètre, faites-en deux kilomètre pour lui. Donnez à ceux qui demandent et ne vous détournez pas de ceux qui veulent vous emprunter.

Vous avez entendu dire : « Aimez votre prochain et détestez vos ennemi ». Mais je dis : « Aimez vos ennemis et priez pour ceux qui sont méchants avec vous. Si vous aimez ceux qui vous aiment, ce n'est rien, même les publicains font ça ! Si vous saluez uniquement les gens qui vous ressemblent, vous faites ce que tout le monde fait.

Ne pratiquez pas votre religion afin que les autres puissent voir. Lorsque vous donnez aux gens dans le besoin, ne l'annoncez pas avec des trompettes comme le font les religieux pour être loués par les autres. Lorsque vous donnez, faites-le en secret. Dieu voit ce qui se fait en secret et vous récompensera.

N'essayez pas de vous procurer beaucoup de belles choses, car elles pourraient être détruites ou volées. Au lieu de cela, faites de belles choses pour les autres, qui ne peuvent être ni détruites ni volées.

Ne vous inquiétez pas pour votre vie, votre corps et ce que vous porterez. Regardez les oiseaux : ils ne stockent pas de nourriture dans des granges, mais Dieu les nourrit. Vous avez bien plus de valeur que les oiseaux. S'inquiéter ne peut pas prolonger votre vie d'une seule heure. Cherchez plutôt d'abord le royaume de Dieu et faites ce qui est juste, alors tout vous sera donné. Ne vous inquiétez pas pour demain : il y a de nombreux problèmes à résoudre chaque jour.

Ne jugez pas les autres, car vous serez jugé de la même manière que vous jugez les autres. Pourquoi regardez-vous le petit morceau de poussière dans l'œil d'une autre personne et ignorez-vous la bûche dans le vôtre ? Ne soyez pas hypocrite ! Retirez d'abord la bûche de votre propre œil, et vous verrez alors clairement afin de pouvoir enlever le tout petit peu de poussière de l'œil de l'autre.

Faites aux autres ce que vous voudriez qu'ils vous fassent : cela résume la Loi et les Prophètes. C'est difficile à faire. La porte et le chemin qui mènent à la perdition sont larges, mais la porte et le chemin qui mènent à la vie sont étroits. Prenez la route étroite et franchissez la porte étroite. Peu de gens prenne cette voie – la plupart suivent de faux dirigeants qui semblent pacifiques mais qui sont comme des loups à l'intérieur. Vous les reconnaîtrez à leurs fruits. Les gens cueillent-ils des raisins ou des figues sur des plantes épineuses ? Tout bon arbre porte de bons fruits, mais un mauvais arbre porte de mauvais fruits. Tout arbre qui ne porte pas de bons fruits est coupé et jeté au feu. Ainsi, tous ceux qui m'appellent « Seigneur » n'entreront pas dans le royaume des cieux, mais seulement ceux qui font la volonté de mon Dieu dans les cieux enteront dans le royaume. Beaucoup me diront ce jour-là : « Seigneur, n'avons-nous pas enseigné en ton nom, chassé les démons et accompli de nombreux miracles ? » Je leur dirai : « Je ne vous ai jamais connu. Éloignez-vous de moi, malfaiteurs ! »

Ceux qui mettent mes paroles en pratique sont comme les sages qui ont bâti leur maison sur le roc. Les pluies sont venues, les ruisseaux sont montés et les vents ont soufflé et frappé cette maison. Mais il n'est pas tombé parce que sa fondation était sur le rocher. Mais ceux qui entendent mes paroles et ne les mettent pas en pratique sont comme des insensés qui ont bâti leur maison sur le sable. Les pluies sont venues, les ruisseaux sont montés, et les vents ont soufflé et frappé cette maison, et elle a été emportée.

Prière

Jésus a enseigné aux gens comment parler à Dieu. Ceux qui prient ne devraient pas utiliser un langage fleuri pour impressionner ceux qui leur regardent et écoutent, et ils ne devraient pas faire des prières en répétant sans cesse les mêmes choses. Au lieu de cela, les gens devraient prier en privé et être honnêtes, en parlant à Dieu de leurs pensées et de leurs sentiments les plus profonds. Dieu sait ce dont les gens ont besoin, avant même qu'ils ne le demandent.

Jésus a fourni un exemple de prière qui contient certains éléments de base. Ceux-ci comprenaient (1) la reconnaissance que Dieu est saint, (2) le désir que le royaume de Dieu influence ce monde afin qu'il ressemble davantage à ce à quoi ressemble le ciel, (3) le désir que la volonté de Dieu soit faite sur terre, (4) demander les nécessités de base dont nous avons besoin pour survivre, (5) demander le pardon de nos péchés et de l'aide pour pardonner aux autres, et (6) rechercher la protection et la délivrance des forces du mal dans le monde. Les prières peuvent donc se concentrer sur la louange, l'action de grâce et les requêtes. Jésus a dit que Dieu aime quand les gens prient et veut que chacun dépende de Dieu pour que ses besoins soient satisfaits.

> Quiconque demande recevra, celui qui cherche trouvera et celui qui frappe verra la porte ouverte. Lequel d'entre vous, si ses enfants demandent du pain, leur donnera une pierre ? Ou s'ils demandent un poisson, leur donnerez-vous un serpent ? Si ceux qui sont méchants savent donner de bons cadeaux à leurs enfants, combien plus votre Dieu du ciel donnera-t-il de bons cadeaux à ceux qui le demandent !

Jésus se retirait souvent dans des endroits calmes et privés pour éliminer les distractions et pour être seul afin de parler avec Dieu. Il n'y avait pas d'heure ni de lieu précis où il priait ; cela semblait arriver tout le temps. Sa conscience de Dieu était constante et continue, et écouter à Dieu à travers le silence faisait partie du processus.

Dieu est révélé en Jésus

Lorsque Jésus enseignait dans une synagogue, il priai : « Je te loue, Seigneur du ciel et de la terre, parce que tu as caché ces choses aux gens sages et instruits, mais que tu les as fait connaître aux petits enfants. C'est ce que tu voulais faire. » Puis il parla au peuple et fit référence à Dieu comme à son Père.

> Tout m'a été donné par mon Père. Personne ne connaît le Père sauf par le Fils et ceux que le Fils choisit. Venez à moi, vous tous qui êtes fatigués et chargés, et je vous donnerai du repos. Si vous avez soif, venez vers moi et buvez. Laissez-moi vous guider comme un fermier guide ses bœufs en portant un joug. Mon joug est doux, mon fardeau est léger. Si vous me connaissez, vous connaissez Dieu. Je suis doux et humble, et votre esprit trouvera le repos. Si vous me connaissez, vous connaîtrez la vérité et elle vous libérera.

Les disciples demandèrent à Jésus : « Quel signe donnerez-vous pour que nous puissions vous croire ? Nos ancêtres ont mangé de la manne dans le désert et ont écrit: « Dieu leur a donné à manger le pain du ciel. » Jésus a répondu par ce commentaire à propos du pain.

Ce n'est pas Moïse qui leur a donné le pain du ciel. C'est Dieu qui vous donne le vrai pain du ciel. Je suis le pain de vie. Ceux qui viennent à moi n'auront pas faim, et ceux qui croient en moi n'auront jamais soif. Je ne chasserai personne qui vient à moi. Je ne suis pas venu du ciel pour faire ma volonté mais pour faire la volonté de Dieu qui m'a envoyé. C'est la volonté de Dieu qui m'a envoyé, que je ne perde personne qui m'a été donné, mais que je ressuscite chacun d'eux au dernier jour. Ce pain est mon corps que je donnerai pour la vie du monde.

Certains Juifs ont commencé à se plaindre quand il a dit qu'il était venu du ciel. Ils le connaissaient comme un enfant de Joseph et de Marie – comment pouvait-il dire qu'il venait du ciel ? Les Juifs commencèrent également à se disputer entre eux et se demandèrent comment Jésus pourrait leur donner son corps à manger.

Jésus les interrompit et dit : « Si vous ne mangez pas la chair du Fils de l'Homme et ne buvez pas son sang, vous n'avez pas la vie en vous. Ceux qui mangent ma chair et boivent mon sang ont la vie éternelle, et je les ressusciterai au dernier jour. Ma chair est une vraie nourriture et mon sang est une vraie boisson. Nos ancêtres ont mangé de la manne et ils sont morts, mais ceux qui mangent ce pain vivront éternellement. »

Après avoir entendu cela, beaucoup de ceux qui suivaient Jésus ont arrêté de l'écouter et sont partis. Jésus a demandé à ses 12 disciples s'ils voulaient eux aussi le quitter. Simon Pierre répondit : « Seigneur, qui d'autre devrions-nous suivre ? Vous avez les paroles de la vie éternelle. Nous comprenons maintenant et savons que vous êtes le Saint de Dieu. »

Les coûts du disciple

De grandes foules continuaient à voyager avec Jésus, et il voulait qu'elles réfléchissent soigneusement à ce que signifiait le suivre. Il leur a dit : « Si quelqu'un vient à moi mais aime davantage sa famille ou sa propre vie, il ne peut pas être mon disciple. Celui qui ne porte pas sa croix et ne me suit pas ne peut pas être mon disciple. » Puis il a raconté plusieurs histoires pour expliquer ce qu'il voulait dire.

Supposons que vous souhaitiez construire une tour. Ne voulez-vous pas d'abord vous asseoir et estimer le coût pour voir si vous avez assez d'argent pour le terminer ? Si vous posez les bases et ne parvenez pas à les terminer, tout le monde vous ridiculisera. Ou supposons qu'un roi envisage de faire la guerre. Ne réfléchira-t-il pas d'abord à la question de savoir si ses 10 000 hommes peuvent vaincre les 20 000 hommes d'un autre roi ? S'il ne peut pas gagner, il enverra les gens vers l'autre roi et tentera de résoudre leurs différends de manière pacifique. De la même manière, ceux qui n'abandonnent pas tout ne peuvent pas être mes disciples.

Je vous envoie comme des brebis parmi les loups, alors faites attention et gardez-vous. Vous devez être aussi sage que des serpents tout en étant innocent comme une colombe. Vous serez remis aux dirigeants locaux et fouettés dans les synagogues. Vous serez amenés devant des gouverneurs, des rois et des païens pour être mes témoins. Mais lorsqu'ils vous arrêtent, ne vous inquiétez pas de savoir quoi dire ou comment le dire : l'Esprit de Dieu parlera à travers vous. Vous serez haï de tous à cause de moi, et quand vous serez persécuté, fuyez vers un autre endroit. N'ayez pas peur de ceux qui tuent le corps : ils ne peuvent pas tuer l'esprit. Mais méfiez-vous des méchants qui veulent détruire votre esprit et votre corps et vous emmener avec eux en enfer. Je reconnaîtrai à Dieu au ciel ceux qui parlent pour moi aux autres. Mais je renierai ceux qui me renieront envers les autres. Celui qui retrouvera sa vie la perdra, et celui qui perdra sa vie à cause de moi la retrouvera.

Se préparer au jugement

Jésus a raconté plusieurs paraboles sur la façon d'être prêt et préparé pour le retour de Dieu et le jugement de tous.

Parabole des 10 vierges

Il a d'abord parlé de 10 vierges qui attendaient de rencontrer leur époux à une heure inconnue. Cinq étaient stupides : ils avaient des lampes pour éclairer la nuit mais n'avaient pas d'huile pour remplir leurs lampes. Les cinq autres étaient sages : ils avaient des lampes et gardaient de l'huile pour se rafraîchir. Après avoir attendu longtemps un marié, ils s'endormirent tous.

Le marié est arrivé au milieu de la nuit et était prêt à les rencontrer. Les femmes insensées ne pouvaient pas allumer leurs lampes et demandaient aux autres d'emprunter de l'huile. Mais les femmes sages ne voulaient pas partager leur huile ; s'ils le faisaient, il n'y aurait pas assez de l'huile pour que tout le monde puisse allumer toutes les lampes. Ces femmes ont dit aux autres d'aller acheter de l'huile pour elles-mêmes. Pendant que les femmes insensées étaient parties acheter de l'huile, le marié vint et emmena les femmes sages au banquet de noces. Puis la porte fut fermée.

Quand les femmes insensées sont venues plus tard avec leur huile, elles ont dit : « Seigneur, Seigneur, ouvre-nous la porte ! » Mais l'époux dit : « Je ne vous connais pas. » Jésus a conclu cette parabole en disant que les gens doivent être préparés car le moment du jugement est inconnu.

Parabole des dons d'or

Jésus a également raconté une histoire sur l'utilisation judicieuse de ce que nous avons de notre vivant. Il a décrit trois serviteurs qui ont reçu diverses quantités d'or à utiliser pendant que le propriétaire était parti pour un long voyage. Le propriétaire donnait de l'or à chacun en fonction de sa capacité de l'utiliser à bon escient. Un serviteur a reçu cinq sacs, un serviteur a reçu deux sacs et le troisième a reçu un sac.

Le serviteur qui a reçu cinq sacs d'or l'a utilisé à bon escient et a gagné cinq autres sacs d'or. Le serviteur qui a reçu deux sacs a également utilisé l'or à bon escient et a doublé la quantité d'or. Mais le serviteur à qui on avait donné un sac creusa un trou et cacha l'or dans le sol.

Le propriétaire est finalement revenu et a demandé l'or. Les domestiques qui avaient reçu cinq et deux sacs présentaient au propriétaire le double de la somme qui leur avait été donnée. Le propriétaire dit à chacun d'eux : « Bravo, bon et fidèle serviteur ! Vous avez été fidèle dans certaines choses ; Je vais vous mettre en charge de beaucoup de choses. Venez partager mon bonheur ! »

Mais le serviteur auquel le propriétaire avait donné un sac d'or dit : « Je savais que vous êtes une personne dure, j'avais peur de vous et j'ai caché votre or dans la terre. » Ce serviteur a ensuite donné au propriétaire le sac d'or qu'il avait déterré du sol.

Le propriétaire dit à ce dernier serviteur : « Vous êtes méchant et paresseux ! Si vous saviez comment je suis, pourquoi n'avez-vous pas déposé mon argent à la banque ? Alors j'aurais au moins reçu l'or plus les intérêts. » Le propriétaire donna ensuite un sac d'or au serviteur qui en possédait 10 et dit : « Ceux qui utilisent ce qu'ils ont recevront davantage, mais ceux qui n'utilisent pas ce qu'ils ont perdront ce qu'ils ont. » Puis le propriétaire fit jeter le dernier serviteur dans les ténèbres où les gens pleureront.

Parabole des brebis et des chèvres

Jésus a raconté une parabole pour décrire qui irait au ciel et qui irait chez les morts. Il a dit que le Fils de l'Homme s'assiéra sur un trône et que, lorsque chaque personne se tiendra devant lui, il les séparera comme un berger sépare les brebis des chèvres.

Le roi dira à certains : « Venez prendre ce qui vous appartient, un royaume qui a été préparé pour vous depuis la création du monde. Car j'avais faim et vous m'aviez donné à manger, j'avais soif et vous m'aviez donné à boire, j'étais un étranger et vous m'aviez accueilli, j'avais besoin de vêtements et vous m'aviez habillé, j'étais malade et vous m'aviez pris soin de moi, j'étais en prison et vous m'aviez rendu visite. »

Mais ces gens demanderont : « Seigneur, quand vous avons-nous vu affamé et vous avons-nous nourri ou assoiffé et vous avons-nous donné à boire ? Quand vous avons-nous vu un étranger et vous avons-nous invité ou avons-nous eu besoin de vêtements et vous avons-nous habillé ? Quand vous avons-nous vu malade ou en prison et vous avons-nous rendu visite ? »

Le roi leur dira : « Quand vous avez fait ces choses à mes frères et sœurs, c'est à moi que vous les avez faites. »

Alors le roi dira aux autres : « Vous êtes maudits et vous irez dans le feu éternel préparé pour le diable et ses anges. Car j'avais faim et vous ne m'aviez pas nourri, j'avais soif et vous ne m'aviez pas donné à boire, j'étais un étranger et vous ne m'aviez pas invité, j'avais besoin de vêtements et vous ne m'aviez pas donné de vêtements, j'étais malade et en prison, et vous ne m'aviez pas pris soin de moi.

Ce groupe dira avec émerveillement : « Seigneur, quand vous avons-nous vu affamé ou assoiffé ou un étranger ou ayant besoin de vêtements ou malade ou en prison, et ne vous avons-nous pas aidé ?

Le roi leur dira : « Ce que vous n'avez pas fait pour ceux qui avaient ces problèmes, vous ne l'avez pas fait pour moi. » Ces gens subiront un châtiment éternel, mais les justes vivront éternellement au ciel.

Condamnation des chefs religieux

Jésus parlait souvent durement aux chefs religieux parce qu'ils égaraient les gens, ne donnaient pas l'exemple d'un bon comportement et avaient des motivations contradictoires. Ils avaient confiance en leurs propres pratiques religieuses et méprisaient tout le monde. Jésus a raconté cette parabole.

Deux hommes se rendirent au Temple pour prier, l'un pharisien et l'autre publicain. Le pharisien a prié à haute voix en disant : « Dieu, je te remercie de ce que je ne suis pas comme les autres – voleurs, malfaiteurs, adultères – ni même comme ce publicain. Je jeûne deux fois par semaine et je donne un dixième de tout ce que je reçois. » Mais le percepteur se tenait à distance, se frappait la poitrine et disait : « Dieu, aie pitié de moi, pécheur. » Je vous dis que cet homme, et non le pharisien, peut rentrer chez lui en toute confiance et se tenir devant Dieu. Tous ceux qui se vantent d'eux-mêmes seront humiliés ; ceux qui s'humilient seront loués.

Lors d'un autre rassemblement, Jésus a sévèrement critiqué les chefs religieux.

Malheur à vous les Pharisiens. Vous donnez à Dieu un dixième des herbes de votre jardin, mais vous négligez d'être juste, bienveillant et de marcher humblement avec votre Dieu. Vous auriez dû faire ces choses ainsi que donner vos herbes. Vous aimez les places les plus importantes dans les synagogues et le respect que vous obtenez sur les marchés. Vous aimez votre apparence lorsque vous portez vos robes fantaisie et dites vos longues prières. Malheur à vous, scribes : vous chargez les gens de fardeaux qu'ils peuvent à peine porter, et vous ne lèverez pas le petit doigt pour les secourir. Vous êtes tous des hypocrites ! Vous dites que vous approuvez ce que vos ancêtres ont fait, mais ils ont tué les prophètes. Dieu leur a envoyé des prophètes, mais certains ont été tués et d'autres ont été harcelés. Cette génération sera tenue responsable du sang de tous les prophètes qui n'ait jamais été versé. Vous êtes des pierres tombales blanches qui paraissent belles à l'extérieur mais à l'intérieur vous êtes morts et impurs.

Jésus leur raconta une autre parabole concernant un propriétaire foncier qui planta une vigne et des bâtiments pour la protéger. Puis il loue le vignoble à des agriculteurs et déménage. Lorsque le moment de la récolte approchait, il envoyait ses serviteurs chez les vignerons pour récolter ses fruits. Les locataires ont battu un domestique et en ont tué deux autres. Le propriétaire envoya davantage de serviteurs pour ramasser les fruits, et les locataires les traitèrent de la même manière. Finalement, le propriétaire a envoyé son fils, pensant que les locataires le respecteraient sûrement. Mais quand les vignerons virent le fils, ils se dirent : « Celui-ci est l'héritier. Tuons-le et prenons son héritage. » Alors ils l'ont tué aussi.

Jésus demanda à ceux qui étaient là: «Quand le propriétaire de la vigne viendra, que fera-t-il à ces vignerons? »

Les pharisiens disaient : « Il détruira ces vignerons méchants et louera la vigne à d'autres vignerons. »

Jésus leur dit : « Vous avez lu dans les Écritures : 'La pierre rejetée par les bâtisseurs est devenue la pierre angulaire.' C'est pourquoi le royaume de Dieu vous sera ôté et sera donné à des gens qui produiront du fruit. » Les chefs religieux savaient qu'il parlait d'eux.

Jésus a ensuite raconté aux chefs religieux une dernière parabole avec un message similaire. Dans cette histoire, un père avait deux fils et leur demanda de travailler tous les deux dans le vignoble familial. Le premier fils a dit qu'il n'irait pas, mais il a ensuite changé d'avis et est allé travailler. Le deuxième fils a dit qu'il irait, mais il n'a pas travaillé. Jésus a demandé aux chefs religieux quel fils faisait ce que voulait son père, et ils ont tous convenu qu'il s'agissait du premier fils. En entendant leur réponse, Jésus leur dit : « En vérité, ceux que vous considérez comme méchants entreront avant vous dans le royaume de Dieu. Jean est venu et vous a montré comment vivre. Vous n'avez pas répondu, mais ceux que vous pensez être méchants l'ont fait. » Les actions, et non les belles paroles, révèlent les véritables croyances et désirs d'une personne.

Après avoir entendu ces réprimandes et se souvenant de toutes les autres choses que Jésus leur avait dites dans le passé, les pharisiens et les scribes avaient fini de se disputer. Ils cherchaient un moyen de l'arrêter, mais ils avaient peur de la foule car la plupart des gens pensaient qu'il était un prophète. Ils ont observé Jésus de près et ont envoyé des espions qui prétendaient être sincères afin de le piéger et de trouver quelque chose qu'il avait dit afin de pouvoir le livrer au gouverneur romain. Ces espions l'interrogèrent : « Maître, nous savons que vous parlez et enseignez ce qui est juste, que vous êtes juste et que vous enseignez la voie de Dieu. Est-il juste que nous payions des impôts à César ou non ? »

Jésus a vu clair dans leur piège astucieux et leur a demandé : « Montrez-moi une pièce de monnaie. De qui se trouvent l'image et l'inscription dessus ? »

« César », répondirent-ils.

Jésus leur dit : « Donnez à César ce qui est à César, et donnez à Dieu ce qui est à Dieu. » Étonnés par sa réponse, ils sont restés silencieux et n'ont pas réussi à le piéger dans quoi que ce soit de ce qu'il disait en public.

Noms de Jésus

Les gens portaient plusieurs noms pour Jésus. Pendant de nombreux siècles, les gens étaient identifiés par leur famille, ils le connaissaient donc comme Jésus, fils de Joseph et de Marie. Dans l'Ancien Testament, le Messie était désigné sous de nombreux noms, et pendant et après son ministère, les gens faisaient référence à Jésus en utilisant d'autres noms. Voici quelques noms utilisés pour désigner Jésus et le Messie :

Tout-Puissant	Roi des Rois	Sauveur
Alpha et Omega	Agneau de Dieu, Agneau	Fils de l'Homme, le Fils
Avocat	Lumière du monde	La Résurrection et la Vie
Le pain de la vie	Lion de la tribu de Juda	Enseignant, Rabbin
Jeune marié	Messie/Christ	La porte
Père éternel	Dieu puissant	La Vérité
Dieu, Seigneur	Prince de la Paix, Prince	Le Chemin
Bon berger	Prophète	Le Mot
Grand Altesse Prêtre	Rédempteur	Vraie Vigne
Chef de l'Église	Seigneur ressuscité	Merveilleux conseiller
Juge	Rocher	

CHAPITRE 17

ARRESTATION, PROCÈS ET EXÉCUTION

Les chefs religieux réussissent à éliminer Jésus

Au cours de sa troisième année de ministère, Jésus a commencé à parler plus souvent du fait d'être un serviteur et de sa propre mort. Jusque-là, il avait été prudent lorsqu'il parlait de son rôle dans le monde. Il parlait souvent de lui-même comme du Fils de l'Homme ou comme « il » plutôt que comme « je » et utilisait des symboles lorsqu'il parlait de lui-même. Par exemple, il a dit : « Je suis le pain de vie ; ceux qui viennent vers moi n'auront pas faim. Je suis la résurrection et la vie – ceux qui croient en moi vivront, même s'ils meurent. »

Il appréciait d'être appelé « enseignant » et « prophète », mais il faisait taire les démons lorsqu'ils disaient qu'il était le Messie. Il a accompli des miracles en public qui ont accompli les prédictions selon lesquelles il serait le Messie, le Roi-Serviteur évoqué par les prophètes. Cependant, il disait aux autres de ne pas parler des miracles qu'il avait accomplis pour eux et qui indiquaient qu'il était le Messie, et il n'agissait parfois pas parce que « ce n'était pas le bon moment ».

Certains Juifs s'impatientaient et voulaient savoir s'il était le Messie. Il a fait référence à Dieu comme à son Père céleste et a parlé du royaume de Dieu à venir. Certains étaient impressionnés par sa puissance, mais les choses qu'il disait étaient si radicalement différentes que certains voulaient le lapider – c'était un péché de prétendre être Dieu. Pour les chefs religieux, Jésus éloignait les Juifs de la vérité et le symbolisme qu'il utilisait prêtait à confusion pour ses disciples.

Jésus a également parlé indirectement de sa propre mort et de la manière dont elle mènerait à la vie éternelle au ciel. Par exemple, il se faisait appeler « le bon berger ».

Je suis le bon berger et la porte des brebis qui connaissent et écoutent sa voix. Il connaît le nom de chacun et les fait sortir. Il les précède et ils le suivent. Je suis la porte : ceux qui entrent par moi seront sauvés et trouveront du pâturage. Je suis venu pour qu'ils aient une vie pleine et abondante ! Le bon berger donne sa vie pour ses brebis. J'ai d'autres moutons qui ne sont pas là et je dois les amener car ils écouteront ma voix. Il y aura un seul troupeau et un seul berger. Mon Père m'aime parce que je donne ma vie pour la reprendre. Personne ne me le prend pas – c'est moi qui a choisi de le déposer.

Après que Jésus ait ressuscité Lazare des morts, certains Juifs ont raconté aux pharisiens ce que Jésus avait fait. Les principaux sacrificateurs et les pharisiens convoquèrent une réunion de tous les chefs religieux et débattirent de ce qu'ils devaient faire. « Cet homme accomplit de nombreux signes, et si nous le laissons continuer, tout le monde croira en lui. Alors les Romains nous enlèveront notre temple et notre nation. » Le grand prêtre dit : « Mieux vaut qu'un seul homme meure pour le peuple que de laisser périr toute la nation. » A partir de ce jour, ils ont tous comploté pour arrêter Jésus et le tuer.

Jésus entre à Jérusalem

Le temps de Jésus était venu. Il a marché jusqu'à Jérusalem avec ses disciples et d'autres adeptes pour la fête de Pâque du printemps. Avant d'entrer dans la ville, il envoya deux disciples chercher un âne et son poulain. Cela accomplit ce que le prophète Zacharie a écrit à propos du Messie : « Votre roi vient à vous, doux et monté sur un âne, le petit d'une ânesse. »

Les disciples lui apportèrent l'âne et le poulain et y mirent leurs manteaux pour que Jésus puisse s'asseoir dessus. Une très grande foule étendit leurs manteaux sur le chemin lorsqu'il entra dans la ville, et d'autres coupèrent des branches aux arbres et les étendirent sur le chemin. Les foules le long de la route criaient : « Hosanna au Fils de David ! Béni soit celui qui vient au nom du Seigneur ! »

La ville entière était sous tension et les gens se demandaient qui était à l'origine de cette excitation. Les gens disaient que c'était Jésus, le prophète de Nazareth. Il se rendit de nouveau au Temple et chassa tous ceux qui y achetaient et y vendaient.

Le dernier repas avec les disciples

Jeudi soir avant la Pâque, Jésus savait qu'il était temps pour lui de quitter ce monde et de retourner auprès de Dieu au ciel. Il a rassemblé les 12 disciples dans la chambre haute de la maison d'un ami pour le repas du soir.

Pendant le repas, Jésus se leva et ôta sa robe. Il enroula une serviette autour de sa taille et versa de l'eau dans un grand bol. Il commença à laver les pieds de ses disciples et à les sécher avec la serviette. Simon Pierre a demandé pourquoi Jésus allait se laver les pieds et a dit que Jésus ne devrait jamais se laver les pieds. Mais Jésus a dit : « Vous ne serez pas avec moi si je ne vous lave pas. »

Après que Jésus leur ait lavé et séché tous les pieds, il retourna à table. Il demanda aux hommes : « Comprenez-vous ce que j'ai fait pour vous ? Vous m'appelez 'Maître' et « 'Seigneur' ce qui est tous deux correct. Mais je vous ai lavé les pieds pour vous donner l'exemple, afin que vous fassiez comme j'ai fait pour vous. »

Pendant qu'ils mangeaient encore, Jésus fit circuler une miche de pain pour qu'ils puissent en prendre chacun un morceau. Après avoir dit une bénédiction, il prit le pain et dit : « Ceci est mon corps, donné pour vous. Mangez-le et souvenez-vous de moi. Après avoir mangé leur pain ensemble, Jésus fit circuler une coupe de vin et dit : « Tout le monde boit à cette coupe. C'est mon sang qui est la nouvelle alliance qui est répandue pour de nombreuses personnes pour le pardon de tous leurs péchés. » (Ce « repas » est devenu connu comme le Repas du Seigneur.)

Pendant le reste du repas, les disciples ont commencé à se disputer entre eux pour savoir qui occuperait les différentes positions de pouvoir sous Jésus lorsqu'il deviendra roi. Jacques et Jean pensaient qu'ils étaient les meilleurs et demandèrent à Jésus de les laisser s'asseoir de chaque côté de son trône. Les autres se mirent en colère lorsqu'ils entendirent ce que Jacques et Jean avaient demandé.

Jésus les rassembla et leur a dit : « Les dirigeants romains sont très fiers et aiment montrer leur pouvoir sur tous les Juifs. Mais vous ne devriez pas agir ainsi. Au contraire, celui qui veut devenir grand parmi vous doit être votre serviteur, et celui qui veut devenir le premier doit être l'esclave de tous. Car même le Fils de l'Homme n'est pas venu pour être servi mais pour servir et donner sa vie pour la multitude. »

Jésus prédit sa trahison

Jésus dit alors que l'un d'eux le trahirait. Ses disciples étaient stupéfaits et se regardaient. Jean était assis à côté de Jésus et lui demanda doucement qui était le traître. Jésus répondit doucement que c'était à la personne à qui il donnerait un morceau de pain après l'avoir trempé dans leur plat commun. Puis il donna un morceau de pain à Judas Iscariote. Dès que Judas prit le pain, Jésus lui dit d'aller faire ce qu'il allait faire.

Aucun des autres disciples ne savait ce qui s'était passé. Judas était responsable de l'argent des disciples, alors certains d'entre eux pensaient qu'il allait acheter quelque chose pour la fête ou donner de l'argent aux pauvres. Mais en réalité, Judas avait conclu un accord avec les pharisiens pour que Jésus soit arrêté cette nuit-là, alors que la foule n'était pas là. Il a proposé d'identifier Jésus en échange de 30 pièces d'argent.

Jésus donne un nouveau commandement et prédit le reniement de Pierre

Après le départ de Judas, Jésus dit aux autres : « Je ne serai plus avec vous très longtemps. Le Fils de l'Homme sera livré pour être tué. Vous ne pouvez pas venir là où je vais. Mais si vous m'aimez, gardez mes ordres. Et maintenant je vous donne un nouveau commandement : aimez-vous les uns les autres de la même manière que je vous ai aimé. C'est par votre amour les uns pour les autres que les gens sauront que vous êtes mes disciples. Le plus grand amour est de sacrifier sa vie pour sauver les autres. »

Pierre a demandé : « Seigneur, pourquoi ne puis-je pas aller avec vous ? Je donnerai ma vie pour vous. »

Jésus a répondu à Pierre : « Vraiment ? Je te le dis que ce soir tu me renieras trois fois avant que le coq chante ! Vous tous me quitterez, comme le prophète Zacharie l'avait prédit lorsqu'il écrivait : 'Je frapperai le berger et les brebis du troupeau se disperseront.' Mais après ma résurrection, je vous précéderai en Galilée. »

Jésus réconforte ses disciples

Jésus a continué à discuter de son départ. « Ne vous inquiétez pas. Je vais vous préparer une place dans la maison de mon Père. Je reviendrai et je vous emmènerai avec moi. »

Thomas a dit qu'ils ne savaient pas où il allait, donc ils ne connaissaient pas le chemin. Jésus répondit :

Je suis le chemin, la vérité et la vie. Personne ne vient au Père que par moi. Si vous me connaissez, vous connaissez aussi mon Père. Quiconque m'a vu a vu le Père. Je prononce les paroles du Père qui vit en moi et qui fait l'œuvre. Ceux qui croient en moi feront ce que j'ai fait, et ils feront des choses encore plus grandes que celles-ci, parce que je vais au Père.

Dieu vous donnera l'Esprit pour vous aider et il sera avec vous pour toujours. Le monde ne comprendra rien à cet Esprit invisible, mais il sera en vous. D'ici peu, le monde ne me verra plus, mais je ne vous laisserai pas orphelins : je viendrai à vous et vous me verrez. Parce que je vis, vous vivrez aussi. L'Esprit vous enseignera toutes choses et vous rappellera tout ce que je vous ai dit.

Je suis la vraie vigne. Vous êtes les branches et Dieu est le jardinier qui coupe les branches mortes et taille les branches vivantes pour qu'elles produisent plus de fruits. Aucune branche ne peut porter du fruit à elle seule ; il doit rester connecté à la vigne. Vous ne pouvez pas porter du fruit à moins de rester près de moi ; à part moi, vous ne pouvez rien faire. Portez beaucoup de fruits pour montrer que vous êtes mes disciples. Je vous ai choisi pour produire des fruits qui dureront.

Si le monde vous déteste, rappelez-vous qu'il m'a d'abord détesté. Si le monde m'a persécuté, il vous persécutera aussi. Mais c'est pour accomplir ce qui est écrit dans le Loi : « Ils m'ont haï sans raison ». Je te laisse ma paix. Dans ce monde, vous aurez des problèmes, mais ne vous découragez pas : j'ai vaincu le monde !

Jésus a dit que Satan, le prince de ce monde, venait le chercher. Ils quittèrent tous la chambre haute et se dirigèrent vers le jardin de Gethsémani, juste à l'extérieur des murs de la ville.

Le jardin de Gethsémani

Lorsqu'ils arrivèrent au jardin, Jésus était très triste. Il a dit à ses disciples de prier pour lui alors qu'il s'avançait dans le jardin avec Pierre, Jacques et Jean. Il a dit aux trois hommes de rester avec lui et de surveiller tout ce qui pourrait leur arriver. Puis il entra encore plus loin dans le jardin et pria Dieu en disant : « Si c'est possible, éloigne de moi cette coupe. Mais fais ce que tu dois, pas ce que je veux. »

Il revint plusieurs fois vers ses trois disciples, et chaque fois ils dormaient sans regarder. Il dit à Pierre : « Vous ne pouvez pas veiller pendant une heure ? Regardez et priez pour ne pas vous laisser tenter. L'esprit est prêt, mais la chair est faible. »

Chaque fois que Jésus se retirait dans le jardin pour être seul, il priait : « Père, si cette coupe ne peut m'être enlevée, je le ferai. » Finalement, il revint vers tous les disciples et leur dit : « L'heure est arrivée : le Fils de l'Homme va maintenant être livré entre les mains des pécheurs. Levez-vous, voici mon traître ! »

Judas Iscariote venait d'arriver avec les serviteurs des principaux sacrificateurs et les anciens du peuple et de nombreux hommes armés d'épées et de gourdins, car ils s'attendaient à un combat. Judas s'était arrangé pour embrasser Jésus comme signal pour indiquer qui ils allaient capturer. Judas s'approcha de Jésus et l'embrassa avec la salutation traditionnelle d'un rabbin. Les hommes armés ont alors saisi Jésus. Pierre s'est dépêché pour le défendre : il a sorti son épée et a coupé l'oreille d'un serviteur du grand prêtre. Jésus dit à Pierre : « Rangez votre épée. Ceux qui utilisent l'épée mourront par l'épée. Je pouvais faire appel à mon Père et il enverrait des anges pour me secourir. Mais afin que les Écritures puissent s'accomplir, cela doit arriver. »

Jésus guérit alors l'oreille du serviteur et se tourna vers ceux qui étaient venus l'arrêter et dit : « Suis-je à la tête d'une rébellion pour que vous deviez apporter des épées et des bâtons pour me capturer ? Je me suis assis dans le Temple pour enseigner et vous ne m'avez pas arrêté. Mais cela arrive pour accomplir les écrits des prophètes. » Voyant que Jésus avait été capturé, tous les disciples s'éloignèrent rapidement et tranquillement.

Jésus devant le Sanhédrin

C'était le milieu de la nuit et Jésus fut emmené à la rencontre de tous les membres du Sanhédrin. Ils cherchaient des preuves solides contre Jésus pour justifier sa mise à mort, mais aucune preuve n'a été fournie. Enfin, deux membres ont déclaré que Jésus avait affirmé qu'il détruirait le Temple de Dieu et le reconstruirait en trois jours.

Le grand prêtre a demandé à Jésus si cela était vrai, mais Jésus est resté silencieux. Le grand prêtre lui demande : « Dis-nous si vous êtes le Messie, le Fils de Dieu. »

Jésus répondit : « Oui, vous l'avez dit. »

Lorsque le grand prêtre entendit cela, il déchira ses vêtements et dit :

« Vous avez manqué de respect à Dieu ! Nous n'avons plus besoin de témoins ! Que devrions-nous faire ? »

Les autres répondirent : « Il doit mourir !» Ils lui ont craché au visage et l'ont frappé à coups de poing. D'autres le giflaient et se moquaient de lui en disant : « Prophétisez-nous ! Qui est-ce qui vous avez frappé ? »

Judas a vu ce qui se passait et il a réalisé qu'il avait fait une mauvaise chose. Il apporta les 30 pièces d'argent au grand prêtre et dit qu'il avait trahi un innocent. Lorsque les chefs religieux ont déclaré qu'ils s'en fichaient, Judas a jeté les pièces d'argent dans le Temple, a quitté les lieux et s'est suicidé.

Les principaux prêtres ramassaient les pièces et utilisaient l'argent pour acheter un champ comme lieu de sépulture pour les étrangers. Le prophète Jérémie l'avait prédit lorsqu'il avait écrit des siècles plus tôt : « Ils prirent les 30 pièces d'argent et les utilisèrent pour acheter une tombe pour les pauvres. » Pierre avait suivi Jésus de loin après son arrestation dans le jardin. Il entra dans la cour du grand prêtre et s'assit avec les gardes pour voir ce qui allait arriver. Une servante vint vers lui et lui dit qu'il avait été avec Jésus.

Mais Pierre nia et sortit jusqu'à l'entrée de la cour. Une autre servante l'a vu et a dit aux autres qu'elle l'avait vu avec Jésus. Mais Pierre le nia encore une fois et jura qu'il ne savait pas qui était Jésus.

Un peu plus tard, ceux qui étaient là dirent à Pierre : « Je suis sûr que vous êtes l'un d'entre eux ; votre accent galiléen vous trahit. » Pierre jura bruyamment et jura qu'il ne connaissait pas l'homme. Immédiatement, un coq chanta. Pierre se souvint alors que Jésus avait dit qu'il le renierait trois fois avant que le coq ne chante. Il est parti et a pleuré amèrement.

Jésus fait face à Pilate

Tôt vendredi matin, les principaux sacrificateurs et tous les chefs religieux ont prévu que les Romains exécutent Jésus. Ils l'ont ligoté et livré à Ponce Pilate, le gouverneur. Pilate demanda à Jésus : « Êtes-vous le roi des Juifs ? »

« Oui, c'est comme vous dites, » répondit Jésus.

Pilate lui demanda : « N'entendez-vous pas les accusations qu'ils portent contre vous ? Mais encore une fois, Jésus n'a pas répondu aux accusations. Pilate était étonné que Jésus ne se défende pas.

C'était l'habitude du gouverneur lors de la fête de libérer un prisonnier choisi par la foule. A cette époque, un révolutionnaire bien connu nommé Barabbas était détenu parce qu'il avait tué quelqu'un lors d'un soulèvement contre les Romains. Lorsque la foule se rassembla, Pilate leur demanda : « Lequel voulez-vous que je vous relâche : Barabbas ou Jésus, qu'on appelle le Messie ? » Les principaux sacrificateurs et les anciens persuadèrent la foule de demander Barabbas et de faire exécuter Jésus. (Pilate savait qu'ils voulaient la mort de Jésus afin de protéger leur pouvoir.)

La foule répondit : « Barabbas ».

Alors Pilate demanda : « Que dois-je faire de Jésus, celui qu'on appelle le Messie ? »

La foule répondit : « Crucifiez-le !»

Pilate se demandait pourquoi la foule voulait la mort de Jésus. Il a dit à la foule qu'ils devaient s'occuper de lui eux-mêmes, mais les chefs religieux ont déclaré qu'ils n'étaient pas autorisés à mettre un homme à mort. Les dirigeants juifs ont insisté : « Selon notre loi, il doit mourir parce qu'il a dit qu'il était le Fils de Dieu. »

Lorsque Pilate entendit cela, il eut peur et entra dans le palais et parla à Jésus. Pilate a dit à Jésus qu'il avait le pouvoir soit de le relâcher, soit de le crucifier. Jésus a dit : « Vous n'auriez aucun pouvoir sur moi s'il ne vous était donné d'en haut. »

Pilate a demandé à Jésus pourquoi son propre peuple voulait qu'il soit tué. Jésus a dit : « Mon royaume n'est pas de ce monde. Je suis né pour être roi et apporter la vérité au monde. »

Pilate répondit : « Qu'est-ce que la vérité ? »

Jésus ne répondit pas et Pilate voulut le libérer parce qu'il n'avait rien fait de mal. Mais les dirigeants juifs disaient que s'il laissait partir Jésus, il n'était pas un ami de César : il n'y avait qu'un seul roi, et quiconque prétendait être roi s'opposait à César. Les dirigeants ont également déclaré que Jésus ne suivait pas leur religion – ses enseignements amenaient les gens à croire des choses différentes. Ils ne l'auraient pas livré à Pilate s'il n'avait pas fait quelque chose de mal.

Lorsque Pilate apprit que Jésus venait de Galilée, il l'envoya pour être interrogé par Hérode, le chef du gouvernement de Galilée. Hérode était à Jérusalem pour la Pâque et il était heureux de rencontrer enfin Jésus, célèbre dans toute la Palestine. Mais Hérode ne trouva rien de mal chez Jésus et le renvoya à Pilate.

Lorsque Jésus revint, Pilate se tourna de nouveau vers la foule et demanda : « Pourquoi voulez-vous qu'il soit crucifié ? Quel crime a-t-il commis ? Nous ne lui trouvons aucun défaut. »

Mais la foule ne cessait de crier : « Crucifiez-le. » Ils voulaient que Jésus subisse la peine de mort. Pilate leur dit : « Voici votre roi. »

Le peuple répondit : « Nous n'avons pas d'autre roi que César. »

Pilate était dégoûté et s'est lavé les mains devant la foule en disant : « Je suis innocent de la mort de cet homme. C'est votre responsabilité ! »

Les gens répondirent : « Nous et nos enfants sommes responsables de sa mort. »

Torture et exécution

Pilate relâcha alors Barabbas et les soldats romains emmenèrent Jésus et le torturèrent. Ils l'entourèrent, lui ôtèrent tous ses vêtements, lui mirent une robe, et torsadèrent une couronne de longues épines et la lui mirent sur la tête. Ils se sont moqués de lui, lui ont craché dessus, l'ont battu et l'ont frappé à la tête encore et encore, si bien que les épines lui ont pénétré profondément dans la tête. Ils lui ont enlevé sa robe, lui ont remis ses propres vêtements et l'ont emmené pour qu'il soit brutalement fouetté.

Après avoir été fouetté, Jésus a dû porter une grande croix dans les rues. La croix devint bientôt trop lourde pour lui, alors un Juif d'Afrique la porta jusqu'au bout. Un grand nombre de personnes les ont suivis, y compris des femmes qui pleuraient bruyamment pour lui.

Sur une colline hors des murs de la ville appelée Golgotha (qui signifie lieu du crâne), Jésus a été cloué sur la croix. Deux criminels de droit commun ont été crucifiés avec lui. D'énormes clous lui furent enfoncés dans les mains et les pieds, et la croix fut élevée à la vue de tous. Le panneau au-dessus de sa tête disait « JÉSUS DE NAZARETH, ROI DES JUIFS » et il était écrit en trois langues. Les Juifs voulaient que le signe dise qu'il *disait* qu'il était le roi des Juifs, mais Pilate a dit qu'il avait écrit ce qu'il voulait que cela dise.

Il était vers midi lorsque les trois croix furent posées en terre. Alors qu'il était accroché à la croix, on offrit à Jésus une forme de vin mais il refusa de le boire. Les soldats romains présents sur place réclamèrent ses vêtements en tirant au sort. (Cela a réalisé une autre prédiction concernant le Messie.)

Certains passants l'insultèrent en disant : « Vous aviez dit que vous détruiriez le Temple et le reconstruiriez en trois jours – sauvez-vous ! Descendez de la croix si vous êtes le Fils de Dieu ! » Les chefs religieux sont également montés sur la colline et l'ont insulté. Ils dirent à la foule : « Il a sauvé les autres, mais il ne peut pas se sauver lui-même ! S'il est le roi d'Israël, qu'il descende de la croix maintenant, et alors nous croirons en lui. Il a confiance en Dieu. Que Dieu le délivre maintenant, car il a dit qu'il était le Fils de Dieu. »

L'un des deux hommes crucifiés sur une croix à côté de lui a également insulté Jésus en disant : « N'êtes-vous pas le Messie ? Sauvez-vous et sauvez-nous ! » Mais l'autre criminel a déclaré : « Nous obtenons ce que nous méritons. Mais cet homme n'a rien fait de mal. » Puis il se tourna vers Jésus et dit : « Souvenez-vous de moi quand vous entrerez dans ton royaume. »

Jésus répondit : « En vérité, vous serez avec moi au paradis aujourd'hui. »

Beaucoup de ses partisans regardaient de loin. Certains s'attendaient à un miracle. Sa mère, sa tante, Marie-Madeleine, et Jean étaient au pied de la croix, et alors que Jésus y était suspendu, il dit à Jean de prendre soin de sa mère. Il dit également à Dieu : « Pardonnez-leur tous, car ils ne savent pas ce qu'ils font. »

La mort et l'enterrement de Jésus

Le ciel est devenu sombre pendant trois heures après que les croix ont été enterrées. À trois heures de l'après-midi, Jésus s'écrie d'une voix forte : « Mon

Dieu, pourquoi m'as-tu quitté ? » Peu de temps après, il a déclaré : « C'est fini. Dieu, je vous donne mon esprit. »

À ce moment-là, la terre trembla, le ciel fut pris d'assaut et l'épais rideau du Temple fut déchiré en deux de haut en bas. Un garde qui surveillait Jésus était terrifié et s'écria : « Il était sûrement le Fils de Dieu ! » Ceux qui regardaient ont pleuré en voyant ce qui se passait et ont quitté les lieux très tristes.

Il se faisait tard vendredi et les dirigeants juifs ne voulaient pas que les corps soient laissés pendre pendant le sabbat. Ils ont demandé à Pilate de leur briser les jambes pour que les hommes meurent plus vite et que les corps puissent être démontés. Les soldats ont cassé les jambes des deux hommes qui ont été crucifiés avec Jésus, mais lorsqu'ils sont venus vers Jésus et ont vu qu'il était mort, ils ne lui ont pas cassé les jambes. Au lieu de cela, un soldat a poignardé le côté de Jésus, et un mélange de sang et d'eau en est sorti (cela indiquait qu'il était mort). Ces choses accomplirent deux prédictions concernant le Messie : « Aucun de ses os ne sera brisé » et « Ils regarderont celui qu'ils ont percé. »

Alors que le soir approchait, un homme riche nommé Joseph d'Arimathie obtint la permission de prendre le corps de Jésus. Nicodème, l'homme qui rendit visite à Jésus la nuit, alla avec Joseph enterrer le corps dans un nouveau tombeau creusé dans un mur de pierre dans un jardin. Nicodème apporta un mélange d'épices, et tous deux enveloppèrent le corps de Jésus avec les épices dans des bandes de linge propre. C'était la manière normale pour les Juifs d'enterrer leurs morts. Puis ils roulèrent une grosse pierre devant l'entrée du tombeau et s'en allèrent tandis que Marie-Madeleine et une autre Marie étaient assises près du tombeau. Ils étaient venus voir où Jésus était enterré afin de pouvoir revenir après le sabbat et oindre le corps.

Moins de 24 heures s'étaient écoulées entre le moment où Jésus a rencontré ses disciples pour le dernier repas jeudi soir et le moment où Jésus a été enterré. Le jour du sabbat, les principaux sacrificateurs et les pharisiens allèrent de nouveau voir Pilate. Ils lui dirent que Jésus avait dit qu'il ressusciterait le troisième jour. Afin de s'assurer que les disciples ne voleraient pas le corps et ne prétendraient pas qu'il était à nouveau vivant, ils ont demandé des gardes romains pour protéger le tombeau. Pilate a ordonné aux gardes de s'assurer que personne ne dérangeait le tombeau, et un sceau a été apposé sur la pierre pour s'assurer qu'elle reste fermée. Des soldats gardaient alors le tombeau. Pendant que cela se produisait, les Juifs observaient le sabbat alors que Jésus était mort dans le tombeau scellé. Il avait 33 ans lorsqu'il mourut et son ministère n'avait duré que trois ans.

CHAPITRE 18

LA VIE APRÈS LA MORT

Jésus revient du tombeau

Avant l'aube du dimanche matin, plusieurs femmes se sont rendues au tombeau pour couvrir le corps de Jésus d'épices. Cela faisait environ 40 heures depuis sa mort vendredi après-midi, et ils se demandaient comment ils allaient rouler la pierre. Mais quand ils arrivèrent au tombeau, la pierre avait été roulée. Ils entrèrent dans le tombeau mais ne trouvèrent pas le corps. Il y avait eu un tremblement de terre plus tôt dans la matinée et un ange avait fait rouler la pierre. Les gardes avaient tellement peur de l'ange qu'ils s'enfuirent.

Alors que les femmes se demandaient ce qui s'était passé, deux êtres habillés de vêtements clairs entrèrent dans le tombeau. Alors que les femmes effrayées s'inclinaient devant elles, les anges dirent : « Pourquoi cherchez-vous le vivant parmi les morts ? Jésus n'est pas là ; il est ressuscité ! Rappelez-vous comment il vous a dit en Galilée : « Il faut que le Fils de l'Homme soit livré entre les mains des pêcheurs, qu'il soit crucifié et qu'il ressuscite le troisième jour. » Alors ils se souvinrent de ce qu'il avait dit.

Marie-Madeleine était l'une des femmes qui sont venues au tombeau et elle s'est mise à pleurer en se demandant où était Jésus. Un homme s'est approché d'elle et lui a demandé pourquoi elle pleurait. Elle dit à l'homme : « Ils ont emmené mon Seigneur et je ne sais pas où il est. » Elle pensait qu'elle parlait au jardinier et ne réalisa pas que c'était Jésus. Elle dit : « Monsieur, si vous l'avez emmené, dites-moi où vous l'avez mis et j'irai vers lui. » Jésus dit alors : « Marie », et elle reconnut sa voix.

Elle cria et le serra passionnément dans ses bras, et elle sut qu'il n'était pas un fantôme. Jésus lui a dit de dire aux disciples qu'il était vivant et qu'il les verrait en Galilée.

Les femmes coururent dire aux 11 disciples que Jésus était vivant, et Marie dit qu'elle l'avait vu. Les disciples ne croyaient pas les femmes ; ce qu'elles disaient n'avait aucun sens. Pierre et Jean coururent au tombeau et y entrèrent. Ils n'ont vu que les bandes de linge posées seules, mais n'ont pas vu Jésus, donc ils ne savaient pas ce qui s'était passé.

Plusieurs gardes romains informèrent les chefs religieux de ce qui s'était passé. Les principaux sacrificateurs et les anciens donnèrent un gros pot-de-vin aux soldats et leur dirent de dire que les disciples étaient venus pendant la nuit et avaient volé le corps pendant qu'ils dormaient. Puisque les soldats romains seraient exécutés s'ils étaient surpris en train de dormir au travail ou s'ils quittaient leur poste, les dirigeants juifs promirent de soudoyer le gouverneur s'il l'apprenait. Les soldats prirent l'argent et firent ce qui leur était demandé, et l'histoire de la façon dont les disciples volèrent le corps fut largement répandue parmi les Juifs.

Observations de Jésus

Le chemin d'Emmaüs

Plus tard dans la journée, deux hommes qui avaient suivi Jésus marchaient vers Emmaüs, un village à onze kilomètres de Jérusalem. Pendant qu'ils parlaient de ce qui s'était passé, Jésus s'approcha et commença à marcher avec eux. Ils ne le reconnurent pas et Jésus demanda : « De quoi parles-tu ? »

Ils restèrent immobiles et regardèrent avec des visages tristes. L'un d'eux a dit : « Êtes-vous le seul à ne pas savoir ce qui s'est passé à Jérusalem ces derniers jours ? »

Jésus a demandé : « Quelles choses ? »

Ils répondirent : « Les principaux sacrificateurs et nos chefs ont fait tuer Jésus de Nazareth par les Romains. Il était un puissant prophète pour Dieu et pour le peuple, et nous espérions tous qu'il serait celui qui sauverait Israël. Et nous venons d'apprendre que ce troisième jour depuis qu'il a été tué, certaines femmes ont dit qu'elles étaient allées au tombeau mais qu'elles n'avaient pas trouvé son corps. Ils ont dit avoir vu des anges qui disaient qu'il était vivant. Certains de nos amis sont allés au tombeau et l'ont également trouvé vide. »

Jésus leur dit : « Vous souvenez-vous de ce que les prophètes ont dit, à savoir que le Messie a dû souffrir ces choses avant d'entrer dans sa gloire ? » Et il a commencé à expliquer ce que toutes les Écritures avaient à dire sur lui-même, depuis Moïse et tous les prophètes.

En entrant dans Emmaüs, Jésus resta sur la route principale, mais les deux hommes le pressèrent de rester avec eux car la nuit commençait à tomber. Jésus les accompagna et, lorsqu'ils commencèrent à manger, il prit du pain, dit le bénédicité, le rompit le pain et le leur donna. Ils virent ses mains blessées et comprirent alors qui il était.

Mais soudain, il disparut. Ils se sont dit à quel point ils se sentaient inspirés en marchant avec lui pendant qu'il leur expliquait les Écritures. Ils se levèrent aussitôt et retournèrent à Jérusalem. Ils trouvèrent 10 disciples (Thomas n'était pas là) et dirent qu'ils avaient vu Jésus ! Ils ont expliqué ce qui s'est passé sur la route et comment ils l'ont reconnu lorsqu'il partageait le pain avec eux.

Jésus apparaît aux disciples

Cette nuit-là, les disciples se cachaient ensemble, les portes verrouillées, car ils avaient peur que les dirigeants juifs ne les poursuivent également. Jésus est venu et s'est tenu parmi eux et a dit : La paix soit avec vous !» Ils étaient surpris et effrayés et pensaient voir un fantôme. Mais Jésus leur dit : « N'ayez pas peur et n'ayez aucun doute dans votre esprit. Regardez mes mains et mes pieds. C'est moi ! Touchez-moi, un fantôme n'a ni chair ni os. »

Il leur montra ses mains et ses pieds et demanda à manger. Il mangea un morceau de poisson cuit devant eux. Il a expliqué les Écritures pour qu'ils voient à quel point tout avait un sens maintenant qu'ils savaient qu'il était le Messie, le Christ :

> C'est ce que je vous ai dit plus tôt : tout ce qui a été écrit à mon sujet dans les écritures doit s'accomplir. Le Messie a dû souffrir et mourir mais il ressusciterait des morts le troisième jour afin que le monde entier, à commencer par Jérusalem, sache que ceux qui se repentent verront leurs péchés pardonnés. Vous avez été témoin de ces choses. Je vais vous envoyer l'esprit de Dieu.

Thomas n'était pas avec les disciples, et les autres disciples lui dirent plus tard : « Nous avons vu le Seigneur !» Mais Thomas ne les croyait pas. Il a dit : « Je ne vous croirai pas tant que je n'aurai pas vu les marques d'ongles dans ses mains, mis mon doigt là où se trouvaient les ongles et mis ma main sur son côté. »

Une semaine plus tard, les 11 disciples étaient de nouveau dans la maison. Les portes étaient fermées à clé, mais Jésus vint se tenir à leurs côtés et leur dit : « La paix soit avec vous !» Il se tourna vers Thomas et dit : « Mettez votre doigt ici ; voyez mes mains. Tendez votre main et mettez-la dans mon côté. Arrêtez de douter et commencez de croire. »

Thomas s'est exclamé : « Mon Seigneur et mon Dieu ! »

Jésus répondit : « Vous croyez parce que vous m'avez vu. Bienheureux ceux qui ne m'ont pas vu et qui croient encore. »

Jésus apparaît en Galilée

Jésus apparut de nouveau à certains de ses disciples près de la mer de Galilée. Ils avaient pêché la nuit dans le bateau de Pierre mais n'avaient rien attrapé. Tôt ce matin-là, Jésus se tenait sur le rivage, mais les disciples ne le reconnurent pas. Il appela d'une voix forte et demanda s'ils avaient attrapé du poisson. Ils ont dit qu'ils n'avaient rien attrapé.

Jésus leur a dit de jeter le filet de l'autre côté du bateau, et quand ils l'ont fait, ils ont attrapé tellement de poissons qu'ils n'ont pas pu remonter le filet. Jean a dit à Pierre que c'était Jésus ! En entendant cela, Pierre sauta à l'eau et descendit à terre. Les autres disciples arrivèrent à terre dans le bateau, tirant le filet plein de poissons à environ 92 mètres de distance. Lorsqu'ils débarquèrent, Jésus leur dit de venir prendre leur petit-déjeuner et d'apporter du poisson qu'ils venaient de pêcher. Ils savaient que c'était Jésus, surtout après que Jésus leur ait donné du pain et du poisson. C'était la troisième fois que Jésus apparaissait à ses disciples après son retour à la vie.

Jésus rétablit Pierre

Lorsqu'ils eurent fini de manger, Jésus demanda à Pierre : « M'aimez-vous plus que ceux-ci ?» Pierre a répondu : « Oui, vous savez que je vous aime. » Jésus a dit : « Donnez à manger mes agneaux ».

Jésus lui demande une seconde fois : « Pierre, est-ce que vous m'aimez ? » Pierre répondit à nouveau : « Oui, Seigneur, vous savez que je vous aime. » Jésus a dit : « Prenez soin de mes brebis. »

Alors Jésus dit une troisième fois à Pierre : « Simon Pierre, fils de Jean, m'aimez-vous ?» Pierre a été blessé parce que Jésus le lui a demandé une troisième fois. Il a dit : « Seigneur, vous savez tout ; vous savez que je vous aime. » Jésus a dit : « Pais mes brebis. Suis-moi ! » Pierre avait renié Jésus à trois reprises, mais maintenant il avait affirmé trois fois son allégeance à Jésus.

Derniers mots et actions

Alors que les 11 disciples étaient en Galilée, Jésus leur dit : « Tout pouvoir m'a été donné dans le ciel et sur la terre. Je serai toujours avec vous, même quand vous mourrez. Maintenant, allez faire des disciples dans toutes les nations. Baptisez-les et apprenez-leur à obéir à tout ce que je vous ai dit. »

Ensuite, ils se rendirent tous dans une région proche de Jérusalem. Les disciples ont demandé à Jésus quand il allait restaurer le royaume d'Israël. Il leur dit : « Ce n'est pas à vous de connaître l'heure ou le jour. Dieu seul le sait. Mais vous recevrez une puissance lorsque le Saint-Esprit viendra sur vous, et vous serez mes témoins à Jérusalem, puis en Judée et en Samarie, et ensuite dans le monde entier. »

Jésus leva alors ses mains et les bénit, puis il monta dans les nuées. Ils l'observèrent attentivement alors qu'il se levait, et deux êtres habillés de vêtements blancs se tinrent soudain à côté d'eux. Ils dirent aux hommes : « Pourquoi restez-vous là à regarder le ciel ? Jésus est allé au ciel et reviendra de la même manière. » Les disciples l'adorèrent puis retournèrent à Jérusalem remplis de joie. Cela faisait 40 jours que Jésus était ressuscité des morts et plus de 500 personnes l'avaient vu.

Après que les disciples soient retournés à Jérusalem dans la chambre où ils logeaient, d'autre personnes leur ont rejoints, y compris la mère de Jésus et ses quatre autres fils (Jacques, José, Judas et Simon) et plusieurs femmes. Puisque Judas Iscariote était mort, Pierre a dit qu'il devrait être remplacé. L'une des conditions que devait remplir son remplaçant était qu'il devait avoir vu Jésus après son retour à la vie. Deux hommes ont été nommés qui avaient été avec Jésus tout au long de son ministère, depuis l'époque de Jean-Baptiste jusqu'au moment où Jésus est monté au ciel. Finalement, Matthias a été choisi pour remplacer Judas Iscariote.

Il y avait environ 120 personnes qui avaient fidèlement suivi Jésus et ont cru ce qu'il avait dit. Ils restèrent déterminés à suivre son exemple et à être témoins de ce qui s'était passé et de ce que Jésus avait dit.

Jésus n'était pas venu comme roi de la manière habituelle. Son entrée dans une petite ville dans une grange préfigurait son humilité. Il utilisait rarement ses pouvoirs inhabituels, sauf pour aider les autres. Il a donné l'exemple du service en s'adressant principalement aux Juifs : ils étaient le peuple de Dieu mais avaient mal compris ce que Dieu avait essayé de leur enseigner. Les actions et les enseignements de Jésus montraient également que Dieu acceptait tous les hommes, pas seulement les Juifs. Son attention portée à ceux qui étaient défavorisés d'une manière ou d'une autre montrait un ensemble de priorités différent, et son refus de se conformer aux règles religieuses démontrait une nouvelle façon de penser. L'amour était la priorité absolue, et pas obéissance aux règles. Aimer les autres guérit le corps, l'esprit et l'esprit des gens ; l'amour sacrificiel apporte la paix dans le cœur humain et l'harmonie dans nos relations les uns avec les autres.

Chapitre 19

---•◆•◆•---

Les apôtres répondent et se dispersent

Les nouvelles sur Jésus se répandent alors que les croyants sont persécutés

Ceux qui suivaient Jésus attendaient ensemble à Jérusalem le moment où ils recevraient l'esprit de Dieu. Lors de la fête juive de Chavouot 50 jours après la mort de Jésus), ils étaient rassemblés dans une grande maison. Soudain, un bruit semblable à celui d'un vent violent remplit la maison, et quelque chose ressemblant à des langues de feu toucha chacun d'eux. Ils furent tous remplis du Saint-Esprit et chacun commença à parler dans une autre langue. (L'arrivée de l'Esprit est connue sous le nom de « Pentecôte ».) Lorsqu'ils entraient dans la ville, les Juifs venus d'Asie, d'Afrique et d'Europe étaient étonnés d'entendre les Galiléens parler leur langue et parler des merveilles de Dieu. Ceux qui ne connaissaient pas les autres langues se moquaient d'eux parce qu'ils pensaient qu'ils étaient ivres.

Pierre dirige alors que le mouvement grandit

Pierre s'est adressé à la foule comme aux 11 autres disciples qui l'entouraient. Il dit aux Juifs que ceux qui parlaient de ce qui leur semblait être un bavardage n'étaient pas ivres. Au lieu de cela, ils accomplissaient les prédictions faites par le prophète Joël selon lesquelles Dieu répandrait l'Esprit sur tous, jeunes et vieux, hommes et femmes. Pierre a dit à ses compatriotes Israélites :

> Jésus de Nazareth était un homme approuvé par Dieu pour accomplir divers miracles et signes. C'était le plan de Dieu qu'il soit livré par des hommes méchants pour être tué, mais Dieu l'a ressuscité des morts parce qu'il était impossible que la mort le retienne. Dieu a promis au roi David qu'un de ses descendants monterait sur le trône, qui serait le Messie mort et revenu à la

vie. Nous avons tous été témoins de son retour à la vie. Soyez- en assurés : Dieu a fait Jésus, que vous avez crucifié, à la fois Seigneur et Messie.

Les gens qui entendaient cela se sentirent convaincus et demandèrent à Pierre ce qu'ils devaient faire. Pierre répondit : « Repentez-vous et soyez baptisé au nom de Jésus-Christ pour le pardon de vos péchés. Alors vous aussi recevrez le don du Saint-Esprit. Sauvez-vous de cette génération corrompue. » Ceux qui ont accepté son message s'étaient fait baptiser et environ 3 000 personnes ont rejoint le mouvement ce jour-là.

Pierre et Jean se rendirent ensuite au Temple au moment de la prière. Un homme infirme de naissance mendiait chaque jour de l'argent à la porte du Temple. Pierre dit : « Je n'ai ni argent ni or, mais ce que j'ai, je te le donne. Au nom de Jésus-Christ de Nazareth, marchez. » Il prit la main de l'homme et l'aida à se relever. Les pieds et les chevilles de l'homme sont instantanément devenus forts. Il commença à marcher et sauta bientôt en louant Dieu.

Ceux qui se trouvaient dans les tribunaux du Temple reconnurent en lui l'homme qui mendiait à la porte du Temple, et ils furent étonnés de voir qu'il marchait et sautait. Le peuple courut vers les disciples et Pierre dit : « Chers Israélites, ce n'est pas notre puissance ou notre piété qui ont fait marcher cet homme. Le Dieu d'Abraham, d'Isaac et de Jacob a glorifié son serviteur Jésus. Vous l'avez renié, même si Pilate voulait le laisser partir. Vous avez tué Jésus, mais Dieu l'a ressuscité des morts. Nous en avons été témoins. C'est la foi de cet homme au nom de Jésus qui l'a rendu capable de marcher. »

Pierre expliqua comment les prophètes avaient prédit que le Messie souffrirait et leur rappela ce que Moïse avait dit : « L'Éternel suscitera du milieu de votre peuple un prophète, et vous devez écouter tout ce qu'il dira. Quiconque ne l'écoutera pas sera complètement retranché. »

Pendant que Pierre et Jean parlaient, les chefs religieux les arrêtèrent et les mirent en prison pour la nuit. Les dirigeants étaient très en colère parce que les deux disciples enseignaient que Jésus était revenu à la vie après avoir été tué, et beaucoup de ceux qui entendirent leur message les crurent. Le nombre de croyants était passé à environ 5 000 hommes (sans compter les femmes).

Le lendemain, tous les chefs, anciens, scribes et grands prêtres se réunirent à Jérusalem et se firent amener devant eux Pierre et Jean. Ils leur ont demandé qui leur avait donné le pouvoir de dire ces choses. Pierre fut rempli du Saint-Esprit et leur dit :

> Si nous étions appelés ici aujourd'hui pour un acte de bonté envers un infirme et qu'on nous demandait comment il a été guéri, alors faites savoir ceci au peuple d'Israël : C'est au nom de Jésus-Christ de Nazareth, que vous avez crucifié, mais Dieu ressuscité des morts, que cet homme a été guéri. Jésus est celui qui, selon le Psalmiste, serait «la pierre que vous, les bâtisseurs, avez rejetée, et qui est devenue la pierre angulaire. » Le salut ne se trouve en personne d'autre, car il n'existe aucun autre nom au monde qui puisse sauver une personne.

Lorsque les chefs religieux ont réalisé que Pierre et Jean étaient des disciples de Jésus, ils se sont retirés et se sont rencontrés en privé pour discuter de la suite des choses. Tout le monde à Jérusalem savait comment Pierre avait guéri l'homme à la porte du Temple. Ils décidèrent d'ordonner à Pierre et Jean d'arrêter d'enseigner Jésus. Mais Pierre et Jean ont dit qu'ils ne pouvaient pas arrêter d'enseigner ce qu'ils avaient vu et entendu.

Après que Pierre et Jean furent relâchés, ils allèrent raconter aux autres disciples ce que les principaux sacrificateurs et les anciens avaient dit et comment Pierre avait été rempli de l'Esprit lorsqu'il parlait. Ils étaient tous étonnés et louaient Dieu. Ils ont réalisé que les menaces contre eux leur donnaient l'occasion de parler avec audace parce que l'Esprit parlerait pour eux et que des miracles pourraient se produire en utilisant le nom de Jésus.

Les apôtres accomplirent de nombreux signes et prodiges parmi le peuple. Les croyants commencèrent à se réunir en public chaque jour dans la cour du Temple. Les gens déposaient les malades dans les rues pour que l'ombre de Pierre puisse tomber sur eux lors de son passage, et les gens des villes voisines amenaient aux apôtres les malades et les personnes atteintes de mauvais esprits. Tous ont été guéris. Ceux qui croyaient se consacraient à l'enseignement des apôtres et à la communion fraternelle, à la fraction du pain et à la prière. Ils mangeaient volontiers ensemble avec un cœur sincère, louant Dieu et gagnant une bonne réputation. Chaque jour, de plus en plus d'hommes et de femmes rejoignent leur mouvement.

Tous les croyants partageaient tout ce qu'ils possédaient, et personne ne revendiquait leurs biens comme étant les leurs ; il n'y avait parmi eux aucun nécessiteux. Parfois, ceux qui possédaient un terrain ou une maison les vendaient, apportaient l'argent et le mettaient aux pieds des apôtres, et il était distribué à tous ceux qui en avaient besoin.

Un homme nommé Ananias et sa femme Saphira ont vendu un bien, mais il a gardé secrètement de l'argent pour lui et a ensuite donné le reste aux apôtres. Pierre l'a confronté au sujet de ses mensonges sur le montant d'argent qu'ils avaient obtenu pour la vente du terrain. Quand Ananias entendit cela, il mourut sur le coup et fut emmené. Quelques heures plus tard, sa femme est venue voir les apôtres mais elle ne savait pas ce qui était arrivé à son mari. Pierre lui a demandé combien d'argent ils avaient obtenu en vendant le terrain. Elle donna le prix, qui était le montant qu'Ananias avait donné aux apôtres.

Pierre lui dit : « Pourquoi as-tu planifié ce mensonge ? Les hommes qui viennent d'enterrer ton mari sont ici et ils t'emmèneront aussi. » A ce moment-là, elle tomba et mourut. Ceux qui avaient enterré son mari l'emmenèrent et l'enterrèrent à côté de lui. La peur s'est propagée à tous ceux qui ont entendu ce qui s'est passé.

Les croyants sont persécutés

Puis que les chefs religieux furent menacés par ce nouveau mouvement religieux, ils arrêtèrent donc les apôtres et les mirent en prison. Mais pendant la nuit, un ange a ouvert les portes de la prison. Les apôtres s'enfuirent et, le matin, retournèrent au Temple pour continuer à enseigner.

Lorsque les chefs religieux se sont rassemblés pour que les apôtres soient amenés devant eux, les gardiens de prison ont constaté que leurs cellules étaient vides. Quelqu'un leur dit que les apôtres étaient de retour au Temple. Le capitaine de la garde du Temple fit comparaître les apôtres devant le Sanhédrin pour les interroger. Le grand prêtre dit : « Nous vous avons donné l'ordre strict de ne pas enseigner Jésus, mais vous continuez votre enseignement et dites que nous sommes responsables de sa mort. »

Pierre a répondu : « Nous devons obéir à Dieu, et non aux ordres humains. Vous avez tué Jésus en le pendant sur une croix, mais le Dieu de nos ancêtres l'a ressuscité des morts. Dieu l'a exalté comme Prince et Sauveur afin qu'il puisse amener Israël à la repentance et à pardonner nos péchés. Nous avons été témoins de ces choses, et Dieu a donné le Saint-Esprit à ceux qui lui obéissent. »

Les hommes du Sanhédrin étaient furieux contre Pierre et voulaient tous les tuer. Mais un pharisien nommé Gamaliel, qui avait une bonne réputation, ordonna aux apôtres de sortir de la pièce. Il se tourna vers ceux qui restaient et leur dit : « Réfléchissez bien à ce que vous voulez faire à ces hommes. Vous connaissez deux hommes qui avaient des partisans et qui ont mené des rébellions, et ils ont été tués. Leurs partisans se sont dispersés et rien n'en est sorti. Je vous conseille de laisser ces hommes tranquilles et de les laisser partir. Si leurs actions ne viennent pas de Dieu, ils échoueront. Mais s'ils viennent de Dieu, vous ne pourrez pas les arrêter car vous lutterez contre Dieu. »

Son discours a convaincu le reste des hommes. Ils firent fouetter les apôtres et leur ordonnèrent de ne pas parler de Jésus. Puis ils laissèrent partir les apôtres. Les apôtres sont partis et se sont réjouis parce qu'ils avaient été jugés dignes de subir la disgrâce au nom de Jésus. Jour après jour, ils continuaient à enseigner et proclamaient la bonne nouvelle que Jésus était le Messie.

Davantage de dirigeants sont choisis

À mesure que le nombre de disciples augmentait, les Juifs qui parlaient grec et suivaient Jésus se plaignaient du fait que les Juifs qui ne parlaient que l'hébreu négligeaient leurs veuves lors de la distribution quotidienne de nourriture. Les 12 apôtres décidèrent qu'il ne serait pas juste qu'ils négligent leur ministère d'enseignement pour servir de la nourriture. Ils dirent aux autres : « Frères et sœurs, choisissez parmi vous sept sages qui sont connus pour être remplis de l'Esprit de Dieu. Laissez-les diriger le travail visant à aider les Juifs de langue grecque qui ont besoin d'aide. De cette façon, nous pouvons concentrer notre attention sur la prière et l'enseignement. »

Tout le monde a aimé cette idée et ils ont choisi sept « diacres » pour superviser l'aide apportée aux autres. Les apôtres ont continué à prêcher et la parole de Dieu a continué à se répandre. Le nombre de disciples à Jérusalem augmenta rapidement et un grand nombre de prêtres devinrent également disciples de Jésus.

Stephen est tué

Stephen était l'un des diacres et accomplissait de grands prodiges et de grands signes parmi le peuple. Mais l'opposition est venue de la part des dirigeants des synagogues qui servaient les Juifs d'Afrique et d'Asie Mineure (la Turquie d'aujourd'hui). Ils ont secrètement persuadé certains hommes de dire que Stephen avait tenu des paroles irrespectueuses contre Moïse et Dieu. Cela a provoqué la colère de divers chefs religieux, qui ont fait saisir Stephen et l'amener devant le Sanhédrin.

Le grand prêtre a demandé à Stephen si les accusations étaient vraies. Stephen a donné un long discours sur la façon dont Dieu avait choisi Abraham pour quitter la Mésopotamie et s'installer en Canaan, et il a expliqué toute l'histoire des Israélites. Cela montra aux chefs religieux qu'il était un homme religieux instruit et sincère. Mais il a également accusé les chefs religieux d'être comme leurs ancêtres qui ont rejeté Dieu et l'Esprit. Ils étaient responsables du meurtre de Jésus, le Messie.

Lorsque les membres du Sanhédrin entendirent cela, ils furent furieux et lui crièrent dessus. Stephen était rempli de l'Esprit et regardait vers les cieux. Il leur dit : « Je vois le ciel et Jésus se tient juste à côté de Dieu. » Quand les chefs religieux entendirent cela, ils se bouchèrent les oreilles, lui crièrent dessus et l'emmenèrent hors de la ville où ils le lapidèrent à mort. (C'était un acte illégal : seuls les Romains pouvaient exécuter une personne.[6]) Pendant que Stephen était lapidé, il a demandé à Dieu de ne pas leur en vouloir. Il fut le premier disciple de Jésus à être martyrisé.

Les croyants se dispersent

Juste après que Stephen ait été lapidé, de nombreux disciples de Jésus à Jérusalem ont été menacés de mort. Les croyants pensaient que Jésus reviendrait très bientôt pour établir le royaume de Dieu sur terre et être un roi politique qui les libérerait de l'oppression romaine, c'est pourquoi ils étaient

---

[6] La lapidation impliquait généralement de faire tomber une personne du haut d'une petite falaise. Si la personne survivait à la chute, une grosse pierre lui était lancée. Si la personne survivait encore, d'autres jetaient des pierres jusqu'à ce qu'elle meure.

tous restés près de Jérusalem. Mais le danger les chassa de la région, et tous, sauf les apôtres, se dispersèrent dans toute la Judée et la Samarie.

Saül

L'un des hommes qui ont vu Stephen se faire lapider et qui ont approuvé son exécution était un homme nommé Saul. Son père était pharisien et il connaissait bien toutes les écritures juives. Il perturbait les réunions des croyants en allant de maison en maison et en traînant les croyants et les croyantes en prison.

Saül a continué à proférer des menaces contre tous les disciples de « la Voie, » terme donné à ce nouveau mouvement religieux parce que Jésus disait qu'il était «la voie, la vérité et la vie. » Saül alla chez le grand prêtre pour obtenir des lettres qu'il pourrait apporter aux synagogues de Damas afin que s'il y trouvait quelqu'un qui appartenait à la Voie, il puisse le ramener à Jérusalem comme ses prisonniers.

Saul reçut les lettres et commença son voyage à Damas. Alors qu'il s'approchait de la ville, une lumière venant du ciel jaillit soudain autour de lui. Il tomba à terre et entendit une voix qui disait : « Saul, pourquoi me persécutez-vous ? »

Il a demandé : « Qui êtes-vous ? »

La voix dit : « Je suis Jésus, celui que vous persécutez. Levez-vous et allez à Damas où on vous dira ce que vous devez faire. »

Les hommes qui voyageaient avec Saül entendirent la voix mais ne virent personne. Saül se leva, mais il était désormais aveugle. Les hommes qui voyageaient avec lui le conduisirent à Damas, et Saül ne mangea ni ne but rien.

Un disciple de Damas nommé Ananias a eu une vision dans laquelle Dieu lui a dit d'aller à la maison située sur la route principale de la ville. Il devait demander un homme nommé Saül qui priait. Saül a eu une vision selon laquelle Ananias viendrait lui rendre la vue.

Ananias avait peur. Il avait entendu de nombreux rapports sur Saül et sur la manière dont il poursuivait les disciples de Jésus et les arrêtait. Mais Dieu dit à Ananias : « Allez ! J'ai choisi cet homme pour être mon instrument pour prêcher mon message aux païens et au peuple d'Israël. »

Au bout de trois jours, Ananias arriva à la maison. Il posa les mains sur Saül et lui dit : « Jésus m'a dit de venir pour que vous voyez de nouveau et que vous soyez rempli du Saint-Esprit. » Immédiatement, quelque chose comme des écailles tomba des yeux de Saül, et il put voir. Il s'est levé et s'est fait baptiser. Ses yeux étaient ouverts au propre comme au figuré : il n'était plus aveugle et il comprenait désormais que Jésus était le Messie.

Saül passe plusieurs jours avec les disciples de la Voie à Damas. Il commença à prêcher dans les synagogues que Jésus était le Messie et le Fils de Dieu. Tous ceux qui l'entendaient étaient étonnés et connaissaient sa réputation de croyants menacés à Jérusalem. Saül devint de plus en plus puissant et impressionna les Juifs vivant à Damas et leur prouva que Jésus était le Messie.

Finalement, les Juifs de Damas complotèrent pour tuer Saül. Ils le guettent à la porte de la ville pour pouvoir l'attraper, mais Saül découvre le complot. Il s'est échappé de la ville lorsque ses partisans l'ont descendu dans un panier à travers une ouverture dans le mur pendant la nuit. Saul est allé dans le désert et a ensuite passé trois ans à perfectionner sa compréhension des Écritures grâce à ce qu'il avait appris sur Jésus.

Saül retourna finalement à Jérusalem et essaya de rejoindre les disciples, mais ils avaient tous peur de lui – ils pensaient que c'était une ruse de sa part de les capturer tous en même temps. Mais Barnabas raconta aux apôtres ce qui était arrivé à Saül lorsqu'il se rendit à Damas et qu'il prêchait maintenant sans crainte au sujet de Jésus. Saül resta donc avec eux et se déplaça librement à Jérusalem, parlant avec audace et débattant avec les Juifs hellénistiques. Ces Juifs essayèrent de le tuer, mais il s'enfuit et rentra chez lui à Tarse en Asie Mineure (près d'Adana en Turquie).

Philippe

Les disciples prêchaient Jésus partout où ils allaient. Philippe se rendit dans une ville de Samarie et les gens l'écoutaient attentivement et le regardaient accomplir des miracles. Il délivra les gens de leurs mauvais esprits et guérit de nombreux paralysés ou boiteux. Cela apporta une grande joie au peuple que les Juifs méprisaient.

Les apôtres de Jérusalem apprirent que les Samaritains avaient accepté la parole de Dieu et envoyèrent Pierre et Jean dans la région. Quand ils arrivèrent, ils leur imposèrent les mains et ils reçurent l'Esprit. Après que Pierre et Jean leur aient appris davantage sur Jésus, ils ont prêché dans de nombreux autres villages samaritains.

Un ange dit à Philippe de faire un voyage vers le sud sur la route du désert qui va de Jérusalem à Gaza. En chemin, il rencontra un fonctionnaire éthiopien qui était en charge de l'argent de sa reine. L'homme était allé à Jérusalem pour adorer et rentrait chez lui. Alors que l'homme était assis sur son char et lisait le livre écrit par le prophète Isaïe, Philippe vit le char et découvrit ce que l'homme lisait. Philippe lui a demandé s'il comprenait ce qu'il lisait. L'homme a dit qu'il ne comprendrait que si quelqu'un le lui expliquait. Il invita Philippe à monter sur son char pour expliquer le passage d'Ésaïe qui disait : « Il fut conduit comme un mouton à l'abattoir ; comme un agneau qui se tait devant le tondeur, il ne parlait pas. Il a été humilié et privé de justice, et sa vie a été arrachée à la terre. »

Philippe a expliqué que le passage concernait Jésus et a expliqué qui était Jésus et comment il avait accompli les prédictions d'Isaïe. Alors qu'ils avançaient sur la route, ils arrivèrent à de l'eau. Le fonctionnaire arrêta son char et demanda à Philippe de le baptiser. Philippe alla ensuite prêcher la bonne nouvelle dans de nombreuses villes, jusqu'au nord, jusqu'à la ville portuaire de Césarée, en Phénicie.

Pierre continue de diriger

Pendant ce temps, Pierre parcourait la région, prêchant et accomplissant des miracles. Il a guéri un homme paralysé qui vivait à Lydda et qui était alité depuis huit ans. À Joppé, un disciple nommé Dorcas, qui faisait toujours le bien et aidait les pauvres, tomba malade et mourut. Pierre l'apprit et se rendit à Joppé. À son arrivée, il rencontra de nombreuses personnes aidées par Dorcas. Il entra dans la pièce où elle était morte et pria. Puis il lui dit de se lever, elle ouvrit les yeux et se releva avec l'aide de Pierre. Il la présenta ensuite aux personnes qui pleuraient sa mort. La nouvelle de ce qui s'est passé s'est rapidement répandue dans la ville et beaucoup plus de gens ont cru en Jésus.

La rencontre avec Corneille

Un centurion romain nommé Corneille vivait à Césarée, et toute sa famille craignait Dieu. Il priait Dieu régulièrement et donnait généreusement à ceux qui en avaient besoin. Un jour, il rencontra un ange qui lui dit d'envoyer des hommes à Joppé et de ramener un homme connu sous le nom de Pierre, qui demeurait chez un homme nommé Simon. Corneille envoya deux serviteurs et un fervent soldat à Joppé pour retrouver Pierre.

Pendant que les hommes se rendaient à Joppé, Pierre priait à midi et avait faim. Pendant que le repas se préparait, il tomba en transe. Il vit un grand drap descendre du ciel par ses quatre coins. Il abritait toutes sortes d'animaux, y compris des reptiles et des oiseaux, considérés comme impurs. Une voix lui dit de les tuer et de manger.

Mais Pierre n'avait jamais mangé ce qu'on lui avait appris à ne pas manger. Alors, alors qu'il était encore en transe, il a dit qu'il ne le mangerait pas. Mais la voix reprit : « Ne qualifiez pas d'impur ce que Dieu déclare pur. » Cela s'est produit trois fois, puis le drap a été ramené au ciel et il est sorti de sa transe. Alors que Pierre s'interrogeait sur le sens de la vision, les hommes envoyés par Corneille arrivèrent. L'Esprit dit à Pierre qu'il y avait des hommes qui le cherchaient et qui lui avaient été envoyés par Dieu. Pierre rencontra les hommes et leur demanda pourquoi ils étaient venus.

Les hommes parlèrent à Pierre de Corneille, de qui il était et de sa réputation, et comment un ange lui avait dit de les envoyer chercher Pierre. Le lendemain, ils retournèrent tous à Césarée, accompagnés de quelques croyants de Joppé. Lorsqu'ils arrivèrent à Césarée, Corneille les accueillit dans sa maison, qui était pleine de Gentils.

Pierre leur dit à tous :« Vous savez qu'il est interdit à un Juif de fréquenter ou de rendre visite à un Gentil. Mais Dieu m'a montré que je ne devais traiter personne d'impur. Alors, quand vous m'avez appelé, je suis venu sans faire d'objection. Pourquoi m'avez-vous demandé de venir »

Corneille lui a parlé de parler avec l'ange et qu'il devrait demander à Pierre de leur rendre visite, mais il ne savait pas pourquoi. Pierre comprit alors pourquoi il avait eu la vision de la nourriture interdite. Il a déclaré à la foule :

« Maintenant, je comprends que Dieu ne fait pas preuve de favoritisme mais accepte ceux de toutes les nations qui font ce qui est juste. Le message de

Dieu a d'abord été envoyé aux Israélites, mais Jésus nous a appris à dire à tout le monde qu'il est celui que Dieu a désigné comme juge de tous les peuples. »

Pendant que Pierre prononçait encore ces paroles, le Saint-Esprit descendit sur toutes les personnes présentes dans la pièce. Les Juifs qui étaient venus avec Pierre étaient étonnés que le Saint-Esprit soit également venu sur les païens et qu'ils parlaient également dans des langues étrangères tout en louant Dieu. Pierre a ordonné qu'ils soient tous baptisés au nom de Jésus.

Les apôtres et les croyants de toute la Judée apprirent que les Gentils avaient reçu la bonne nouvelle de Dieu. Lorsque Pierre se rendit à Jérusalem, les croyants juifs lui reprochèrent d'entrer dans la maison d'un Gentil et de manger avec eux. Mais Pierre leur raconta toute l'histoire de ce qui s'était passé à Joppé et à Césarée et de ce qu'il avait vu alors qu'il était en transe. Il a raconté comment le Saint-Esprit est venu sur les Gentils et leur a rappelé que Jésus avait dit de baptiser les autres du Saint-Esprit. Il a dit aux sceptiques :

« Si Dieu a donné aux païens croyants le même Esprit que nous avons reçu, qui étais-je pour me mettre en travers du chemin de Dieu ? » Après avoir entendu cela, ils ne s'y opposèrent plus et louèrent Dieu lorsqu'ils comprirent que même les païens pouvaient être sauvés en demandant que leurs péchés soient pardonnés.

Les chrétiens et l'Église d'Antioche

Ceux qui avaient été dispersés par la persécution allèrent jusqu'en Phénicie, à Chypre et à Antioche, ne faisant passer la nouvelle qu'aux Juifs. Mais certains d'entre eux se rendirent à Antioche et commencèrent à parler de Jésus aux Grecs. Beaucoup de gens y ont cru et le nombre d'adeptes a continué d'augmenter.

La nouvelle parvint à Jérusalem et ils envoyèrent Barnabas à Antioche. Lorsqu'il vit ce qui se passait, il fut heureux et les encouragea tous à rester fidèles au Seigneur. Barnabas se rendit à Tarse pour chercher Saül, et lorsqu'il le trouva, il le ramena à Antioche. Barnabas et Saül ont rencontré leurs disciples à Antioche pendant un an, et les disciples y ont été appelés « chrétiens » pour la première fois. Collectivement, ils étaient connus sous le nom d'« église », le terme utilisé par Jésus lorsqu'il disait à Pierre qu'il dirigerait ses disciples.

CHAPITRE 20

LES VOYAGES DE PAUL

**Trois voyages créent des églises en Asie
Mineure, en Macédoine et en Grèce**

La bonne nouvelle de Jésus s'est répandue dans toute la région. On disait aux gens que Jésus était mort comme un sacrifice permanent pour les péchés du monde entier, afin que n'importe qui puisse avoir une relation avec un Dieu vivant s'il le voulait. Un signe qu'ils avaient changé leurs habitudes et qu'ils étaient chrétiens était qu'ils étaient baptisés et obéissaient aux enseignements de Jésus, notamment en aimant les autres.

Pierre dirigeait l'enseignement des Juifs en Judée et en Samarie. Un chrétien nommé Marc s'est rapproché de Pierre et a écrit un petit livre sur la vie de Jésus qui a été inclus dans le Nouveau Testament. Dans le même temps, l'Église d'Antioche, qui comptait de nombreux Gentils, grandissait sous la direction de Saül, Barnabas et d'autres. Saül était appelé Paul, son nom grec.

Paul et Barnabas voyagent ensemble

Environ vingt ans après que Jésus soit monté au ciel et après avoir passé cinq ans à Antioche, Paul et Barnabas sont partis prêcher ailleurs. Ils ont d'abord navigué vers Chypre où Paul prêchait dans les synagogues. Puis ils ont navigué vers Perga (dans le sud de la Turquie) et ont parcouru 161 kilomètres au nord jusqu'à Antioche Pisidienne dans la région galate de l'Asie Mineure.

Ils se rendirent à la synagogue le jour du sabbat, et quand le moment fut venu pour les spectateurs de parler, Paul se leva et passa plusieurs minutes à parler de l'histoire des Israélites, y compris des prophéties concernant le Messie. Puis il parla de la vie de Jésus, disant qu'il était un descendant de David et du Messie. Bien que Jésus ait été tué, il est revenu à la vie et a vécu plusieurs jours et beaucoup de gens l'ont vu. Ce que Dieu a promis à leurs ancêtres juifs avait été accompli : par Jésus, les péchés ont été pardonnés, et par lui tous ceux qui l'ont suivi ont été libérés de tout péché, ce qui ne pouvait pas être commis sous les lois de Moïse.

Les membres de la synagogue invitèrent Paul et Barnabas à revenir la semaine suivante, et de nombreux membres de la congrégation suivirent Paul et Barnabas et continuèrent à leur parler. La semaine suivante, presque toute la ville s'est rassemblée pour les entendre parler. Lorsque les chefs religieux ont vu la foule, ils ont été jaloux et ont commencé à débattre avec Paul et à l'insulter verbalement. Paul et Barnabas ont répondu avec audace : « Nous devions d'abord parler aux Juifs. Mais puisque vous rejetez ce que nous avons dit et que vous ne voulez pas la vie éternelle, nous nous tournons maintenant vers les païens. Le Seigneur nous a dit que nous sommes une lumière pour les païens afin que le monde entier puisse être sauvé. » Les Gentils étaient heureux d'entendre cela et se sentaient honorés par Dieu, et beaucoup d'entre eux crurent et devinrent chrétiens. Mais les dirigeants juifs se sont arrangés pour que Paul et Barnabas soient expulsés de la région. En partant, les deux hommes secouèrent la poussière de leurs pieds pour les avertir et se rendirent à Iconium, une ville située à 120 kilomètres de là.

Prédication à Iconium, Lystre et Derbe

A Iconium, Paul et Barnabas se rendirent comme d'habitude à la synagogue et parlèrent si bien que de nombreux Juifs et Grecs crurent. Mais comme par le passé, de nombreux dirigeants juifs ont refusé de croire et ont amené d'autres à les accuser de mentir. Paul et Barnabas passèrent de nombreux jours à prêcher avec audace et à accomplir des miracles. Les habitants d'Iconium étaient divisés : certains se rangeaient du côté des Juifs tandis que d'autres croyaient aux deux apôtres. Un complot s'est développé pour tuer les deux hommes, mais ils l'ont découvert et se sont enfuis à Lystre, une ville située à 32 kilomètres de là.

Paul et Barnabas ont prêché l'Évangile à Lystre et dans les environs. Ils ont rencontré un homme infirme de naissance et qui n'avait jamais marché. Paul a regardé l'homme et a dit que sa foi l'avait guéri. Lorsqu'il a dit à l'homme de se lever, l'homme s'est levé d'un bond et a commencé à marcher.

Quand la foule vit ce que Paul faisait, elle cria : « Les dieux sont venus à nous sous forme humaine ! » Ils pensaient qu'ils étaient les dieux romains, Zeus et Hermès. Mais les deux apôtres crièrent : « Mes amis, nous sommes humains comme vous. Nous avons une bonne nouvelle : détournez-vous de ces dieux sans valeur et suivez le Dieu vivant, celui qui a créé les cieux et la terre, la mer et tout ce qu'ils contiennent. Jusqu'à présent, Dieu a laissé chacun suivre son propre chemin, mais Dieu a quand même fait preuve de bonté en vous donnant de la pluie et des récoltes afin que vous ayez suffisamment de nourriture. »

Les Juifs venus d'Antioche de Pisidie et d'Iconium tournèrent la foule contre eux. Ils lapidèrent Paul et le traînèrent hors de la ville, pensant qu'il était mort. Mais quelques disciples le ramenèrent dans la ville. Le lendemain, lui et Barnabas partirent pour Derbe, où ils prêchèrent l'Évangile et où beaucoup de gens crurent. Puis ils reprirent le chemin par lequel ils étaient venus, fortifiant les croyants de chaque ville.

Ils se sont retournè à Perga et retournè à Antioche où ils ont racontè aux croyants ce qui s'était passé pendant leur voyage. Ils étaient partis depuis deux ans et les chrétiens étaient heureux d'apprendre que davantage de Gentils étaient désormais disciples.

Le Concile à Jérusalem

Après le retour de Paul et Barnabas, des disciples vinrent de Judée pour visiter l'église d'Antioche. Ils enseignaient que les nouveaux croyants gentils devaient être circoncis pour être sauvés, mais Paul et Barnabas n'étaient pas d'accord. Un petit groupe de dirigeants de l'Église d'Antioche, dont Paul et Barnabas, sont allés rendre visite aux dirigeants chrétiens de Jérusalem pour discuter de la question. Ils traversèrent la Phénicie et la Samarie et racontèrent aux chrétiens comment les païens devenaient croyants. Cette nouvelle encouragea les nouveaux croyants.

Lorsque le groupe arriva à Jérusalem, ils rapportèrent ce que Dieu avait fait à travers eux. Certains croyants pharisiens disaient que les Gentils devaient être circoncis comme l'exigeaient les lois de Moïse. Tout le monde a discuté de la question et finalement Pierre a pris la parole.

Frères, vous savez que Dieu a permis aux Gentils de devenir des disciples et d'avoir le Saint-Esprit. Dieu connaît notre cœur et ne voit pas de différence entre Juifs et Gentils : nous pouvons tous avoir la foi. Pourquoi voudrions-nous ajouter plus d'exigences aux Gentils que nous avions du mal à suivre ?

Non ! Nous croyons que c'est grâce au don gratuit de Jésus que nous sommes sauvés. Peu importe à quoi nous ressemblons ; c'est le cœur qui compte.

Le groupe tout entier resta silencieux pendant que Paul et Barnabas parlaient de ce qui s'était passé parmi les Gentils qu'ils avaient rencontrés en Asie Mineure. Quand ils eurent fini de parler, Jacques se leva et parla :

Pierre a décrit comment Dieu a d'abord agi pour choisir un peuple distinct des Gentils. Amos a écrit : « Je reviendrai et reconstruirai la tente tombée de David. Tous les peuples du monde chercheront le Seigneur, même les païens. Par conséquent, nous ne devrions pas rendre la tâche difficile aux païens qui se tournent vers Dieu. Au lieu de cela, nous devrions leur dire de ne pas manger de nourriture offerte aux idoles, de ne pas commettre d'immoralité sexuelle, de ne pas manger de viande d'animaux étranglés et de ne pas boire de sang.

Tout le monde était d'accord et écrivit une lettre répertoriant uniquement ces exigences pour les croyants païens des autres régions.

Paul fait un autre voyage

Quelques mois plus tard, Paul et Barnabas retournèrent dans les villes qu'ils avaient visitées en Asie Mineure pour voir comment se portaient les églises. Ils décidèrent de se séparer : Barnabas prit un homme nommé Marc qui les accompagnait lors de leur premier voyage, et Paul prit Silas, un homme qu'il avait rencontré lors de la réunion à Jérusalem.

Paul et Silas sont retournés en Asie Mineure et ont renforcé les églises au fur et à mesure. Paul a rencontré un disciple nommé Timothée dont la mère était une croyante juive mais dont le père était grec. Les croyants des villes le respectaient et Paul l'invita à se joindre à eux pour le voyage. Timothée a été circoncis afin de plaire aux Juifs de la région, et alors qu'ils voyageaient de ville en ville, ils racontaient à l'église ce que les dirigeants chrétiens de Jérusalem disaient sur le peu de choses qu'ils devaient faire. Le nombre de croyants augmenta et leur foi s'approfondit.

Voyager en Macédoine

Pendant que Paul et Silas voyageaient, le Saint-Esprit leur a fait éviter certaines zones. Ils se sont retrouvés dans la ville portuaire de Troas et ont rencontré un croyant païen nommé Luc, un médecin, qui a commencé à voyager avec eux. (Luc a écrit deux longs récits sur les événements de la vie de Jésus et les voyages que Paul a effectués. Ces récits sont inclus dans le Nouveau Testament.) Alors qu'il était à Troas, Paul a eu la vision d'un homme de Macédoine (nord de la Grèce) le suppliant de venir lui aider. Paul croyait qu'il s'agissait d'un appel de Dieu à aller en Macédoine, alors les quatre hommes (Paul, Silas, Timothée et Luc) se sont rendus à Philippes, une colonie romaine et une grande ville de Macédoine.

À Philippes, ils trouvèrent un endroit où les gens priaient au bord d'une rivière. Ils ont rencontré une femme nommée Lydia, propriétaire d'une grande entreprise. Elle a adoré Dieu et a répondu au message de Paul concernant Jésus. Lorsqu'elle et les membres de sa maison se sont fait baptiser, elle a passé plus de temps avec les hommes pour découvrir sa nouvelle foi.

Paul et Silas dans une prison philippienne

Plus tard, les hommes rencontrèrent une esclave qui était une diseuse de bonne aventure. Elle gagnait beaucoup d'argent pour ses propriétaires et elle suivait les hommes pendant plusieurs jours en criant : « Ces hommes sont les serviteurs du Dieu Très-Haut et ils disent aux gens comment être sauvés. »

Paul était tellement en colère contre elle qu'il dit à son esprit : « Au nom de Jésus-Christ, je t'ordonne de sortir d'elle ! » Un mauvais esprit la quitta immédiatement.

Lorsque ses propriétaires se rendirent compte que leur source de revenus avait disparu, ils traînèrent Paul et Silas chez les autorités romaines locales. Ils disaient que ces hommes étaient juifs et qu'ils avaient causé des problèmes dans la ville. D'autres se sont joints à l'attaque et les responsables ont ordonné que les deux hommes soient déshabillés et battus. Ensuite, les deux hommes ont été enchaînés dans une cellule située au plus profond de la prison.

Paul et Silas priaient et chantaient des hymnes à Dieu pendant la nuit et d'autres prisonniers les écoutaient. Soudain, un violent tremblement de terre secoua la prison. Toutes les portes de la prison se sont ouvertes et les chaînes de tout le monde se sont détachées. Le geôlier s'est réveillé et lorsqu'il a vu les portes de la prison s'ouvrir, il a dégainé son épée pour se suicider car il pensait que les prisonniers s'étaient évadés.

Mais Paul a crié :« Ne vous faites pas de mal ! Nous sommes tous là ! Le geôlier s'est précipité et a demandé à Paul et Silas ce qu'il devait faire pour être sauvé. Ils lui dirent : « Croyez au Seigneur Jésus, et vous et votre famille serez sauvés. » Le geôlier a lavé les blessures causées par leurs coups, les a emmenés chez lui et les a nourris. Lui et toute sa famille ont été baptisés et ont été remplis de joie parce qu'ils ont finalement tous cru au vrai Dieu.

Dans la matinée, les fonctionnaires ont relâché Paul et Silas. Le geôlier a dit à Paul qu'ils pouvaient partir en paix, mais Paul a dit aux fonctionnaires qu'ils avaient été battus publiquement sans procès, même s'ils étaient citoyens romains, et qu'ils avaient été mis en prison.

Lorsque les fonctionnaires apprirent que Paul et Silas étaient des citoyens romains, ils furent alarmés et leur demandèrent de quitter la ville. Mais au lieu de cela, Paul et Silas se sont rendus chez Lydia et ont été encouragés par d'autres chrétiens qui s'y trouvaient.

À Thessalonique et à Bérée

Paul, Silas et Timothée ont quitté Philippes et ont parcouru environ 153 kilomètres jusqu'à Thessalonique tandis que Luc restait à Philippes. Ils se rendirent à la synagogue trois jours de sabbat consécutifs pour expliquer les Écritures et prouver que Jésus était le Messie. Certains Juifs et de nombreux Grecs religieux sont devenus chrétiens, dont de nombreuses femmes éminentes. Mais d'autres Juifs étaient jaloux. Comme dans d'autres villes, des hommes maléfiques du marché formaient une foule et les recherchaient. La foule se rendit à la maison de Jason, où demeuraient les apôtres, mais ils n'y étaient pas. Alors la foule a traîné Jason et d'autres croyants hors de la maison et a déclaré qu'ils niaient que César soit le roi. Lorsque les autorités de la ville entendirent cela, tous les chrétiens furent jetés en prison. (Ils ont été rapidement libérés après avoir payé une amende.)

Cette nuit-là, les croyants emmenèrent les trois apôtres dans la ville voisine de Berea, où se trouvait une autre synagogue. Les Juifs de Bérée étaient plus intelligents que les habitants de Thessalonique, ils écoutaient Paul plus attentivement et examinaient attentivement les Écritures pour voir si ce que Paul disait était vrai. En conséquence, beaucoup d'entre eux ont cru, tout comme de nombreux hommes grecs et un certain nombre de femmes grecques éminentes.

Mais lorsque les Juifs de Thessalonique entendirent que Paul prêchait à Bérée, certains d'entre eux se rendirent à Bérée et incitèrent les foules à se retourner contre lui. Les croyants renvoyèrent rapidement Paul, mais Silas et Timothée restèrent à Bérée. Paul fut escorté à Athènes et dit à Silas et Timothée de le rejoindre dès qu'ils le pourraient.

À Athènes

Lorsque Paul était à Athènes, il fut dégoûté lorsqu'il vit que la ville était pleine d'idoles. Il prêchait d'abord à la synagogue, et les autres jours au marché. Un groupe de philosophes grecs a commencé à débattre de lui et ils ont invité Paul à expliquer ses enseignements lors d'une réunion de personnes instruites qui se réunissaient pour discuter de nouvelles idées.

Paul se tenait devant eux et dit : « Peuples d'Athènes, je vois que vous êtes très religieux ! Je me suis promené et j'ai vu de nombreux objets de culte. J'ai même trouvé un autel qui disait : « À UN DIEU INCONNU. » Donc tu ne connais pas ce dieu. C'est de cela que je vais parler. »

Paul a raisonné avec les philosophes grecs mais n'a mentionné aucune des écritures hébraïques. Il a dit que le Dieu qui a créé le monde et tout ce qu'il contient n'avait pas besoin de vivre dans des temples construits par des mains humaines et ne ressemblait pas aux images en or ou en argent fabriquées par les humains. Alors que Dieu avait négligé ce manque d'intelligence, Dieu ordonnait désormais à tous les hommes de se repentir, car un jour, Dieu jugerait tout le monde. Paul essayait de convaincre ses auditeurs qu'il n'y avait qu'un seul vrai Dieu, et non plusieurs dieux. Lorsqu'il parlait de la résurrection des morts, certains parmi eux ricanaient mais d'autres voulaient en entendre davantage. En conséquence, certaines des personnes qui l'ont entendu sont devenues croyantes.

À Corinthe

Paul a quitté Athènes et s'est rendu à Corinthe, une ville portuaire difficile située à 48 kilomètres de là et qui avait une réputation de comportement immoral. Il rencontra un juif nommé Aquila qui était récemment arrivé d'Italie avec sa femme Priscilla parce que tous les juifs de Rome avaient reçu l'ordre de partir. Paul travaillait et restait avec Aquilas et Priscille, qui étaient des fabricants de tentes. (Paul gagnait ensuite de l'argent pour payer ses frais de voyage en fabriquant et en vendant des tentes.)

Paul parlait dans la synagogue chaque sabbat et essayait de persuader les Juifs et les Grecs de devenir chrétiens. Lorsque Silas et Timothée arrivèrent de Macédoine, Paul passa tout son temps à prêcher et plusieurs dirigeants juifs devinrent croyants.

Une nuit, Paul a eu une autre vision dans laquelle Dieu lui a dit de rester à Corinthe et qu'il y serait en sécurité. Il resta donc à Corinthe pendant 18 mois pendant qu'il enseignait aux nouveaux croyants. Le dirigeant romain de la ville a permis à Paul de prêcher, afin qu'il reste à l'abri des Juifs qui voulaient le faire taire.

Quand il fut temps de quitter Corinthe, Paul et les autres traversèrent la mer Égée jusqu'à Éphèse et emmenèrent Priscille et Aquilas avec eux. Paul a passé du temps dans la synagogue d'Éphèse pour parler aux Juifs. Lorsqu'ils lui ont demandé de rester plus longtemps, il a répondu qu'il devait partir mais qu'il reviendrait. Il quitta Aquilas et Priscille à Éphèse et retourna à Césarée, puis se rendit à Jérusalem pour faire un rapport aux dirigeants chrétiens.

Paul fait un troisième voyage

Plus tard, Paul entreprit un troisième voyage en Asie Mineure et visita de nombreuses villes pour fortifier ses disciples.

Éphèse

Paul avait hâte de retourner à Éphèse, une ville importante sur la côte occidentale de l'Asie Mineure. Priscilla et Aquila y enseignaient et étaient heureux de voir Paul. Ils lui parlèrent d'un érudit juif nommé Apollos, originaire de l'Égypte, qui prêchait là-bas et enseignait sur Jésus d'une manière très précise. Priscilla et Aquila ont passé du temps à l'aider à améliorer son enseignement et son soutien aux chrétiens. Apollos était parti prêcher et enseigner en Grèce au moment où Paul arriva.

Quand Paul arriva à Éphèse, il fit ce qu'il faisait toujours : il se rendit à la synagogue pour prêcher d'abord aux Juifs. Il a parlé avec audace pendant trois mois du royaume de Dieu. Mais certains Juifs ne croyaient pas et parlaient contre la Voie. Paul et quelques-uns de ses disciples quittèrent donc les synagogues et passèrent deux ans à donner des conférences dans une salle publique. Tous ceux qui vivaient dans cette région de l'Asie ont entendu le message de Paul concernant le Seigneur. Dieu a également fait des miracles extraordinaires à travers Paul. Les mouchoirs et les tabliers qu'il touchait étaient apportés aux malades, et ils étaient guéris et les mauvais esprits les quittaient.

Certains hommes juifs essayaient de chasser les mauvais esprits en utilisant le nom de Jésus, comme si ce nom était une sorte de mot magique. Ils diraient : « Au nom du Jésus que Paul prêche, je vous commande de sortir. » Un jour, un mauvais esprit répondit à leur ordre et dit : « Je connais Jésus et Paul, mais qui êtes-vous ? » L'homme qui avait le mauvais esprit s'est jeté sur eux et les a tous battus si violemment qu'ils ont couru hors de la maison, nus et sanglant.

Quand les Juifs et les Grecs d'Éphèse entendirent cela, ils eurent tous peur. Beaucoup de nouveaux croyants confessaient ouvertement leurs péchés, et certains qui pratiquaient la magie brûlaient ensemble leurs très rares et précieux parchemins en public. En conséquence, la nouvelle de Jésus a continué à se répandre.

Les enseignements de Paul ont également provoqué une crise économique à Éphèse. Un orfèvre qui fabriquait des sanctuaires en argent pour Artémis (la déesse locale de la fertilité) rapportait beaucoup d'affaires aux artisans de la ville. Il a rassemblé les ouvriers et leur a dit que les enseignements de Paul avaient fait disparaître une grande partie de leurs affaires. Paul avait influencé toute la province en disant que les dieux créés par des mains humaines n'étaient pas du tout des dieux. Cela mettait en danger leurs métiers et discréditait Artémis. Les artisans furent furieux lorsqu'ils s'en rendirent compte. Ils se mirent à crier : « Grande est Artémis des Éphésiens ! »

Bientôt, toute la ville fut en émoi et les gens se précipitèrent dans un immense théâtre en plein air. Paul voulait parler à la foule, mais les disciples ne le lui permettaient pas. Certains fonctionnaires du gouvernement qui connaissaient Paul l'ont supplié de ne pas aller au théâtre.

La foule dans le théâtre bondé était incontrôlable. Des milliers de personnes étaient là et tout le monde criait, même si la plupart ne savaient même pas pourquoi ils étaient là. Les Juifs dans la foule ont poussé l'un de leurs dirigeants vers l'avant, qui a demandé le silence afin de pouvoir parler à la foule. Mais lorsque la foule s'est rendu compte qu'il était juif, ils ont tous scandé à l'unisson pendant près de deux heures : « Grande est Artémis des Éphésiens ! »

Finalement, le greffier de la ville a calmé la foule en leur rappelant que tout le monde savait qu'Éphèse était la gardienne du temple d'Artémis et que son image était tombée du ciel. (Une météorite qui ressemblait à une femme y était tombée.) Les gens devraient se calmer et ne rien faire d'irréfléchi. Tous les artisans avaient le droit de porter leurs problèmes devant les tribunaux et de porter plainte. Après avoir dit cela, le greffier a dit à tout le monde de retourner au travail ou de rentrer chez eux.

Autres voyages

Une fois terminé le tumulte, Paul quitta Éphèse et se rendit en Macédoine et en Grèce avec quelques disciples. Il a encouragé les gens tout au long de son chemin et est resté dans la région pendant de nombreux mois. Dans certaines villes, les Juifs complotèrent contre lui, il dut donc changer ses plans. Il était accompagné de croyants provenant de nombreuses villes où il avait prêché et enseigné. Il voulait retourner à Jérusalem et ne savait pas ce qui se passerait à son retour. Mais il était convaincu que la prison et les épreuves étaient dans son avenir. Il savait qu'il ne reverrait plus jamais beaucoup de ses partisans. Il les a avertis que des temps difficiles et de faux enseignants allaient arriver, et qu'ils devaient donc être sur leurs gardes.

Le troisième voyage missionnaire de Paul dans la région dura plus de trois ans. Plutôt que d'être un fardeau pour ceux qu'il visitait, il fabriquait et vendait des tentes pendant qu'il enseignait et débattait. Il a donné l'exemple d'une humilité confiante et d'un service, tout comme Jésus l'avait fait. Il a rappelé aux disciples qui étaient dans la région ce que Jésus avait dit : « C'est mieux de donner que de recevoir. » (Les itinéraires que Paul a empruntés lors de ses voyages se trouvent dans les cartes à la fin de ce livre.)

CHAPITRE 21

DE JÉRUSALEM À ROME

Paul utilise sa citoyenneté pour faire un autre voyage

Lorsque Paul et ses compagnons de voyage retournèrent en Palestine, un prophète de Judée dit que l'Esprit lui avait révélé que Paul serait arrêté et livré aux païens de Jérusalem. Tout le monde a essayé de convaincre Paul qu'il ne devrait pas y aller, mais il a dit qu'il était prêt à être arrêté et même à mourir si cela faisait avancer le mouvement chrétien.

Lorsque Paul et ses compagnons de voyage arrivèrent à Jérusalem, ils rencontrèrent les dirigeants de l'Église et discutèrent de tout ce qui s'était passé pendant leur voyage, y compris de ce que Dieu avait fait parmi les Gentils. Les dirigeants de l'Église ont loué Dieu et ont dit à Paul que des milliers de Juifs étaient devenus croyants en Palestine.

Paul est arrêté à Jérusalem

Lorsque Paul se rendit au Temple, certains Juifs de l'Asie le reconnurent et l'accusèrent de faux enseignements et de laisser entrer les Grecs dans le Temple. Ce n'était pas vrai, mais les habitants de la ville étaient perturbés. Les gens ont traîné Paul hors du Temple et ont essayé de le tuer. La nouvelle parvint au commandant romain que Jérusalem était en émeute et il envoya des soldats pour calmer la foule. Quand les émeutiers ont vu les soldats, ils ont arrêté de frapper Paul.

Le commandant arrêta Paul, l'enchaîna et lui demanda qui il était et ce qu'il avait fait. Personnes dans la foule ont crié différentes accusations, et le commandant n'a pas pu déterminer la vérité. Paul a été envoyé à la caserne, et en chemin, la foule était tellement en colère que Paul a dû être porté par les soldats.

Paul a demandé au commandant s'il pouvait parler à la foule. Le commandant pensait que Paul était un terroriste égyptien et était surpris qu'il parle grec. Paul a dit qu'il était juif de Tarse et a obtenu la permission de s'adresser à la foule. S'exprimant devant la caserne, il a demandé le silence et a commencé à parler en araméen, ce qui a encore plus calmé la foule.

Paul a expliqué son parcours et comment il avait étudié les Écritures alors qu'il vivait à Jérusalem. Il était aussi dévoué à Dieu qu'eux, et il avait persécutait les adeptes de la Voie. Il a raconté à la foule ce qui lui était arrivé lors de son voyage à Damas. Lorsqu'il raconta à la foule comment il avait été envoyé chez les païens, les gens recommencèrent à crier après lui et dirent qu'il fallait le tuer.

Voyant qu'une émeute pourrait reprendre, le commandant ordonna à Paul de se rendre à la caserne afin qu'il puisse être fouetté et interrogé. Alors que les soldats s'apprêtaient à le fouetter, Paul dit au soldat de tête : « Est-il légal pour vous de fouetter un citoyen romain qui n'a pas encore été reconnu coupable ? »

Le soldat se rendit immédiatement chez le commandant et lui dit que Paul était un citoyen romain. Paul a été emmené chez le commandant et il a expliqué comment il était né citoyen romain. (Certaines personnes ont acheté leur citoyenneté romaine.) Le commandant a été alarmé et a immédiatement arrêté l'interrogatoire.

Paul s'adresse au Sanhédrin

Le commandant voulait savoir pourquoi Paul était accusé par les Juifs. Il relâcha Paul et ordonna au Sanhédrin de se rassembler pour que Paul puisse se tenir devant eux. Paul s'adressa à eux et savait que certains étaient sadducéens et d'autres pharisiens. Il a commencé par dire : « Je suis un pharisien et je descends des pharisiens. Je me tiens devant vous aujourd'hui à cause de mon espoir en la résurrection des morts.

Lorsqu'il dit cela, une dispute éclata entre les Sadducéens, qui croyaient qu'il n'y avait ni résurrection, ni anges, ni esprits, et les Pharisiens qui croyaient en ces choses. Certains Pharisiens se sont levés et ont soutenu que Paul n'avait rien fait de mal. La dispute devint si violente que le commandant eut peur que Paul ne soit tué. Il ordonna aux soldats de ramener Paul à la caserne.

Le complot pour tuer Paul

Cette nuit-là, l'Esprit dit à Paul : « Ne t'inquiète pas ! Comme vous avez parlé de moi ici à Jérusalem, vous devez aussi témoigner de moi à Rome. » Pendant ce temps, plus de 40 Juifs complotaient pour tuer Paul. Dans la matinée, ils demandèrent aux principaux sacrificateurs et aux anciens de demander au commandant de ramener Paul devant le Sanhédrin afin que sa cause puisse être entendue plus en détail. Les Juifs projetaient de tuer Paul alors qu'il se rendait à la réunion.

Mais Paul découvre le complot et en informe le commandant, qui l'envoie chez le gouverneur Félix à Césarée tout en étant protégé par 470 soldats. Les Juifs devraient se rendre à Césarée pour poursuivre leur enquête.

Procès devant les fonctionnaires romains

Des Juifs de haut rang se rendirent à Césarée et portèrent plainte contre Paul. Un avocat juif a déclaré que Paul était un fauteur de troubles qui avait provoqué des émeutes parmi les Juifs du monde entier. D'autres ont également porté des accusations contre Paul.

Après que les Juifs eurent fait valoir leurs arguments, ce fut au tour de Paul de parler. Il a dit à Félix qu'il adorait à Jérusalem mais qu'il ne se disputait avec personne dans le Temple et ne causait aucun problème dans la ville. Il n'y avait aucune preuve pour étayer les allégations des Juifs, mais il a admis être un adepte de la Voie. Félix connaissait la Voie et mit fin aux débats. Il voulait que Paul lui offre un pot-de-vin, mais Paul se contentait de parler de la façon de vivre correctement. Félix a laissé Paul en prison pendant deux ans. Paul a eu une certaine liberté et a été autorisé à laisser ses amis prendre soin de lui. Festus remplaça Félix et entendit immédiatement les accusations portées contre Paul. Les Juifs voulaient que Paul soit transféré à Jérusalem afin de pouvoir lui tendre une embuscade et le tuer en chemin. Mais Festus voulait que Paul soit jugé à Césarée.

Lorsque Festus entendit l'affaire, les Juifs essayèrent d'intimider Paul, mais ils ne purent prouver aucune de leurs accusations. Paul a présenté sa défense et a déclaré qu'il n'avait violé aucune loi juive ni fait quoi que ce soit contre César. Festus a demandé à Paul s'il voulait être jugé à Jérusalem, mais

Paul a fait appel pour que son cas soit jugé par César. Festus dit à Paul que puisqu'il avait fait appel à César, son procès aurait lieu à Rome.

Festus consulte le roi Agrippa

Lorsque le roi Agrippa arriva à Césarée pour accueillir Festus comme nouveau gouverneur, ils discutèrent du cas de Paul. Le roi vit Paul le lendemain devant de nombreux officiers militaires de haut rang et hommes puissants de la ville. Festus a dit à tout le monde que les Juifs voulaient tuer Paul, qui était innocent.

Paul expliqua à tout le monde qu'il était pharisien et que ce que Dieu avait promis aux Juifs s'était réalisé. La raison pour laquelle les Juifs étaient contre lui était parce qu'il croyait que Jésus était le Messie et qu'il était ressuscité des morts. Auparavant, il s'était opposé au mouvement de la Voie et avait fait arrêter les disciples de Jésus, mais il avait appris que tout ce qui était dit sur Jésus était vrai. Il a décrit ce qui s'était passé sur la route de Damas et que Dieu voulait qu'il prêche aux païens, et pas seulement aux Juifs, pour leur ouvrir les yeux et les détourner des ténèbres vers la lumière, de la puissance de Satan vers Dieu, afin qu'ils puissent recevez le pardon des péchés

Le roi connaissait bien les coutumes et les controverses juives, il comprenait donc ce que Paul disait. Après que Paul eut fini de parler, le roi dit à Festus et aux autres que Paul n'avait rien fait de mal. S'il n'avait pas fait appel à César, Paul aurait pu être libéré.

Paul navigue vers Rome

Paul et quelques autres prisonniers furent remis à un commandant militaire romain pour qu'ils s'embarquent vers l'Italie. Certains amis de Paul l'accompagnèrent, dont Luc. Ils ont navigué sur un chemin pour éviter les vents forts. Lorsque les vents du nord de l'automne se sont renforcés, Paul a averti le commandant qu'il était dangereux de continuer ; le navire pourrait être détruit. Mais le commandant a suivi les conseils du capitaine du navire, propriétaire du navire. Il n'y avait pas de bon port à visiter à ce moment-là, alors ils ont continué, espérant atteindre un port sûr à 580 kilomètres de là. Mais le vent est devenu très fort et a poussé le navire loin du rivage. Le bateau était mis à rude épreuve par les vents et les vagues, alors des cordes ont été enroulées autour du bateau pour le maintenir ensemble. Les hommes sur le bateau ont jeté la cargaison par-dessus bord pour alléger la charge pendant que la tempête faisait rage. Quelques jours plus tard, l'équipage jette par-dessus bord tout l'équipement de navigation du navire. La tempête a duré plusieurs jours et le bateau a dérivé, impuissant. Tout le monde avait le mal de mer et ne pouvait pas manger, et tout le monde pensait qu'ils allaient tous mourir.

Paul s'est levé devant tout le monde à bord du navire et leur a dit de ne pas perdre espoir. Il a dit qu'un ange de son Dieu lui avait dit qu'il devait être jugé devant César et que tout le monde à bord vivrait, même si le navire serait détruit s'il s'échouait sur une île inconnue.

Le navire a continué sa dérive vers l'ouest à travers la mer Méditerranée. Une nuit, les marins ont mesuré la profondeur de la mer et en peu de temps elle n'était plus aussi profonde. Pour les empêcher de s'écraser sur des rochers qu'ils ne pouvaient pas encore voir, ils jetèrent toutes les ancres à l'arrière du navire et prièrent pour que le jour se lève. Certains marins ont tenté de s'échapper à bord un canot de sauvetage, mais Paul a dit au commandant que tout le monde devait rester sur le navire pour que tout le monde puisse vivre. Cette fois, le commandant l'a écouté et les soldats ont coupé les cordes qui retenaient le canot de sauvetage et l'ont laissé dériver.

Juste avant l'aube, Paul les a tous exhortés à manger. La tempête avait duré 14 jours et tout le monde était faible, ils avaient donc besoin de force pour survivre. Paul prit du pain, rendit grâce à Dieu devant tout le monde et commença à manger. Encouragés par l'exemple de Paul, les autres se mirent à manger. Il y avait 276 personnes à bord du navire et chacun mangeait à sa guise. Quand ils eurent fini, ils jetèrent le reste de la nourriture à la mer pour alléger le navire.

Atterrissage à Malte

Quand le jour est venu, personne n'a reconnu la terre. Ils aperçurent une baie avec une plage de sable et décidèrent de faire descendre le navire sur la plage. Ils coupèrent les ancres, hissèrent une voile et dérivèrent vers la plage. Mais le navire heurte un banc de sable et s'échoue. La proue était coincée et les vagues déferlantes ont brisé le bateau en morceaux.

Les soldats avaient prévu de tuer les prisonniers pour les empêcher de s'enfuir à la nage, mais le commandant voulait épargner la vie de Paul, donc aucun des prisonniers n'a été blessé. Tous ceux qui savaient nager reçurent l'ordre de sauter par-dessus bord et d'atterrir. Les autres devaient s'accrocher à tout ce qui flottait jusqu'à atteindre la terre ferme.

Ils sont tous parvenus à terre en toute sécurité. Ils se trouvaient sur l'île de Malte et les insulaires les ont aidés avec une gentillesse inhabituelle alors que la pluie froide les frappait sur la plage. Paul a été mordu par un serpent venimeux alors qu'il faisait un feu sur la plage. Les insulaires virent le serpent pendu à sa main et dirent qu'il était un meurtrier. Ils dirent que même s'il s'était échappé de la mer, la déesse Justice ne lui permettrait pas de vivre. Mais Paul a jeté le serpent dans le feu et n'a pas été blessé. Les gens s'attendaient à ce qu'il enfle ou qu'il meure rapidement, mais après un long moment, rien n'est arrivé à Paul. Alors ils ont changé d'avis et ont dit qu'il était un dieu.

Le haut fonctionnaire de Malte vivait dans un grand complexe près de la plage et il a accueilli les naufragés chez lui et leur a fait preuve d'une généreuse hospitalité pendant trois jours. Son père était malade, et lorsque Paul lui imposa les mains et pria, le père fut guéri. D'autres personnes sur l'île ont découvert ce qui s'était passé, et le reste des malades de l'île sont venus et ont été guéris par Paul.

Paul prêche à Rome sous bonne garde

Paul et les autres restèrent trois mois à Malte, puis reprirent leur voyage vers Rome. À leur arrivée, Paul fut autorisé à vivre seul avec un soldat qui le gardait. Paul a rencontré les dirigeants juifs locaux et a expliqué pourquoi il était là; aucun d'eux n'avait entendu parler de ce qui s'était passé à Jérusalem. Ils voulaient savoir ce qu'il avait à dire sur la Voie parce que tout le monde s'y opposait.

Paul a rencontré un plus grand nombre de Juifs vivant à Rome. Il a parlé du royaume de Dieu et, en le reliant à la loi de Moïse et à ce que les prophètes avaient dit, il a essayé de les persuader au sujet de Jésus. Certains étaient convaincus, mais d'autres ne voulaient pas le croire. Paul termine en citant le prophète Isaïe :

Allez vers ce peuple et dites, « Vous continuerez à entendre et à voir mais vous ne comprendrez pas. Car le cœur des gens est devenu insensible : leurs oreilles n'entendent plus et ils ont fermé les yeux. » C'est pourquoi le salut de Dieu a été envoyé aux païens ; ils écouteront !

Paul est resté dans une maison louée pendant deux ans et a accueilli tous ceux qui lui rendaient visite. Il avait écrit une très longue lettre aux croyants de Rome lors d'un voyage en Grèce, donc les croyants de Rome le connaissaient. (Cette lettre est incluse dans le Nouveau Testament.) Paul a continué à enseigner avec audace le royaume de Dieu et Jésus le Messie, et personne ne l'a arrêté. Il a envoyé des lettres d'encouragement aux croyants et à leurs dirigeants dans de nombreuses villes qu'il a visitées en Asie Mineure, en Macédoine et en Grèce. Dans ces lettres, il donnait davantage d'instructions aux églises, tout comme il leur avait écrit avant de se rendre à Rome.

(Paul a été libéré de son assignation à résidence en 62 après JC et a continué à prêcher et à enseigner dans diverses régions du sud de l'Europe et sur l'île de Crète. Il a été de nouveau emprisonné à Rome et a été tué à cause de sa foi sous le règne de Néron vers 68 après JC. Son ministère avait duré environ 32 ans.)

CHAPITRE 22

---•◦◆◦•---

LETTRES DE PAUL AUX CROYANTS

Les nouvelles Églises reçoivent des encouragements et des instructions

Au cours de son long ministère, Paul a écrit des lettres aux églises du sud de l'Europe et d'Asie Mineure ainsi qu'à quelques dirigeants chrétiens de la région. Il a écrit des lettres aux croyants de Rome, Corinthe, Thessalonique, Philippes, Éphèse, Colosses (une ville proche de Laodicée) et les villes de la région de Galatie (Antioche Pisidienne, Iconium, Lystre et Derbe). Il a également écrit aux dirigeants chrétiens de diverses villes : Timothée à Éphèse, Titus en Crète et Philémon à Colosses. Paul peut également avoir été l'auteur ou le co-auteur d'un long document écrit aux Juifs (« Hébreux » est résumé dans le chapitre suivant).

Les lettres de l'époque étaient écrites sur des feuilles de papyrus dont la taille était proche des feuilles de papier que nous utilisons aujourd'hui. La plupart du temps, une seule feuille était utilisée pour une lettre. Lorsque des lettres plus longues étaient écrites, elles étaient reliées les unes aux autres et enroulées comme un parchemin. Parfois, les scribes écrivaient les lettres sous la dictée de l'auteur. Les longues lettres peuvent avoir eu plusieurs scribes.

Les lettres commençaient généralement par un message de salutation qui incluait le nom de la personne qui envoyait la lettre et qui devait la recevoir. Les lettres se terminaient généralement par un adieu et saluaient parfois d'autres personnes connues de l'auteur. Les dates n'étaient pas incluses et les lettres étaient livrées par des voyageurs connus de l'expéditeur et du destinataire.

Des idées religieuses, des enseignements sur une vie correcte et des conseils pratiques étaient généralement inclus dans les lettres de Paul. Il a décrit et interprété les enseignements et les actions de Jésus, et il a discuté de ce qu'ils signifiaient pour les croyants. Il a également encouragé ceux qui ont reçu les lettres parce qu'ils éprouvaient des difficultés à cause de leur nouvelle foi. Paul a écrit des très longues lettres qui incluaient de nombreux concepts sur Dieu tout en clarifiant et en défendant la foi en utilisant des arguments logiques.

Ce chapitre résume les principaux messages des lettres de Paul dans l'ordre dans lequel elles ont probablement été écrites.

Lettre aux Galates

La première lettre que Paul a écrit était destinée aux églises de Galatie et traitait des controverses sur la façon dont un chrétien est identifié. Les Gentils avaient rejoint l'Église et certains Juifs pensaient qu'ils devaient obéir à toutes les règles du judaïsme, y compris les restrictions alimentaires, la circoncision, les sacrifices et la séparation des autres qui ne partageaient pas leurs croyances. Dans le passé, les Gentils qui se convertissaient au judaïsme devaient suivre les lois de Moïse. Cependant, la plupart des Gentils qui devenaient chrétiens ne voulaient pas se convertir au judaïsme en plus de suivre Jésus, et beaucoup d'entre eux quittaient l'Église. Qu'est-ce qui fait d'une personne un chrétien ? Était-ce en suivant les voies de Jésus uniquement, ou devaient-ils également suivre les règles du judaïsme ?

Paul a utilisé ses propres expériences pour dire qu'il suffisait de suivre Jésus. La grâce de Dieu ne lui est pas venue parce qu'il était un pharisien fervent qui obéissait aux lois juives. Paul savait que Pierre avait rencontré des Gentils et que les aliments « impurs » étaient comestibles pour les chrétiens. Pierre approuvait que Paul prêche aux Gentils et insistait uniquement sur la nécessité de continuer à aider les pauvres. Paul acceptait tout le monde parce que Dieu ne faisait plus preuve de favoritisme envers les Juifs. Voici son argument de base :

Une personne n'est pas justifiée (déclarée juste et agréable à Dieu) en suivant la loi, mais par la foi en Jésus, le Christ. Personne n'est redressé en obéissant à la loi. Je suis mort à la loi pour pouvoir vivre pour Dieu. Je suis mort avec Christ et je suis devenu une nouvelle personne parce qu'il vit en moi. Je vis par la foi au Fils de Dieu qui m'a aimé et s'est donné pour moi. Si la justice peut être gagnée par la loi, Christ est mort pour rien. La loi nous a maintenus ensemble jusqu'à ce que Jésus vienne nous sauver ; avoir la loi prouvée que nous ne pouvions pas toujours respecter la loi. Il n'y a donc aucune obligation de respecter la loi : nous sommes libérés du fait d'être esclaves de la loi. Il n'y a ni Juif ni Gentil, ni esclave ni libre, ni homme ni femme : tous sont un dans le Seigneur. Les non-juifs ont été adoptés dans la famille de Dieu ; ceux qui croient et obéissent à Jésus font partie des ancêtres d'Abraham et héritent des promesses de Dieu. Les visions rigides de l'Évangile pervertissent la vérité et constituent une forme d'esclavage.

Paul a rappelé à ses lecteurs de ne pas ignorer la loi et de ne pas penser que l'anarchie était acceptable. Être libre de la loi ne signifie pas être libre de pécher. Les chrétiens devraient plutôt se laisser guider par l'esprit de Dieu et ne pas commettre d'actes immoraux. Les chrétiens doivent s'aimer et se servir les uns les autres avec humilité, car toute la loi se résume en un seul commandement : « Aimez votre prochain comme vous-même. »

Éloignez-vous des actes tels que l'immoralité sexuelle, la sorcellerie et le culte des idoles, la haine, les disputes, la jalousie, la colère extrême, l'égoïsme et l'ivresse. Le fruit de l'Esprit est l'amour, la joie, la paix, la patience, la bonté, la fidélité, la douceur et la maîtrise de soi. Il n'y a pas de lois contre ces choses. Si quelqu'un est pris dans un péché, restaurez-le avec douceur. Aidez-vous les uns les autres à porter les fardeaux, ne comparez pas vos actes avec ceux des autres et ne vous fatiguez pas de faire du bien à tout le monde, en particulier aux autres croyants.

Lettres aux Thessaloniciens

Paul a écrit deux lettres à l'église de Thessalonique, la grande capitale de la Macédoine ; Silas et Timothy étaient coauteurs. Les deux lettres furent écrites peu après que les trois hommes eurent été chassés de Corinthe. L'Église de Thessalonique était principalement composée de Gentils, et Timothée avait dit à Paul et Silas à quel point l'Église se portait bien.

Dans la première lettre, les auteurs félicitaient les croyants pour leur conversion et leur foi grandissante. La fidélité de l'Église alors qu'elle était persécutée était un bon exemple pour les églises des autres villes. Trois mots importants – foi, amour et espérance – apparaissent au début de la lettre. La foi a produit de bonnes œuvres, l'amour a conduit à des actes de gentillesse et de miséricorde, et l'espoir a généré du courage et de l'endurance dans les moments difficiles. Les auteurs ont également exhorté les croyants avec des instructions pratiques sur la façon de vivre.

> Évitez l'immoralité sexuelle et conduisez-vous d'une manière sainte et honorable. Menez une vie tranquille et occupez-vous de vos propres affaires. Travaillez pour que votre vie gagne le respect des étrangers et que vous n'ayez pas à dépendre des autres. Vivez en paix les uns avec les autres. Dites aux gens de ne pas rester inactifs ou perturbateurs, encouragez ceux qui sont déprimés, aidez les faibles et soyez patients avec tout le monde. Assurez-vous que personne ne fait quelque chose de mal lorsqu'il est maltraité et essayez toujours de faire ce qui est bon pour l'autre et pour tous les autres. Réjouissez-vous toujours, ne cessez jamais de prier et rendez grâce dans toutes les situations.

La deuxième lettre, plus courte, a été écrite peu de temps après la première lettre. L'Église était persécutée et certains chrétiens pensaient que c'était le signe que Jésus reviendrait bientôt sur terre. Les faux prophètes ont renforcé ce point de vue parce que de nombreux chrétiens avaient été tués. La première lettre de Paul encourageait les croyants à veiller sur Jésus et sur la résurrection des morts, ce qui renforçait leur conviction que le retour de Jésus pouvait survenir à tout moment. En conséquence, certains croyants ont quitté leur emploi.

Paul a expliqué que Jésus ne reviendrait pas bientôt et que cela n'arriverait peut-être pas avant longtemps. Il a expliqué que l'heure du retour de Jésus est inconnue et que les gens devaient donc retourner au travail. Il était important que les croyants travaillent dur et ne soient pas un fardeau pour les autres, tout comme les trois hommes avaient pris soin de leurs propres besoins. Dieu finirait par punir les méchants.

Lettres aux Corinthiens

Paul a écrit trois lettres aux croyants de Corinthe, mais la première a été perdue, son contenu est donc inconnu. Dans sa deuxième lettre (connue sous le nom de Premières Corinthiens), Paul a répondu aux questions dans une lettre que l'Église lui avait envoyée. Corinthe était une ville portuaire difficile, avec de nombreuses tavernes et des gens vendant leurs corps pour le plaisir des autres, et l'Église était en difficulté. La plupart des croyants n'étaient pas bien éduqués et venaient d'une classe sociale inférieure, ils se sentaient donc inférieurs aux personnes les plus instruites de la ville. Paul leur a dit que même s'ils n'étaient ni sages ni nobles selon les normes humaines, « Dieu a choisi les choses insensées du monde pour faire honte aux sages et a choisi les choses faibles du monde pour faire honte aux forts ».

Les membres de l'église de Corinthe avaient de nombreuses questions pratiques. Ils ont demandé comment gérer les divisions et les procès au sein de l'Église et avec les chrétiens qui agissaient de manière immorale. Ils avaient des questions sur le mariage, quels aliments pouvaient être consommés et comment organiser des services de culte utiles (comme célébrer la Cène du Seigneur, les femmes à l'église et exercer leurs dons spirituels). Les membres de l'Église se posaient également des questions sur la résurrection de Jésus et sur leur propre résurrection dans le futur.

Paul a plaidé pour que les membres de l'église soient unifiés plutôt que divisés en fonction de celui qui leur a enseigné. « J'ai planté la graine, Apollos l'a arrosée, mais Dieu l'a fait pousser. J'ai posé une fondation et d'autres bâtissent dessus. Si vous vous disputez pour savoir quel est le meilleur enseignant, cela montre que vous êtes encore des bébés dans la foi. Quand vous étiez bébés dans la foi, je vous ai donné du lait spirituel que vous pouviez supporter. Vos divisions montrent que vous n'êtes pas prêt pour la nourriture solide. »

Paul a également clarifié ce qu'il avait dit sur les personnes avec qui les chrétiens devraient être et quel genre de personnes éviter.

> Ma lettre précédente disait que vous ne devriez pas vous associer à des personnes ayant commis des actes sexuels inappropriés. Je ne voulais pas dire que vous ne devriez pas vous associer avec des gens de ce monde qui sont immoraux, ou qui sont avides, voleurs ou adorent d'autres dieux. Si tel était le cas, vous devriez quitter le monde ! Ce que je voulais dire, c'est que vous ne devez pas vous associer à ceux qui prétendent être votre frère ou votre sœur en Christ mais qui sont sexuellement immoraux, avides, menteurs et voleurs, ou qui boivent trop. Nous ne devons pas juger ceux qui sont en dehors de l'Église – Dieu le fera.

Paul a expliqué qu'il était plus important d'être guidé par l'esprit de Dieu que d'avoir la sagesse humaine. « Si vous avez l'Esprit, vous avez la pensée de Christ. » Le corps humain était sacré et le temple du Saint-Esprit. Ceux qui commettaient des péchés majeurs devaient être retirés de l'église et exclus du Repas du Seigneur.

En ce qui concerne le mariage, Paul a déclaré qu'être célibataire était une bonne chose car cela permettait aux gens de servir Dieu et les autres plus librement. Mais en raison de notre nature sexuelle, Dieu a béni les mariages car «il vaut mieux se marier que de brûler de passions incontrôlées». Ceux qui se marient doivent se donner leur corps, et aucune des parties n'a de pouvoir sur l'autre. Paul a également donné son opinion (et non des paroles de Dieu) sur d'autres questions liées au mariage et au divorce.

Paul a dit qu'une personne peut manger n'importe quoi, mais si une personne pense que ce n'est pas bien de manger quelque chose et qu'elle le mange ensuite, elle a péché. Manger devient une pierre d'achoppement pour ceux qui ont une foi moins développée. Par conséquent, les chrétiens ne devraient pas manger quelque chose si cela amène une autre personne à manger quelque chose qu'elle pense ne pas devoir manger. (La plupart de la viande consommée à l'époque avait été sacrifiée aux idoles.) Paul a dit : « Je suis juif avec les Juifs, mais quand je suis avec d'autres qui ne suivent pas les règles sur ce qu'il faut manger, je mange ce qu'il ils mangent. Je suis devenu tout pour tout le monde afin qu'ils soient plus disposés à entendre mon message. Dieu ne vous laissera pas être tenté au-delà de ce que vous pouvez supporter. Quand on est tenté, il y a toujours moyen de s'en sortir. »

Paul a écrit sur la façon de diriger les services d'adoration. Les croyants devaient s'assurer qu'ils partageaient la Cène du Seigneur en paix. S'il y avait un désaccord entre les individus, ils devaient d'abord le résoudre. Paul a également dit que les femmes ne devraient pas parler ou poser de questions pendant le culte si elles ne comprennent pas quelque chose – elles devraient en parler aux autres plus tard. Les femmes doivent également éviter d'avoir des conversations secondaires perturbatrices et rester silencieuses à moins qu'elles ne prient et n'enseignent dans le cadre des activités de culte.

Paul a déclaré que l'on passait trop de temps à faire parler aux gens des langues que personne d'autre ne comprenait. C'était un don donné par l'Esprit à certains croyants, et cela s'est produit lors de la première Pentecôte. Mais si personne ne pouvait interpréter ce qui était dit, cela ne serait pas utile, et d'autres pourraient penser que l'Église est composée de personnes souffrant de maladies mentales. Tout le monde avait des dons spirituels, tels que la guérison, la sagesse, la connaissance, la foi, la compréhension si un esprit est bon, le fait de parler une autre langue, l'aide et la guidance. Les dons moins dramatiques donnés par l'Esprit, comme prêcher et comprendre la vérité sur Dieu, étaient plus utiles. Paul a dit : « Je parle en langues plus que vous tous. Mais je préfère prononcer cinq bonnes paroles d'instruction parmi les croyants plutôt que de prononcer 10 000 mots dans une autre langue. »

Il parlait de l'Église comme s'il s'agissait d'un corps humain composé de nombreuses parties – chacune ayant une fonction différente.

> L'oreille ne peut pas dire : « Parce que je ne suis pas un œil, je ne fais pas partie du corps. » Si le corps tout entier était un œil, comment pourrions-nous entendre ? Dieu a créé plusieurs parties d'un seul corps, et toutes les parties doivent fonctionner ensemble. Les parties qui semblent les plus faibles sont indispensables. Si une partie souffre, tout le monde souffre.

Paul a ensuite écrit que l'utilisation des dons spirituels n'était pas aussi importante que le fait d'être une personne aimante. Paul a comparé les dons spirituels et l'amour de cette façon :[7]

> Si je parle dans une autre langue mais que je ne montre pas d'amour, je ne fais que du bruit. Si j'ai le don de prophétie et que je peux comprendre tous les mystères et toutes les connaissances, ou si j'ai tellement de foi que je peux déplacer une montagne, mais que je ne montre pas d'amour, je ne suis rien. Si je donne tout ce que j'ai aux pauvres et que je sacrifie mon corps sans aimer les autres, je ne gagne rien.
>
> L'amour est patient et gentil. Il n'est pas jaloux et ne se vante pas et ne déshonore pas les autres. Ce n'est ni fier ni égoïste. Il ne se met pas facilement en colère et ne sait pas quand les gens font quelque chose de mal. L'amour ne se réjouit pas du mal mais se réjouit de la vérité. Il supporte et croit tout ; il est toujours plein d'espoir et supporte tout. Quand j'étais enfant, je parlais et pensais comme un enfant. Maintenant que j'ai mûri, j'ai mis de côté mes manières enfantines et égoïstes. L'amour n'échoue jamais. Les prophéties cesseront, les langues se calmeront et la connaissance

---

[7] Paul a utilisé le terme grec *agape* pour désigner l'amour dans ce passage. Le mot implique action et sacrifice pour les autres. Cela ne signifie pas un sentiment émotionnel, une amitié (*philia*) ou un amour physique (*eros*).

disparaîtra. La foi, l'espérance et l'amour sont les plus importants, et le plus grand d'entre eux est l'amour.

Enfin, Paul discute de la résurrection du corps, un concept étrange pour les Grecs qui faisait douter certains croyants de leur retour à la vie à un moment donné. Personne ne doutait pas que Jésus soit revenu d'entre les morts. Cela signifiait que d'autres pouvaient ressusciter des morts. Jésus a vaincu la mort afin que le corps spirituel d'une personne revienne à la vie. Paul concluait par ce mystère :

Lorsque nous serons morts, nous serons transformés instantanément lorsque la dernière trompette sonnera. Les morts ressusciteront et vivront éternellement. Ce que dit Osée se réalisera : « La mort a été engloutie dans la victoire de Dieu. Où, ô mort, est votre victoire ? Où est votre aiguillon ? »

La dernière lettre de Paul aux Corinthiens

Paul a fait plusieurs voyages à Corinthe pour soutenir et enseigner les croyants, et certaines de ses visites ont été « douloureuses ». L'opposition à Paul s'était élevée, mais le chef d'une rébellion avait été discipliné. Paul a écrit pour exprimer son soulagement et sa joie que l'Église ait résolu ce problème, et il a encouragé les croyants à permettre au chef rebelle de réintégrer l'Église. Comme il était dangereux d'être chrétien dans l'empire romain, il a rappelé à l'Église l'espoir qu'elle avait dans la résurrection de son âme. Les chrétiens marchaient par la foi et non par leur propre vue. C'étaient de nouvelles créatures parce que Dieu vivait en eux – ils avaient abandonné leurs anciennes façons d'agir et de penser. Les croyants sont comme des pots d'argile, façonnés par le maître potier, qui remplissent différentes fonctions selon les désirs de Dieu.

Paul a parlé de toutes ses qualifications pour enseigner, mais il a également souligné ses propres faiblesses, notamment le fait d'avoir « une épine dans le côté. » Paul n'a jamais rien dit de ce qui le dérangeait et il avait prié à plusieurs reprises pour que ce problème soit résolu. Mais Dieu a dit que « ma puissance se manifeste dans la faiblesse humaine ». Paul était assez bon tel qu'il était, et ses limites le maintenaient humble : quand il était faible, il était fort.

Lettre aux Romains

La plus longue lettre de Paul a été envoyée aux églises de maison de Rome qui comptaient à la fois des croyants juifs et païens. Il a écrit avant son premier voyage à Rome et ne connaissait pas personnellement beaucoup de chrétiens de Rome, donc ses écrits sont plus formels que les autres lettres qu'il a écrites. Sa lettre résumait les idées fondamentales de la nouvelle foi chrétienne aux croyants qui ne possédaient pas cette connaissance. Il expliqua les principes généraux de la foi comme si sa lettre était une affaire juridique. Son message global était que Jésus est mort et a délivré tous les hommes du péché, donc une relation avec Dieu est accessible à quiconque a foi en Jésus, le Christ. Il a utilisé cinq thèmes pour soutenir ce message :

- Tous les gens ont une nature pécheresse.
- La mort de Jésus était le meilleur et le dernier sacrifice de sang nécessaire pour enlever les péchés du monde et permettre à tous d'être acceptables aux yeux de Dieu.
- Les chrétiens doivent être saints et compter sur l'Esprit de Dieu pour endurer les moments difficiles. Une foi plus profonde mène à une justice plus profonde.
- Les Juifs ont été initialement choisis comme peuple de Dieu, mais les Gentils sont désormais inclus parce que les Israélites ont continuellement rejeté Dieu.
- Être chrétien, c'est vivre différemment dans un monde pécheur.

Les gens ont une nature pécheresse

Le premier thème soulignait que tout le monde a une nature pécheresse ; les individus et la société dans son ensemble ont tendance à faire des choses mauvaises. Les gens commettent tous types de crimes et ne font preuve ni de pitié ni d'équité envers les autres. Ils mentent, se battent, bavardent et réfléchissent à des moyens de s'aider eux-mêmes, même s'ils savent que cela entraînera de graves conséquences. Ils sont fiers et se vantent de leur grandeur et ne sont ni patients ni gentils. Ils entendent la loi mais ne l'obéissent pas ; ils ne mettent pas en pratique ce qu'ils prêchent.

Personne n'est juste, tout le monde s'est détourné de Dieu. Nous ne pouvons pas être acceptables aux yeux de Dieu en obéissant à la loi. Notre incapacité à obéir à la loi montre notre nature pécheresse. Il n'y a aucune différence entre les Juifs et les Gentils : tous ont péché et ne répondent pas aux normes de justice de Dieu.

Jésus, le meilleur et le dernier sacrifice nécessaire

Le deuxième thème raconte comment la mort de Jésus était le meilleur et le dernier sacrifice de sang nécessaire pour enlever les péchés du monde et permettre aux gens de se tenir justifiés et justes devant Dieu. Le sang versé par le Christ a définitivement stoppé la colère de Dieu contre la nature pécheresse des hommes, tout comme les sacrifices d'animaux de grande qualité éliminaient auparavant les péchés des Israélites. Mais ces sacrifices n'ont fait qu'arrêter temporairement la colère de Dieu contre les Juifs. Le sacrifice de Jésus s'applique à tout le monde.

Abraham était « justifié » (juste) à cause de sa foi. Il quitta docilement la Mésopotamie pour s'installer en Canaan, et il était prêt à tuer Isaac, même si Dieu lui promettait d'innombrables descendants. Il n'a jamais perdu espoir d'avoir un fils, même lorsque Sarah et lui étaient très vieux. Il n'était pas justifié en obéissant à la loi – il montrait sa foi avant d'être circoncis, ce qui était simplement un signe de sa foi. Un vrai Juif est quelqu'un qui est fidèle aux enseignements de Dieu, et non quelqu'un qui a les caractéristiques extérieures d'un Juif ou qui obéit à la loi. « Les péchés d'un seul homme (Adam) ont affecté tous les humains ; le sacrifice d'un seul homme (Jésus) a purifié tous les humains. »

Les avantages d'être chrétien sont gratuits parce que Jésus en a payé le prix. Les gens ont seulement besoin d'avoir une foi sincère en Jésus pour rester purs devant Dieu et en bénéficier. Ces avantages incluent la paix, la joie et l'espoir, même dans les moments difficiles. Le péché tue, mais Jésus est mort pour nous donner la vie.

Sainteté chrétienne

Un troisième thème s'est concentré sur les processus de maturation dans la foi chrétienne. Les gens font naturellement des choses qu'ils savent qu'ils ne devraient pas faire, mais l'esprit de Dieu les aide à résister à la tentation et à changer leur caractère. « Toutes choses concourent au bien de ceux qui aiment Dieu. La souffrance produit la persévérance, qui produit le caractère, qui produit l'espoir. Si Dieu est pour nous, qui peut être contre nous ? Rien ne peut nous séparer de l'amour du Christ. Ceux qui sont guidés par l'Esprit ne comptent pas sur leurs propres ressources. Ils puisent dans « l'eau vive » de Dieu, ce qui les transforme progressivement en personnes qui reflètent la nature et le caractère de Dieu. L'Esprit aide les chrétiens à devenir le sel de la terre et la lumière du monde.

Actualiser les promesses faites aux Israélites

Le quatrième thème concernait la question de la relation entre le judaïsme et les croyances chrétiennes. Dieu avait choisi les Israélites pour être ses représentants sur terre – cela avait-il changé ? Paul savait que la plupart des Juifs ne croyaient pas que Jésus était le Messie et rejetaient l'idée que le royaume de Dieu était venu. Les Juifs s'attendaient à ce que le Messie devienne roi et renverse les Romains. En tant que pharisien fervent, Paul comprenait parfaitement les lois de Moïse et possédait une expérience personnelle qui lui permettait de lier les idées du judaïsme aux nouvelles idées du christianisme. Les nouvelles promesses sont logiquement liées aux promesses précédentes. Un Dieu souverain pouvait « élire » n'importe quel groupe de personnes pour être le peuple élu. En se concentrant sur l'obéissance à la loi plutôt que sur la foi en Dieu, les Juifs ont perdu leur statut spécial de peuple élu de Dieu. Désormais, les Gentils qui avaient foi en Jésus étaient inclus – adoptés dans la famille de Dieu, une branche greffée sur un arbre sacré pour remplacer les branches mortes. Les Juifs étaient toujours spéciaux aux yeux de Dieu, mais lorsque Dieu inclus les Gentils dans le royaume, il y eut davantage de messagers capables de porter du fruit et de porter la bonne nouvelle de l'amour salvateur et du pardon de Dieu dans toutes les régions du monde. Les Gentils pouvaient aussi aider les Juifs à comprendre le plan global de Dieu pour le monde. L'amour et la miséricorde de Dieu pour la race humaine n'ont pas changé du tout.

Vivre en chrétiens dans le monde

Paul termine en discutant de ce qu'il fallait à un chrétien pour vivre dans un monde mauvais. Les chrétiens doivent être évidemment différents.

Je vous exhorte à offrir vos corps comme sacrifice vivant à Dieu, ce qui est une forme d'adoration. Ne vous conformez pas aux manières et aux idées de ce monde, mais changez-vous en renouvelant votre esprit.

Chacun devrait utiliser ses dons au mieux de ses capacités. Chaque personne fait partie d'un seul corps, mais nous avons tous des fonctions et des dons différents. Certains prêcheront tandis que d'autres serviront ou enseigneront ; certains encourageront ou donneront généreusement tandis que d'autres dirigeront ou feront preuve de gentillesse.

L'amour doit être sincère. Aimez-vous les uns les autres et honorez les autres plus que vous-même. Soyez heureux dans l'espérance, patient lors des problèmes et fidèle dans la prière. Partagez avec d'autres chrétiens qui sont dans le besoin et pratiquez l'hospitalité. Ne soyez pas fier et pensez à vous plus haut que vous ne le devriez. Au lieu de cela, regardez-vous avec des yeux réalistes.

Bénis ceux qui vous persécutent. Réjouissez-vous avec ceux qui se réjouissent ; pleurez avec ceux qui pleurent. Faites ce que vous pouvez pour vivre en paix avec tout le monde. Soyez prêt à vous associer à des personnes occupant des postes inférieurs qui effectuent un travail simple et sale. Détestez ce qui est mal ; acceptez ce qui est bon. Ne faites pas de mal à ceux qui vous font du mal et faites ce que tout le monde pense être juste. Ne cherchez pas à vous venger – c'est quelque chose que Dieu s'en chargera. Au lieu de cela : « Si vos ennemis ont faim, nourrissez-les ; s'ils ont soif, donnez-leur à boire. En faisant cela, vous amasserez des charbons ardents sur leur tête.[8] Ne vous laissez pas vaincre par le mal, mais surmontez le mal par le bien.

Soumettez-vous aux représentants du gouvernement qui rendent justice. Donnez à ceux-là ce que vous leur devez : Si vous devez des impôts ou avez des dettes, payez-les. Respectez et honorez ceux qui en ont besoin.

---

[8] Voir la note de bas de page du chapitre 13 dans la section relative à Proverbes 25 pour connaître la signification de ce dicton.

Lettre aux Colossiens

La ville de Colosses se trouvait à 161 kilomètres à l'est d'Éphèse et se trouvait sur une route commerciale majeure reliant l'Asie et l'Europe. Paul n'y était jamais allé, mais il avait visité des villes proches et avait entendu parler de l'église en pleine croissance, composée principalement de Gentils. Paul a écrit aux Colossiens pour dénoncer les faux enseignements auxquels l'Église était confrontée, des enseignements mêlant le légalisme juif, la philosophie grecque et le mysticisme oriental.

La première moitié de la lettre traitait de la doctrine chrétienne correcte. Il a souligné la suprématie de Jésus.

> Jésus est l'image visible du Dieu invisible, le premier-né de toute la création. Toutes choses sur terre et au ciel, visibles et invisibles, ont été créées par lui et pour lui. Il a existé avant toutes choses et il tient tous ensemble. Il est le chef du corps, de l'Église, et il est suprême en tout. La plénitude de Dieu vivait en lui, et par lui toutes choses sur terre et dans le ciel sont réconciliées avec Dieu par le sacrifice de son sang sur la croix.

Paul a exhorté ses lecteurs à se concentrer sur Jésus plutôt que de suivre les pratiques juives strictes, les philosophies du culte des anges et les idées d'abnégation. Le mélange de ces éléments supplémentaires dans la foi a détourné l'attention des gens de l'idée que Jésus était tout ce dont les chrétiens avaient besoin pour être en règle avec Dieu.

> Christ est mort pour que vous n'ayez pas besoin de suivre les règles de ce monde qui disent : « Ne touchez pas à ceci, ne goûtez pas à cela ! » Ces règles sont basées sur des commandements et des enseignements humains qui semblent sages avec leur fausse humilité et leur traitement dur du corps, mais n'ont aucune valeur durable.

Dans la deuxième partie de la lettre, Paul écrit sur la manière dont les chrétiens devraient se comporter. Les croyants doivent viser à faire des choses pieuses et non des choses mauvaises.

> Enlevez votre ancien moi et revêtez votre nouveau moi. Cela signifie se débarrasser de la colère, des mensonges sur les autres, du langage grossier,

de l'immoralité sexuelle, des mauvais désirs et de l'égoïsme. En tant que peuple élu de Dieu, faites preuve de compassion, de gentillesse, d'humilité, de douceur et de patience. Supportez-vous les uns les autres et pardonnez-vous les uns les autres, tout comme Jésus vous pardonne. Plus important encore, aimez les autres pour rester tous ensemble. Agissez avec sagesse envers les étrangers et profitez au maximum de chaque opportunité. Vos conversations doivent être pleines de patience et de gentillesse lorsque vous parlez aux autres.

Lettre aux Éphésiens

Paul a écrit une lettre plus longue et plus sophistiquée à l'église d'Éphèse, semblable à sa lettre aux Colossiens. Il envoya les deux lettres à peu près au même moment alors qu'il était en prison à Rome. Il vivait à Éphèse depuis plusieurs années et connaissait donc bien son public. Il n'y avait aucune raison spécifique d'écrire autre que de continuer à enseigner à l'Église ce que signifiait être l'Église.

Alors que sa lettre aux Colossiens mettait l'accent sur Jésus comme chef de l'Église, sa lettre aux Éphésiens se concentrait sur l'Église en tant que corps du Christ, un ensemble de personnes choisies qui ont été adoptées dans la foi. Le caractère général de la lettre indique qu'elle était probablement destinée à être envoyée aux autres églises de la région. Comme la lettre aux Colossiens, sa lettre comportait deux parties principales : l'une sur les idées chrétiennes correctes et l'autre sur la manière de vivre la foi dans le monde.

La première partie de la lettre déclare que cela a toujours fait partie du plan plus vaste de Dieu que tous les habitants de la terre aient une relation d'amour avec Dieu, et pas seulement avec les Juifs. Les trois formes de Dieu ont joué un rôle dans le développement et la poursuite du plan global de Dieu. Dieu le « Père » a choisi les croyants ; le Fils (Jésus) a sanctifié les hommes par sa mort, qui a pardonné tous les péchés du monde ; et l'Esprit guidait les gens vivant sur la terre. Paul a souligné que les gens n'avaient rien fait pour mériter un statut spécial auprès de Dieu. C'était entièrement la grâce de Dieu, un don gratuit et immérité accordé aux croyants en raison de leur foi en Jésus.

Vous étiez auparavant mort dans vos péchés, mais maintenant vous êtes vivant en Christ – vos péchés sont pardonnés. La grâce nous a sauvés à cause de notre foi ; c'est un don gratuit de Dieu, et non pas ce que nous avons fait pour pouvoir nous en vanter. Nous sommes l'œuvre de Dieu et avons été créés pour accomplir de bonnes œuvres. Dieu nous a préparé à faire cela il y a longtemps.

Les Juifs et les Gentils forment désormais un seul groupe possédant la citoyenneté céleste. Le dessein de Dieu était de créer une nouvelle humanité à partir des deux, instaurant ainsi la paix. Les païens ne sont plus des étrangers, mais des concitoyens du peuple de Dieu et des membres de la famille de Dieu bâtie sur le fondement des apôtres et des prophètes. Jésus est la pierre angulaire principale : en lui, tout l'édifice est réuni et s'élève pour devenir le saint temple de Dieu. En Jésus, vous êtes l'Église qui est construite pour être là où vit l'Esprit de Dieu.

Paul se considérait simplement comme un serviteur de Dieu chargé de révéler ce plan global aux Gentils. Il ne voulait pas que quiconque ait pitié de lui pendant qu'il était en prison. Il faisait ce qu'il était censé faire. Il voulait simplement que les croyants comprennent l'amour incroyable que Dieu avait pour eux et qu'ils continuent de grandir dans leur foi et leur amour les uns pour les autres.

Ces idées ont été développées dans la deuxième partie de la lettre – un ensemble étendu d'instructions et d'encouragements à vivre en paix les uns avec les autres, malgré leur diversité, afin que le monde puisse voir un exemple de la façon dont les gens devraient vivre comme un seul homme sur terre.

Montrer l'unité au sein d'un groupe diversifié avait des implications pour les individus (comment ils devraient vivre leur propre vie en tant que nouvelles créatures) et pour le groupe (comment la diversité de l'Église devrait fonctionner dans l'unité). Chaque personne avait un rôle différent, tout comme les différentes parties du corps contribuent au fonctionnement du corps tout entier. Paul a écrit bon nombre des mêmes choses qu'il a écrites aux Colossiens sur la façon dont les chrétiens devraient vivre leur vie et comment vivre dans une communauté de foi. Il a développé son point de vue sur les rôles au sein de la famille.

Soumettez-vous les uns aux autres par respect pour le Christ. Femmes, soumettez-vous à vos maris comme vous le faites au Seigneur. Maris, aimez vos femmes comme le Christ a aimé l'Église et s'est livré pour elle afin de la sanctifier. Aimez vos femmes comme si elles étaient votre propre corps.

Celui qui aime sa femme aime son propre corps, tout comme Jésus aime l'Église.

Les enfants, obéissez à vos parents. Pères, n'irritez pas vos enfants. Élevez-les avec une formation et des instructions sur le Seigneur. Esclaves, obéissez à vos maîtres avec respect et sincérité. Maîtres, traitez vos esclaves de la même manière. Ne les menacez pas, car notre Maître céleste ne fait preuve d'aucun favoritisme. Servez les autres comme si vous serviez le Seigneur, qui nous récompensera en fonction de ce que nous faisons, et non selon que nous sommes esclaves ou libres.

Paul termine sa lettre en encourageant l'Église à se méfier du mal tout en étant forte pour conserver et développer la foi. En utilisant l'analogie avec l'armure d'un soldat, il a décrit les outils défensifs et offensifs permettant de combattre les plans du diable. « Notre lutte n'est pas contre la chair et le sang, mais contre les puissances des ténèbres de ce monde et contre les forces spirituelles du mal. »

Lettre aux Philippiens

Philippes était une ville importante de Macédoine et la première ville d'Europe visitée par Paul. C'était une colonie romaine prospère, et les Gentils de l'Église étaient des citoyens romains qui soutenaient Paul financièrement. Il a écrit sa lettre alors qu'il était en prison à Rome et est très personnelle. Il fait le point sur son voyage et les remercie pour leur soutien financier. Il a parlé de son état alors qu'il était assigné à résidence, et il a dit qu'étant en prison, il aidait à propager l'Évangile – les gardiens de prison et divers fonctionnaires romains entendaient la bonne nouvelle de Jésus.

Paul a encouragé les Philippiens à rester fermes dans leur foi et à se réjouir lorsqu'ils ont été persécutés à cause de leur foi. Il n'avait pas peur de mourir : il y gagnerait en étant encore plus proche de Dieu. Il a écrit sur l'importance d'être humble et a utilisé Jésus comme exemple ultime d'humilité, qui n'était pas considérée comme une vertu parmi les gens qui vivaient à cette époque.

Soyez d'un même avis et ne faites rien par ambition égoïste. Soyez humble et valorisez les autres et leurs intérêts avant les vôtres. Dans vos relations avec les autres, ayez la même attitude que Jésus. Même s'il était une forme de Dieu, il ne considérait pas l'égalité avec Dieu comme quelque chose qu'il devait utiliser à son avantage. Au lieu de cela, il est devenu un serviteur humain et a obéi à Dieu, mourant de manière humiliante sur une croix. En conséquence, Dieu l'a honoré pour qu'il occupe la plus haute place et lui a donné le nom qui est au-dessus de tout nom. Tout au ciel, sur terre et sous la terre s'inclinera devant lui, et chacun dira que Jésus-Christ est Seigneur.

Paul a parlé de ses propres références en tant que juif fervent. Il aurait pu se vanter de son origine religieuse et de sa sainteté. Mais ces éléments n'étaient désormais plus pertinents ; il a renoncé à ses privilèges dans la communauté religieuse pour croire en Jésus et promouvoir la bonne nouvelle. Il était encore en train d'apprendre et d'essayer de mieux comprendre Jésus, même si cela impliquait de mourir pour sa foi.

Ne vous inquiétez de rien. Dans chaque situation, présentez vos demandes à Dieu en priant avec gratitude. La paix de Dieu qui dépasse notre compréhension gardera vos cœurs et vos esprits. Tout ce qui est vrai, tout ce qui est noble, tout ce qui est juste, tout ce qui est pur – si quelque chose est excellent ou mérite d'être loué – pensez à ces choses. J'ai appris à être en paix dans toutes les situations. Je sais ce que c'est que d'être dans le besoin et d'avoir beaucoup, d'avoir faim ou d'être bien nourri. Je peux tout faire grâce au Christ qui me donne la force et ce dont j'ai besoin.

Paul a dit que la citoyenneté d'un chrétien est au ciel et que les croyants sont des ambassadeurs du royaume de Dieu auprès de ceux qui vivent sur terre. Le christianisme représente un nouveau modèle de pensée et de vie, et l'Esprit transforme et protège les croyants dans leur mission dans ce monde.

Lettres aux dirigeants de l'Église

Paul a écrit des lettres pendant et après son incarcération à Rome aux pasteurs qui vivaient dans les régions qu'il avait visitées. Plusieurs lettres furent dictées à des scribes qui furent autorisés à exprimer les idées de Paul dans leurs propres mots. Cela a conduit certains à douter que Paul en soit l'auteur. Les lettres portaient principalement sur l'organisation de la direction de l'Église, les enseignements sur la bonne conduite dans le monde et la lutte contre les faux enseignements.

Tite

Paul a écrit une lettre à son ami Tite, un gentil grec devenu croyant lors du premier voyage de Paul en Asie Mineure. Titus était avec Paul et Barnabas lorsqu'ils se rendirent à Jérusalem pour parler aux dirigeants de l'Église de la conversion des Gentils, et il fut utilisé comme exemple lors de la discussion sur la nécessité de la circoncision parmi les Gentils. Titus fut laissé sur l'île de Crète lors d'un des voyages de Paul et devint finalement le chef de toutes les églises de l'île.

Paul a écrit pour guider Tite lorsqu'il a nommé des dirigeants (« anciens ») pour diriger les églises locales de l'île. Les anciens devaient montrer les fruits de l'esprit (par exemple, être patients, gentils, hospitaliers, maîtres de soi, disciplinés). Ils devaient être de fervents croyants : agir avec sainteté, s'accrocher fermement au message chrétien, encourager les autres avec un enseignement correct et s'opposer à ceux qui n'y croyaient pas, être fidèles à leurs femmes, ne pas être violents et ne pas boire trop d'alcool. En fait, ces qualités devraient être manifestées par tous les croyants, quels que soient leur position ou leur sexe. Cela aiderait les gens à respecter et à admirer ceux qui ont suivi Jésus.

Paul a dit à Tite de sévir contre les Juifs qui disaient du mal des croyants païens qui ne suivaient pas les coutumes juives. Il a également dit à Titus d'enseigner à tous les croyants à ne pas se rebeller contre les dirigeants du gouvernement, à faire le bien chaque fois qu'ils le peuvent et à éviter de parler de controverses stupides et inutiles. Ceux qui ont provoqué des divisions doivent être avertis à plusieurs reprises, et s'ils continuent à semer la discorde, ils doivent être évités.

Philémon

La lettre la plus courte (une page) de Paul a été écrite alors qu'il était prisonnier à Rome. Il a rencontré et converti un esclave nommé Onésime (qui signifie « utile ») alors qu'ils étaient tous deux en prison. L'esclave appartenait à Philémon, un chrétien vivant à Colosses et qui dirigeait une église de maison. Paul avait déjà aidé Philémon à devenir croyant alors qu'ils étaient à Éphèse. Onésime avait pris une partie de l'argent de Philémon et s'était enfui à Rome. Onésime était sur le point d'être libéré de prison et Paul l'a convaincu de retourner auprès de Philémon et d'être utile plutôt que d'être inutile comme un esclave disparu.

La lettre de Paul encourageait Philémon à accueillir à nouveau Onésime et à le traiter comme un autre croyant et à ne pas le punir ou le tuer comme il le ferait avec un esclave en fuite typique. Paul a promis de payer à Philémon l'argent que lui devait Onésime. Paul a laissé entendre que Philémon devrait libérer Onésime de l'esclavage et que Philémon devait une faveur à Paul en raison de sa propre conversion.

(Onésime a été libéré par Philémon et est devenu l'évêque de l'église d'Éphèse ; Philémon est devenu l'évêque de l'église de Gaza. Les deux hommes ont finalement été tués par les Romains à cause de leur foi.)

Timothée

Paul a écrit deux lettres à Timothée, le chrétien à moitié gentil de Lystre qui était son compagnon de voyage. Bien que Timothée soit jeune, Paul lui a confié la responsabilité de diriger l'église vaste et diversifiée d'Éphèse en raison de ses compétences en matière de prédication et d'enseignement.

Dans sa première lettre, Paul mettait en garde Timothée contre plusieurs Juifs qui enseignaient des idées incorrectes sur ce qui était requis pour être chrétien. L'objet de leurs idées était l'obéissance aux lois de Moïse, sur le fait de ne pas aimer les autres et de n'avoir pas foi en Jésus. La loi était encore utile lorsqu'elle concernait les criminels, les menteurs, les rebelles, les marchands d'esclaves et ceux qui pratiquaient l'immoralité sexuelle.

Paul a également écrit sur la manière d'organiser les services de culte et l'église. Il a donné des instructions sur la manière de prier, sur la manière dont les femmes doivent s'habiller et sur qui doit parler et enseigner pendant le service du culte. Il a donné à Timothée bon nombre des mêmes instructions qu'à Tite concernant les qualifications des anciens (également appelés évêques), et il a discuté des qualifications des diacres.

Il a donné à Timothy des conseils sur la façon de maintenir sa santé et a noté que payer les aînés pour leur travail était une bonne idée. Il l'a encouragé à rechercher la piété et à faire preuve de foi, d'amour, d'endurance et de douceur envers les autres. Enfin, Paul lui a donné des conseils sur la façon de traiter les croyants dans tous les domaines de la vie : ceux qui étaient vieux et jeunes, mariés, veufs ou célibataires, les esclaves et leurs maîtres, ceux qui étaient accusés d'un péché, et les riches et les pauvres.

> Contentez-vous de ce que vous avez. Ceux qui veulent devenir riches tombent dans un piège. Beaucoup de désirs insensés sont nuisibles et ruinent les gens, car l'amour de l'argent provoque toutes sortes de maux. Certains avides d'argent ont abandonné la foi et ont eu de nombreux problèmes. Ceux qui sont riches dans cette vie ne devraient pas être fiers ou placer leur espoir dans leurs possessions qui peuvent être incertaines. Ils devraient placer leur espoir en Dieu qui pourvoit abondamment à tout ce dont nous avons besoin pour être heureux. Commandez-leur de faire le bien et d'être riches en bonnes actions, en étant généreux et disposés à partager. De cette façon, ils stockeront leurs trésors au ciel.

La deuxième lettre de Paul à Timothée a été écrite bien plus tard, alors qu'il était de nouveau en prison à Rome. Il souffrait dans une cellule froide parce qu'il était chrétien. Paul croyait qu'il serait bientôt tué par les Romains sous Néron, et c'était la dernière trace des écrits de Paul. Tous les chrétiens étaient persécutés à cette époque et beaucoup de ses disciples l'avaient abandonné, il se sentait donc seul.

Même si Paul était déprimé, il a encouragé Timothée à garder la foi et à ne pas avoir peur de mourir à cause de sa foi. La souffrance faisait partie de la vie chrétienne et mourir signifiait se rapprocher de Dieu. Paul a mis Timothée en garde contre les faux enseignants qui passaient du temps à se disputer sur des choses sans importance. Ceux qui s'opposent à lui doivent être traités avec douceur afin qu'ils reprennent leurs esprits, s'excusent et reviennent à la vérité.

Paul a également dit à Timothée de continuer à prêcher et à enseigner à partir des Écritures, qui l'avaient rendu sage et à comprendre les paroles et les pensées de Dieu. Les Écritures étaient toutes utiles pour enseigner, corriger et former les autres à une vie sainte. Les Écritures inspirées aident les chrétiens à préparer toute bonne œuvre.

Paul termine sa dernière lettre en demandant à Timothée de lui rendre visite en prison. Luc était la seule personne qui restait à Rome à le réconforter et à l'encourager. (Il n'y a rien d'écrit indiquant si Timothée est arrivé à Rome avant l'exécution de Paul.)

CHAPITRE 23

AUTRES LETTRES AUX CROYANTS

Les apôtres envoient des lettres générales à l'Église

Paul a écrit la plupart des lettres de la Bible à d'autres croyants, mais les apôtres Pierre et Jean et les deux demi-frères des Jésus, Jacques et Judas (se faisant appeler Jude, ont écrit d'autres lettres. Une autre lettre a été écrite par un auteur inconnu aux Juifs en général. Ce chapitre résume ces lettres.

Les lettres de Pierre

Pierre a écrit deux lettres aux croyants. La première lettre a été envoyée aux croyants païens des villes visitées par Paul et qui étaient attaqués verbalement et physiquement à cause de leur foi. Le point principal de la lettre était d'encourager les croyants à rester forts dans leur foi alors qu'ils souffraient dans les moments difficiles, tout comme Jésus. Les croyants doivent s'aimer les uns les autres, être de bons citoyens et avoir de bonnes familles afin de donner une bonne impression aux autres. En fin de compte, leurs efforts seraient récompensés au paradis.

> Dieu est content lorsque vous souffrez et endurez pour avoir fait le bien. Vous êtes un peuple élu, une nation sainte et une possession spéciale de Dieu. Vous pouvez donc parler de Jésus qui vous a appelé des ténèbres à sa merveilleuse lumière. Votre beauté ne doit pas venir de ce que vous portez – elle doit être votre moi intérieur, la beauté indéfectible d'un esprit doux et calme. Soyez toujours prêt à répondre à tous ceux qui vous demandent pourquoi vous avez de l'espoir, mais faites-le avec respect et douceur. Surtout, aimez-vous profondément les uns les autres, car l'amour couvre de nombreux péchés. Soyez vigilant et sobre car votre ennemi, le diable, rôde comme un lion rugissant à la recherche de quelqu'un à dévorer. Résistez-lui et restez ferme dans la foi car vous savez que la famille des croyants du monde entier vit le même genre de souffrance.

La deuxième lettre de Pierre est plus courte et se concentre sur un problème différent : résister aux faux enseignants et aux malfaiteurs qui ont influencé l'Église. La diversité de l'Église primitive a apporté de nouvelles idées qui n'étaient pas cohérentes avec les enseignements de Pierre, de Paul et d'autres dirigeants chrétiens, et Pierre voulait mettre l'accent sur les enseignements fondamentaux de l'Église.

Il a commencé par dire aux croyants de grandir dans leur foi. « Faites tous les efforts possibles pour ajouter à votre foi les qualités de bonté, de connaissance, de maîtrise de soi, de persévérance, de piété, de soutien aux autres et d'amour. Si vous augmentez ces qualités, elles vous aideront à être efficace et productif. » Puis il a écrit que les vrais prophètes parlent toujours pour Dieu et par Dieu et ne s'appuient pas sur leurs propres idées pour essayer d'influencer les pensées et les actions des autres ; les faux enseignants racontent des histoires pour profiter des croyants crédules.

L'un de ces faux enseignements était que Jésus ne reviendrait pas et qu'il n'y aurait pas de jugement final. Pierre a souligné à nouveau que Jésus reviendrait et serait le juge final. Le mal serait détruit par le feu, tout comme le mal était détruit par l'eau aux jours de Noé. Le jour était inconnu car « un jour est comme mille ans » pour Dieu. Finalement, les faux enseignants seraient sévèrement jugés.

Lettre de Jacques

Jacques était un demi-frère de Jésus qui, au départ, n'a pas suivi Jésus mais est devenu croyant après la résurrection. Jacques dirigeait l'église de Jérusalem à laquelle Paul s'adressait lorsqu'il discutait de questions liées aux Gentils. Sa lettre était adressée aux Juifs vivant en dehors de la Palestine. Sa lettre soulignait principalement ce que signifiait suivre Jésus et ne disait pas grand-chose sur les idées chrétiennes.

La lettre est essentiellement un manuel de bonne conduite chrétienne, elle suppose donc que ceux qui la lisent étaient déjà des Juifs bien informés qui étaient désormais chrétiens. Le livre part dans différentes directions et aborde différents sujets.

Soyez heureux lorsque vous faites face à des épreuves, car les épreuves de votre foi produisent la persévérance, qui mène à la maturité. Ceux qui persévèrent reçoivent une couronne de vie…. Si vous manquez de sagesse, demandez-la à Dieu et vous la recevrez. Mais quand vous demandez, croyez et ne doutez pas. Sinon, vous n'obtiendrez pas ce que vous avez demandé . Si vous êtes tenté, c'est parce que vous avez de mauvais désirs. Ces désirs donnent naissance au péché. Dieu ne tente pas ; seules les bonnes choses viennent d'en haut. C'est dans la nature immuable de Dieu de faire le bien et de ne pas faire le mal…. Ne vous contentez pas d'écouter la parole de Dieu – faites ce qu'il dit . Ceux qui se considèrent religieux mais ne contrôlent pas leur langue ont une religion sans valeur…. Une personne de religion pure prend soin des orphelins et des veuves dans leur détresse et n'est pas polluée par les voies de ce monde…. Ne favorisez pas les riches et ceux qui ont l'air d'être gentil. Aimez tout le monde de la même manière. La richesse des riches sera détruite à cause de leur indulgence envers eux- mêmes . Ne faites pas trop confiance à vos propres projets. Vous ne savez pas ce qui se passera dans le futur. Cela pourrait arriver si Dieu le veut…. Confessez vos péchés les uns aux autres et priez les uns pour les autres afin que vous puissiez être guéris. Les prières des justes sont puissantes et efficaces.

L'autre message principal de Jacques vient de son attaque contre ceux qui voient une différence entre ceux qui prétendent avoir la foi et ceux qui font de bonnes actions. Les deux vont de pair : « La foi d'une personne est morte si elle n'est pas accompagnée d'action. La foi de nos ancêtres s'est toujours manifestée par ce qu'ils ont fait. »

Lettres de Jude et Jean

Jude était le frère de Jacques et le demi-frère de Jésus. Comme la première lettre de Pierre, celle de Jude se concentrait sur les faux enseignements qui se répandaient dans l'Église. Il n'y a rien d'écrit dans ce livre très court (moins d'une page) sur son public et les faux enseignements. Jude parle simplement avec force contre les faux enseignants qui ont déformé le concept de la grâce et le rôle de Jésus. Ces enseignants étaient très critiques sur les choses qu'ils ne comprenaient pas. Jude a énuméré de nombreux exemples du jugement de Dieu et a déclaré que les faux enseignants seraient punis un jour, tout comme Dieu a puni les faux prophètes et enseignants qui avaient vécu parmi les Juifs.

Lettres de Jean

Jean était pêcheur avant de devenir l'un des 12 premiers disciples. Il a écrit un long récit sur la vie de Jésus et a écrit trois lettres générales aux chrétiens à la fin du premier siècle après JC. Il vivait probablement à Éphèse à cette époque. Jean a écrit sa première lettre pour encourager et renforcer l'Église alors que de faux enseignements s'infiltraient dans l'Église. L'hérésie du gnosticisme se développait à l'époque, qui croyait que toutes les choses physiques sont mauvaises et que seul l'esprit est bon. Cela signifiait que c'était l'esprit de Jésus qui comptait, et non son corps ; certains pensaient que Jésus n'était même pas humain. Cette croyance a conduit les Gnostiques à vivre une vie immorale parce que le respect de la loi n'avait aucune conséquence. Les Gnostiques étaient très fiers de leurs croyances et méprisaient ceux qui ne croyaient pas comme eux.

Jean s'oppose à chacune des vues gnostiques. En tant que témoin oculaire et ami personnel proche, Jean a fait l'expérience de la réalité de la vie physique de Jésus. Jésus était Dieu sous forme physique. Jean a également insisté sur une vie juste, sur l'humilité et sur l'amour des autres. Un vrai chrétien croyait que Jésus était le Messie et le Fils de Dieu, obéissait aux commandements de Jésus, vivait une bonne vie et aimait les autres chrétiens.

> Voilà ce qu'est l'amour : Jésus-Christ est mort pour nous. Nous devrions être prêts à mourir pour nos frères et sœurs. Si quelqu'un possède des biens matériels et voit un frère ou une sœur dans le besoin mais ne l'aide pas, comment l'amour de Dieu peut-il être en cette personne ? N'aimons pas avec des mots mais avec des actions. Aimons-nous les uns les autres, car l'amour vient de Dieu. Quiconque aime est né de Dieu. Celui qui n'aime pas ne connaît pas Dieu, car Dieu est amour. Il n'y a pas de peur en amour. L'amour parfait chasse la peur parce que la peur est liée à la punition. Nous aimons parce que Jésus nous a aimé le premier. Jésus a donné ce commandement : Quiconque aime Dieu doit aussi aimer son frère et sa sœur.

La deuxième lettre de Jean ne comptait que quelques paragraphes. Il a écrit pour mettre en garde l'Église contre les faux enseignants qui influençaient l'Église à son insu. Jean a dit que l'Église ne devrait rien avoir à faire avec de telles personnes. Jean a également répété les deux points qu'il avait soulignés dans sa première lettre : la nécessité pour les membres de l'Église d'obéir aux commandements de Jésus et de s'aimer les uns les autres.

La troisième lettre de Jean était également courte. Il l'a envoyé pour expliquer à un ami comment gérer une situation inhabituelle dans l'église. Un enseignant qui avait été envoyé par Jean pour soutenir diverses églises n'a pas été accepté par le dirigeant de l'une des églises. Ce dirigeant s'est comporté comme un tyran, contrôlait les gens et expulsait même certains croyants qui aidaient d'autres instructeurs visiteurs. Jean a remercié son ami d'avoir aidé les enseignants qui lui avaient rendu visite et il a indirectement averti le chef qu'il s'occuperait bientôt de lui en personne.

Lettre aux Hébreux

La lettre aux Hébreux a été écrite aux Juifs pour les convaincre que Jésus était supérieur à tous les autres héros de l'Ancien Testament. L'objectif était d'empêcher les croyants juifs de revenir au judaïsme. Bien que Hébreux soit considéré comme une lettre, il est structuré comme un essai. Il commence par expliquer comment Dieu a parlé d'abord par l'intermédiaire des prophètes, mais maintenant par l'intermédiaire de Jésus.

> Dieu a parlé auparavant à nos ancêtres par l'intermédiaire des prophètes à plusieurs reprises et de diverses manières, mais dans ces derniers jours, Dieu nous a parlé par l'intermédiaire de Jésus. Il a été désigné héritier de toutes choses et Dieu l'a utilisé pour créer l'univers. Jésus est la représentation exacte de Dieu et maintient le monde uni par ses paroles. Maintenant qu'il nous a purifiés de nos péchés, il est assis à la droite de Dieu au ciel. Il est de loin supérieur à n'importe quel ange au ciel.

L'auteur se réfère fréquemment à Jésus comme étant « meilleur que » les héros de l'Ancien Testament. L'auteur explique comment le Christ est meilleur que l'Ancien Testament, meilleur que les anges, meilleur que Moïse, meilleur que Josué, meilleur que tous les prêtres et meilleur qu'Abraham. La Nouvelle Alliance – le sacrifice de Jésus a purifié les gens de leurs péchés et a donné la vie éternelle à tout le peuple de Dieu, l'Église – est meilleure que l'Ancienne Alliance. Le sacrifice de Jésus est meilleur que les sacrifices accomplis sous l'Ancienne Alliance, et l'expérience de Jésus est meilleure que l'expérience des événements sur le mont Sinaï. Jésus est le grand souverain sacrificateur qui intercède pour le peuple auprès de Dieu et est également le juge.

La parole de Dieu est vivante et plus tranchante que n'importe quelle épée à double tranchant. Il juge nos pensées et attitudes cachées. Rien n'est caché aux yeux de Dieu. Tout est ouvert et mis à nu devant Dieu à qui il faut rendre compte. Nous avons un grand prêtre qui peut comprendre nos faiblesses. Jésus a été tenté de toutes les manières, tout comme nous, mais il n'a pas péché.

Jésus est venu au monde comme sacrifice ultime ; il était impossible que le sang des taureaux et des boucs efface les péchés. Les sacrifices pour éliminer la tâche du péché n'étaient plus nécessaires. Mais la délivrance du péché n'a pas donné aux gens la permission d'utiliser cette liberté pour continuer à pécher. Au lieu de cela, l'objectif d'un chrétien devrait être de « s'encourager les uns les autres à montrer notre amour et nos bonnes actions ». Ceux qui ont foi en Jésus doivent être audacieux et persévérer dans les moments difficiles et ne pas être timides.

La foi est la certitude des choses que nous espérons et la confiance dans ce que nous n'avons pas vu. Notre foi nous aide à croire ce que Dieu a fait. C'est la foi d'Abraham qui l'a amené à quitter sa maison à Ur et à déménager à Canaan et à savoir que lui et Sarah auraient un enfant à un âge très avancé. Nous avions foi en Dieu lorsque Moïse nous a fait traverser les eaux pour échapper aux Égyptiens. Presque tout le monde est mort avant d'avoir vu la terre promise, mais ils pouvaient la voir de loin et n'ont pas douté parce qu'ils avaient foi dans les promesses que Dieu nous avait faites.

C'est par la foi que les murs de Jéricho sont tombés, et c'est par la foi que la prostituée Rahab n'a pas été tuée parce qu'elle avait accueilli les espions. Je n'ai pas le temps de parler de Gédéon, Barak, Samson, Jephthé, David, Samuel et des prophètes. Par la foi, ils ont conquis des royaumes, rendu justice et obtenu ce qui avait été promis. Ils fermèrent la gueule des lions, éteignirent la fureur des flammes et échappèrent au tranchant de l'épée. Leur faiblesse s'est transformée en force à mesure qu'ils sont devenus puissants au combat.

D'autres ont été torturés et ont refusé d'être libérés afin de bénéficier d'une résurrection encore meilleure. Certains ont été hués, battus et emprisonnés. Ils furent lapidés, sciés en deux et tués par l'épée. Ils portaient des peaux de mouton et de chèvre et étaient pauvres et sans abri, persécutés et maltraités. Ils erraient dans les déserts et les montagnes, vivant dans des grottes et des trous dans le sol.

Puisque nous sommes entourés d'une si grande nuée de témoins, débarrassons-nous de tout ce qui nous arrête et du péché qui nous piège. Fortifiez vos bras faibles et vox genoux faibles et courez la course à laquelle nous sommes confrontés avec persévérance. Fixez vos yeux sur Jésus qui a enduré la croix et qui est maintenant assis à côté du trône de Dieu.

L'auteur termine en disant aux Juifs de continuer à vivre une vie morale et aimante, en faisant preuve d'hospitalité envers les étrangers et en se souvenant de ceux qui étaient en prison et qui ont souffert parce qu'ils ont été maltraités.

CHAPITRE 24

PRÉDICTIONS SUR L'AVENIR

Des messages mystérieux prédisent une finale cataclysmique

Jésus avait parlé du royaume de Dieu comme s'il existait déjà sur terre mais aussi qu'il était encore à venir. Il a dit qu'un roi jugerait les gens comme un berger sépare les brebis des chèvres, envoyant les brebis au ciel et les chèvres en enfer. Jésus a parlé en privé à ses disciples lorsqu'ils l'ont interrogé sur les événements de « la fin des temps ». Jésus leur dit :

> Vous entendrez parler de guerres et de rumeurs de guerres, de tremblements de terre et de famines – mais ce ne sont que des douleurs de naissance. Il y aura des tribulations et beaucoup vous détesteront parce que vous me suivez. Beaucoup abandonneront et trahiront les autres, et les faux prophètes en égareront beaucoup. La fin viendra après que l'Évangile aura été prêché à toutes les nations. Lorsque vous voyez l'Antéchrist debout dans le Temple, comme Daniel l'a prédit, vous devez fuir aussi vite que possible. La persécution ne ressemblera à aucune autre, et si les temps n'étaient pas raccourcis, personne ne survivrait. Les faux prophètes vous diront que Jésus est revenu et que la fin approche, mais ne les croyez pas, car ces autres choses doivent arriver en premier.

Les chrétiens pensaient que Jésus reviendrait bientôt en tant que roi pour les sauver des abus et de la persécution. Leur espoir n'était pas d'éviter des moments terribles mais d'être bientôt avec Jésus. Il a raconté des paraboles sur la préparation à son retour : les croyants devaient être préparés comme une femme pure qui attend un éventuel mari qui pourrait se présenter à tout moment.

Mais à la fin du premier siècle de notre ère, il était clair que Jésus ne reviendrait pas de sitôt. Les Romains avaient détruit Jérusalem et le Temple et, selon les prédictions sur le retour du Messie, les deux devaient exister. Personne ne savait quand se réaliseraient les prédictions sur le moment où il reviendrait, éliminerait le mal et jugerait tous ceux qui vivaient dans le monde.

Au cours de son ministère, Jésus a raconté une parabole sur la coexistence du bien et du mal.

Le royaume des cieux est semblable à ce qui est arrivé à un fermier qui a semé de bonnes graines de blé dans son champ. Pendant que tout le monde dormait, son ennemi a semé des graines de mauvaises herbes dans le champ de blé et est parti tranquillement. Lorsque le blé germait, les mauvaises herbes apparaissaient également. Les ouvriers agricoles lui ont demandé : « N'avez-vous pas semé de bonnes graines dans ton champ ? D'où viennent les mauvaises herbes ? »

Le fermier a répondu : « Un ennemi a fait cela. »

Les serviteurs demandèrent à l'homme : « Devrions-nous arracher les mauvaises herbes ? »

L'homme répondit : « Non, si vous arrachez les mauvaises herbes, vous déracinerez également une partie du blé. Laissez-les tous deux grandir ensemble jusqu'à la récolte. Ensuite, je dirai aux moissonneurs de ramasser les mauvaises herbes et de les attacher en bottes qui seront brûlées. Ensuite, je leur dirai de rassembler le blé et de l'apporter dans ma grange. »

Il se peut donc que Jésus ne revienne pas avant très longtemps. Pendant ce temps, les croyants vivent aux côtés de ceux qui ne croient pas comme eux. Les croyants vivent sur terre avec leur citoyenneté au ciel ; les églises sont comme de petites colonies qui montrent au reste du monde à quoi ressemblera le paradis. Le royaume de Dieu est venu en partie mais sera complet lorsque Jésus reviendra et que le mal sera détruit.

De nombreuses prédictions se sont réalisées concernant les Israélites et le Messie, mais il reste encore quelques prédictions sur ce qui se passera dans le futur qui ne se sont pas encore réalisées. Ces prédictions concernent principalement le retour du Messie à la « fin des temps » et la séparation des gens qui iront au paradis ou en enfer. Certaines de ces prédictions sont hautement symboliques et pleines d'images saisissantes, et les prophètes qui les ont reçues de Dieu ne savaient pas ce qu'elles signifiaient. Mais ils les ont écrits pour que d'autres puissent les comprendre plus tard. En raison de la persécution en cours, les chrétiens étaient intéressés par tous les détails qu'ils pouvaient obtenir quant à la fin de leur souffrance. Ils ont enduré avec espoir plutôt que de s'apitoyer sur leur sort.

Vers la fin du premier siècle, Jean, le pêcheur qui fut l'un des premiers disciples, était pasteur à Éphèse. Il a résisté aux Romains qui voulaient tuer les chrétiens parce qu'ils ne prêtaient pas allégeance à l'empereur et ne l'adoraient pas (Daniel a été confronté à cette situation lorsqu'il n'adorait pas le roi Nabuchodonosor). Les Romains envoyèrent Jean vivre seul sur l'île grecque de Patmos.

Difficulté à comprendre la littérature apocalyptique

Lorsque Jean était à Patmos, il a écrit le livre de **l'Apocalypse** en utilisant un type de littérature populaire de l'époque lié à la destruction du monde (l'apocalypse). La littérature apocalyptique utilisait un langage hautement symbolique, comme des animaux étranges et des nombres spéciaux, et manquait généralement de détails importants. Le contenu était difficile à comprendre et pouvait signifier beaucoup de choses différentes. Ce type de littérature avait été utilisé par quelques prophètes de l'Ancien Testament et auteurs du Nouveau Testament.

Les chrétiens étaient persécutés parce qu'ils n'obéissaient pas aux lois romaines qui violaient les principes de leur foi.[9] Jean voulait communiquer à distance avec les membres de l'Église, mais il était dangereux pour lui d'être clair dans ses lettres. Puisque la vie de ceux qui reçoivent la lettre pourrait être en danger si la lettre était lue par des fonctionnaires romains, Jean a utilisé des termes qui avaient un double sens ou qui ne seraient compris que par les croyants. C'était semblable à la façon dont une équipe sportive ou des membres d'une communauté clandestine utilisaient des signes et des termes secrets pour communiquer entre eux : ses mots étaient codés et ne devaient pas être pris au pied de la lettre. Par exemple, il parlait des maux de Babylone, mais il parlait en réalité des maux de l'empire romain. Il utilisait souvent le chiffre sept pour symboliser la complétude (sept villes et collines, sept sceaux, sept étoiles, sept trompettes).

---

[9] Au cours de la dernière décennie du premier siècle, l'empereur romain Domitien persécuta sévèrement les chrétiens et se donna le titre de « Seigneur et Dieu » et voulait que tout le monde l'adore.

Encouragement à sept églises

Les trois premiers chapitres de l'Apocalypse s'adressaient à sept églises d'Asie Mineure, en commençant par Éphèse. Les villes étaient reliées par une route principale et la lettre devait être envoyée à l'église suivante le long d'un itinéraire circulaire.

La persécution avait poussé les croyants de chaque ville à compromettre leurs croyances et leurs actions afin de se fondre parmi les non-croyants. Jean leur a écrit pour les encourager à résister à la tentation d'adorer l'empereur romain et à rester fidèles à leurs croyances. Les croyants devraient avoir de l'espoir parce que Dieu est aux commandes et finira par gagner la guerre contre le mal.

Jean a adapté ses messages à la situation spécifique à laquelle chaque église locale était confrontée. Par exemple, Laodicée était une ville prospère et les membres de son église étaient paresseux et autosuffisants. Bien que la ville soit un centre bancaire, Jean a déclaré que l'Église était spirituellement pauvre ; bien que la ville produise de beaux vêtements, Jean dit que les croyants étaient nus ; bien que la ville ait une école de médecine, il a dit que l'église était aveugle. Les sources chaudes de la région étaient idéales pour la baignade et l'eau froide était rafraîchissante sous la chaleur. L'eau chaude qui arrivait dans la ville via les aqueducs devenait tiède au moment où elle les atteignait, et l'eau tiède était utilisée pour provoquer des vomissements. Jean a dit aux membres de l'église ces paroles de Dieu :

> Je sais que vous n'avez ni froid ni chaud. Parce que vous êtes tiède, je suis sur le point de te vomir de ma bouche ! Vous dites : « Je suis riche, j'ai acquis de la richesse et je n'ai besoin de rien. » Mais vous ne réalisez pas que vous êtes pitoyable, pauvre, aveugle et nu. Je réprimande et discipline ceux que j'aime.

Mais malgré la paresse et l'orgueil de l'Église, Jean a rappelé à l'Église la bonté de Dieu. Dieu dit : « Je me tiens à votre porte et je frappe. Si vous entendez ma voix et ouvrez la porte, j'entrerai et mangerai avec vous. L'individu a toujours le choix de répondre, sans y être contraint, à l'invitation à connaître Dieu. Un thème central des Écritures est qu'après le péché et le jugement, Dieu accorde l'amour et la grâce plutôt que le châtiment.

La fin de l'histoire

Après avoir écrit aux sept églises, Jean a écrit sur des visions du futur venues de Dieu comme message à tous les croyants. Il a décrit un ensemble d'événements associés à la fin des temps, lorsque Jésus reviendra du ciel. Il y aura des « douleurs de l'accouchement » qui signalent que les événements finaux arrivent, et ensuite les événements finaux se produiront.

Jean a décrit les derniers événements de l'histoire en termes d'« enlèvement » (les chrétiens vont au ciel), de « tribulation » (des années de persécution intense des chrétiens, accompagnées de nombreuses catastrophes naturelles et de guerres), d'une « bête » (une puissance maléfique) qui a utilisé ses pouvoirs contre les chrétiens), l'Antéchrist (un faux prophète identifié par le nombre 666),[10] une bataille finale entre les forces du bien et du mal à Armageddon (une vallée au nord d'Israël), un « millénaire » (1 000 ans de paix) et le retour du Christ qui vainc toutes les puissances des ténèbres et brûle tout le mal. Le royaume de Dieu sera alors établi dans le ciel et sur la terre sans qu'aucun mal ne soit présent.

On ne sait pas comment tous ces personnages et événements fonctionnent ensemble. Certaines personnes croient que l'enlèvement viendra en premier, puis la tribulation, suivie de la seconde venue du Christ et du millénium. Puis une dernière poussée du mal se produit, après quoi le Christ revient une troisième fois et vainc le mal dans une bataille finale. D'autres croient que les chrétiens connaîtront l'enlèvement après la tribulation ; après cela vient le millénium, suivi par le retour du Christ et du jugement final. Un autre point de vue est que nous sommes déjà dans le millénium et que la tribulation viendra avant l'enlèvement.

Il existe une justification pour chaque point de vue et d'autres combinaisons sont possibles. Mais en raison des mystères du symbolisme et du manque de

---

[10] La signification de 666 est inconnue. Des tentatives ont été faites pour identifier la personne à l'aide d'un système de numérotation associé à l'alphabet. De nombreux érudits pensent qu'il symbolisait l'incomplétude (le chiffre 7 symbolisait l'exhaustivité, donc 666 n'était pas tout à fait 777), et il pourrait faire référence à un empereur romain. Les Néerlandais pensaient que cela était lié à l'année où ils avaient perdu une bataille navale majeure, 1666. Beaucoup affirmaient qu'Adolf Hitler remplissait les conditions de l'Antéchrist.

détails sur comment et quand les événements se produiront, personne ne sait vraiment comment tous ces événements se dérouleront. De nombreux chercheurs pensent que les événements s'appliquent dans un sens général et peuvent être interprétés dans le contexte d'événements survenus à plusieurs moments de l'histoire, avec pour point principal que les chrétiens doivent persévérer et avoir de l'espoir pendant les périodes d'extrêmes difficultés. Dans cette perspective, les révélations ne visent pas à prédire des événements spécifiques dans le futur. Pour de nombreux croyants, il suffit de savoir qu'il y a une fin heureuse malgré un processus douloureux.

Un signe que la fin des temps approche est la construction du Temple pour la troisième fois à Jérusalem. Il est prévu que l'Antéchrist servira dans le Temple, pour ensuite se retourner contre les Juifs et les persécuter. De nombreuses catastrophes naturelles, telles que des tremblements de terre, des famines et des cieux assombris, devraient survenir dans les derniers jours.[11] Jean a confirmé certains détails qui, selon Isaïe et Paul, se produiraient à propos du retour de Jésus : ceux qui sont morts reviendront à la vie comme Jésus l'a fait, et toute créature, morte ou vivante, s'inclinera et honorera Jésus comme le Roi et Seigneur de l'univers.

Un certain nombre de choses terribles devraient se produire avant qu'une bataille finale entre le bien et le mal n'ait lieu. Les bonnes forces sont dirigées par un roi brillant, le « Lion de Juda, la racine de David » (Jésus), qui était « digne de recevoir puissance, richesse, sagesse, force, honneur, gloire et louange ». Diverses catastrophes naturelles, épidémies, guerres et terreurs seront provoquées par des hommes méchants.

Le mal deviendra si fort et répandu dans la tentative désespérée de l'enfer de vaincre les forces du bien que Dieu en aura assez vu, et ce sera l'heure du jugement. Une bataille entre de nombreuses nations aura lieu à Armageddon, et la description de la bataille ressemble beaucoup à la guerre moderne : le bruit des avions à réaction tonitruants, des bombes et des missiles tombant du ciel, des éclairs de lumière et des grondements de la terre, et une destruction généralisée. Les forces du mal attaquent le ciel mais sont vaincues par l'armée

---

[11] La création de la nation d'Israël en 1948, après près de 1 900 ans sans statut national, a incité certains chrétiens et juifs à croire qu'il s'agit du signe que la fin des temps approche. Des catastrophes naturelles plus graves et des changements climatiques mondiaux soutiennent leurs convictions.

des anges de Dieu, dirigée par l'archange Michel. Babylone est détruite à cause de son immoralité, de ses fausses religions et du confort du matérialisme. Les individus sont ensuite jugés, et les non-croyants seront écrasés comme des raisins dans un pressoir. Dieu jette ensuite la plupart des puissances maléfiques dans un étang de feu.

Le mal existe toujours mais n'a aucune influence sur la terre, ce qui conduit à une longue période de paix. Cela montre aux gens à quoi peut ressembler la vie sans l'influence du mal. Plus tard, Satan sera libéré et les forces du mal entoureront le peuple de Dieu, mais le feu viendra du ciel. Satan et toutes les forces du mal restantes seront jetés dans l'étang de feu où ils seront tourmentés jour et nuit pour l'éternité – ils obtiendront enfin ce qu'ils méritent.

Un nouveau ciel et une nouvelle terre

Ceux qui sont au ciel se réjouiront de la destruction du mal et chanteront : « Alléluia, car le Seigneur, Dieu Tout-Puissant, règne ». La ville sainte de Jérusalem sera restaurée sur terre et la demeure de Dieu (le ciel) sera parmi le peuple. Le roi dit depuis son trône :

> Il n'y aura plus de larmes dans leurs yeux et plus de mort, de pleurs ou de douleur – les choses anciennes sont passées et j'ai tout fait nouveau ! C'est fait. Je suis l'Alpha et l'Omega, le Début et la Fin. À ceux qui ont soif, je donnerai gratuitement l'eau de la source de l'eau de la vie. Ces vainqueurs hériteront de tout cela. Je serai leur Dieu et ils seront mes enfants.

Les fondations et les murs de la ville sainte sont spectaculaires. Il n'y a ni soleil ni lune parce que la gloire de Dieu fournit toujours la lumière ; il n'y a ni obscurité ni nuit. Celles dont les noms sont dans le livre de vie vivront pour toujours comme l'épouse de Dieu. Tout comme dans le livre de Job, la douleur et la souffrance du peuple de Dieu sont finalement récompensées : la persévérance des fidèles aboutit à une fin heureuse. Les batailles spirituelles ont été épiques à travers les âges, mais la guerre touche à sa fin. Il y a une victoire totale et le mal est détruit pour toujours.

Jean termine en écrivant que c'est Jésus qui lui a dit d'écrire sa vision à l'église. Jésus dit à tous : « Je viens bientôt. Que ceux qui ont soif viennent à moi. Amen. »

ÉPILOGUE

L'Apocalypse était le dernier livre écrit par un témoin oculaire de la vie de Jésus et inclus dans la Bible. Le mouvement chrétien s'est développé rapidement dans tout l'Empire romain grâce en partie aux 200 ans de paix qui régnaient dans l'empire à cette époque et à un excellent réseau routier. Cela a permis aux gens de voyager plus facilement en toute sécurité sur de longues distances. Les Juifs ont été dispersés dans tout l'empire après la destruction de Jérusalem en 70 après JC, et ils ont apporté avec eux une compréhension du Dieu d'Abraham, de l'histoire des Israélites et de tous les prophètes. Cela a rendu les messages de ceux qui répandaient la nouvelle de Jésus plus compréhensibles. Même si le christianisme était une religion illégale et que de nombreux croyants ont été tués dans tout l'empire, un récit écrit vers l'an 200 après JC indique que les chrétiens « remplissaient les villes, les îles, les forteresses, les villages, les marchés, l'armée elle-même, les tribus, les compagnies, le palais impérial, le Sénat, le Forum. En d'autres termes, les chrétiens se trouvaient partout.

La propagation du christianisme a été influencée par les promesses d'une vie après la mort faites aux croyants et par la chute annoncée de l'Empire romain. Justin Martyr a tenté de convaincre le gouvernement romain que les chrétiens étaient de bons citoyens, même s'ils n'adoraient pas les dieux romains, mais il a été tué avec certains de ses disciples en 165 après JC. D'autres dirigeants chrétiens ont été persécutés et tués de manière spectaculaire et horrible. En raison de la forte persécution contre les chrétiens, la plupart des croyants de l'époque pensaient qu'ils étaient au milieu de la tribulation. L'Empire romain a finalement cessé de persécuter les chrétiens en 313 après JC, sous le règne de Constantin. Plus de 1 700 ans plus tard, les chrétiens sont toujours persécutés et maltraités dans certaines régions du monde.

En 1517, un moine allemand nommé Martin Luther a fait part de ses inquiétudes concernant les pratiques et les idées religieuses de l'Église catholique romaine. Ses protestations ont conduit au mouvement protestant et d'autres érudits religieux ont lancé de nouvelles formes d'Église. Depuis cette époque, de nombreux autres groupes protestants (« dénominations ») se sont formés sur la base de leurs différentes opinions religieuses. Le pouvoir de l'Église a diminué à mesure que l'interprétation des Écritures par chaque croyant devenait plus acceptable. Si les gens n'étaient pas d'accord avec ce qui était enseigné ou avec quoi que ce soit d'autre qui se passait dans l'église, ils partaient simplement et allaient ailleurs ou ne continuaient à faire partie d'aucune église. Pendant ce temps, l'Église catholique est dirigée par une seule personne (le Pape) et est restée intacte tout en continuant de changer ses traditions au fil du temps.

Au cours des 200 dernières années, certains groupes de chrétiens ont manifesté davantage d'intérêt à répandre l'Évangile à travers le monde, parfois en fournissant des services nécessaires aux autres, tels que l'éducation et les soins médicaux. Les dernières paroles de Jésus sur terre ordonnaient aux croyants de « faire de toutes les nations des disciples » (la « Grande mission » trouvée dans Matthieu 28 : 19-20). Le mot nation s'applique à différents types de personnes, pas aux gouvernements, et ce commandement a motivé beaucoup de personnes à trouver des groupes de personnes dans le monde qui n'ont pas encore entendu les messages de Jésus et à communiquer ces messages à leur peuple dans des termes qu'ils comprendront.

Au début des années 1800, un prédicateur nommé Charles Finney a lancé un mouvement de réveil pour inciter les gens à retourner à l'église et à les convertir au christianisme. Il a utilisé différentes méthodes pour augmenter le nombre de convertis. Une nouvelle façon de définir un chrétien et une église qui réussit est devenue le nombre de personnes qui ont pris la décision de suivre Jésus.

Au cours des 150 dernières années, les églises protestantes des États-Unis ont adopté une approche très différente sur diverses questions sociales, comme l'esclavage et les relations raciales, et sur les questions religieuses, comme la véracité des Écritures et l'importance de prendre soin des gens besoins physiques. Ces différences ont conduit à de nombreuses divisions au sein de l'Église. L'étiquette de chrétien signifie désormais bien des choses différentes. Ceux qui se disent chrétiens représentent environ 30 % de la population mondiale, et le christianisme est le groupe religieux le plus important au monde. Environ la moitié des 2,4 milliards de chrétiens sont catholiques et la plupart se trouvent en Afrique, en Asie et en Amérique latine. Les musulmans représentent le deuxième groupe religieux en importance (environ 25 % de la population mondiale), et l'islam connaît le taux de croissance le plus rapide parmi les principales religions du monde.

LE POINT DE VUE DE L'AUTEUR

Les premiers chapitres de la Bible décrivent la magnifique création de Dieu qui a été endommagée par les forces du mal. Les gens ont eu la possibilité de faire la différence entre le bien et le mal et la liberté de choisir leur propre façon de vivre. Ceux qui sont égoïstes et ne suivent pas Dieu finissent par se faire du mal et nuire aux autres. Dieu pardonne et aime toujours tout le monde, même si personne n'est parfait. Le soutien de Dieu aux hommes aide souvent ceux qui ne croient pas, tandis qu'en même temps, le mal dans le monde affecte ceux qui suivent Dieu. La vie n'est pas toujours juste et nous ne savons souvent pas ce qui va se passer dans notre vie.

Les forces maléfiques existent toujours

Les prédictions faites dans l'Apocalypse concernant la destruction du mal ne se sont évidemment pas encore réalisées. De nombreuses mauvaises choses dans le monde causent encore de la douleur, de la souffrance et la mort. Les forces du mal affectent discrètement de nombreux aspects de la vie et tentent de perturber les forces du bien chez les individus et dans la société. La méchanceté et l'injustice sont encore des signes d'influences mauvaises.

Paul a dit à ceux d'Éphèse : « Notre lutte est contre les dirigeants, les autorités et les forces spirituelles du mal » (Éphésiens 6 : 12). Les voies du mal peuvent être attrayantes, mais Satan se fait passer pour « un ange de lumière » et incite les gens à suivre le mauvais chemin. Le résultat final d'une action perverse est souvent une forme de douleur terrible, et personne ne sait quand le mal prendra fin dans ce monde.

Ceux qui suivent et mettent en pratique les enseignements de Jésus représentent le royaume des cieux auprès des autres sur terre. Tout comme les ambassadeurs d'aujourd'hui dans d'autres pays n'obéissent pas aux lois qui violent les lois et les exigences de leur pays d'origine, les chrétiens doivent vivre dans ce monde mais ne pas violer les exigences de Dieu. Individuellement et en groupe, les chrétiens doivent être des exemples de l'amour et du pardon de Dieu. Le peuple de Dieu, l'Église, doit avoir une manière différente de penser et d'agir. Les chrétiens sont la « pièce A » de Dieu au monde sur la façon dont les gens devraient vivre dans le monde et promouvoir la paix au milieu des conflits.

Être l'ambassadeur de Dieu est très difficile

Être un ambassadeur efficace n'est pas une tâche facile. Les chrétiens ne sont pas des exemples parfaits et l'Église est constamment attaquée par les forces du mal qui concentrent leurs efforts sur les croyants et les organisations qu'ils créent. Une stratégie utilisée par les forces du mal consiste à réduire l'influence et les messages de l'Église. Cela se fait en créant des divisions, des distractions et des doutes et en accordant de l'importance aux petites choses tandis que les choses plus importantes sont ignorées. Cela amène les chrétiens à se concentrer sur des idées religieuses au lieu d'agir avec charité.

Les forces du mal affectent également l'Église en incitant lentement les chrétiens à adopter la culture des non-chrétiens. Paul a mis en garde les chrétiens à ce sujet : « Ne laissez pas le monde vous enfermer lentement dans son propre moule, mais changez-vous en renouvelant constamment votre esprit » (Romains 12 : 2). Le monde pense qu'on peut définir le succès par la richesse, la santé et le confort d'une personne. Selon cette définition, de nombreux chrétiens réussissent, mais aucun d'entre eux ne procure un bonheur ou une joie intérieure durable.

Relativement peu de croyants font une grande différence dans le monde car cela nécessite de suivre les priorités de Dieu. Faire une différence nécessite un sacrifice de soi, parfois jusqu'à la mort. Nous devons tous décider quoi faire de notre vie, pour quoi vivre et pour quoi mourir ; notre vie et notre mort devraient avoir un sens. Suivre Jésus exige que les gens fassent des sacrifices et aident les autres.

La parabole de Jésus sur le fermier qui a semé des graines, décrite au chapitre 16, aborde ce défi. Deux des trois types de graines qui prennent racine ne produisent aucune récolte. Un groupe fait référence à ceux qui abandonnent lorsque les choses deviennent difficiles parce qu'ils ne sont pas encore mûrs dans leur foi. L'autre groupe fait référence à ceux qui sont étouffés par les soucis, les richesses et les plaisirs de la vie.

Faire ce qui est requis

Les chrétiens sont appelés à combattre les forces du mal avec charité et compassion et à promouvoir l'équité pour tous. Dieu exige que les gens « agissent équitablement, aiment la bonté et marchent humblement avec Dieu » (Michée 6 : 8). Jésus a condamné les pharisiens pour avoir fait de leur religion un spectacle mais pour ne pas avoir fait ces trois choses. En fait, Jésus ne se mettait en colère que lorsqu'il parlait à des chefs religieux qui disaient une chose mais en faisaient une autre, qui jugeaient les autres durement et qui utilisaient la religion pour promouvoir leurs propres intérêts.

Le message de Michée est simple, mais il est très difficile de le vivre. Cela n'est possible qu'en suivant un processus lent et régulier pour devenir davantage semblable à Jésus et en étant conduit par l'esprit de Dieu à agir de manière à apporter guérison et espoir aux autres. La tâche est plus facile lorsque nous sommes soutenus par ceux qui font ces choses. Le royaume de Dieu sur terre s'est développé rapidement parce que les premiers chrétiens aimaient les autres d'une manière inhabituelle. Ils étaient le troupeau hôte qui nourrissaient ceux qui avaient faim, donnaient à boire à ceux qui avaient soif, invitaient les étrangers, habillaient ceux qui étaient nus, soignaient les malades et rendaient visite aux prisonniers. La vraie foi et la vraie croyance se manifestent à travers les actions d'une personne et non à travers ce qu'elle dit. Les chrétiens qui reflètent le caractère de Dieu présentent certains types de « fruits ». Paul a dit aux premiers croyants : « Le fruit de l'Esprit est l'amour, la joie, la paix, la patience, la bonté, la fidélité, la douceur et la maîtrise de soi » (Galates 5 :22-23). Ceux qui se disent chrétiens mais qui ne présentent pas ces fruits ne sont pas de bons modèles à suivre. Nous connaîtrons les chrétiens mûrs par leur amour pour les autres, et non par ce qu'ils disent croire.

ANNEXES

Annexe A

Livres dans la Bible

L e nombre de « chapitres » dans chaque livre est noté entre parenthèses.

**Ancien Testament
(39 livres)**

		Nouveau Testament (27 livres)
Genèse (50)	Amos (9)	Matthieu (28)
Exode (40)	Abdias (1)	Marc (16)
Lévitique (27)	Jonas (4)	Luc (24)
Nombres (36)	Michée (7)	Jean (21)
Deutéronome (34)	Nahum (3)	Actes (28)
Josué (24)	Habacuc (3)	Romains (16)
Juges (21)	Sophonie (3)	Corinthiens (16)
Ruth (4)	Aggée (2)	Corinthiens (13)
Samuel (31)	Zacharie (14)	Galates (6)
Samuel (24)	Malachie (4)	Éphésiens (6)
Rois (22)		Philippiens (4)
Rois (25)		Colossiens (4)
Chroniques (29)		Thessaloniciens (5)
Chroniques (36)		Thessaloniciens (3)
Esdras (36)		Timothée (6)
Néhémie (13)		Timothée (4)
Esther (10)		Tite (3)
Job (42)		Philémon (1)
Psaumes (150)		Hébreux (13)
Proverbes (31)		Jacques (5)
Ecclésiaste (12)		Pierre (5)
Cantique de Salomon (8)		Pierre (3)
Isaïe (66)		Jean (5)
Jérémie (52)		Jean (1)
Lamentations (5)		Jean (1)
Ézéchiel (48)		Jude (1)
Daniel (12)		Révélation (22)
Osée (14)		
Joël (3)		

CHRONOLOGIE DES PRINCIPAUX PERSONNAGES ET ÉVÉNEMENTS BIBLIQUES

(les dates sont approximatives)

L'Ancien Testament	
Préhistoire	
• Adam et Eve	Création du monde
• Noé	Grande inondation
Patriarches (1850-1240 avant JC)	
• Abraham et Sarah	Promesses de devenir le peuple de Dieu
• Isaac et Rébecca	Isaac bénit Jacob
• Ésaü, Jacob, Rachel et Léa	Jacob part puis retourne en Canaan
• Jacob et ses 12 fils	Jacob et sa famille déménagent en Égypte
• Moïse et Aaron	Exode de l'Egypte, Dieu donne des lois
• Josué	Les Israélites entrent et occupent Canaan
Juges et oppresseurs (1240-1050 avant JC)	
• Déborah et Barak	Victoire sur les Cananéens basés à Hazor
• Gédéon	Victoire sur les pillards de l'Est
• Jephté	Victoire sur les Ammonites
• Samson	Victoire sur les Philistins
• Eli et Samuel	Batailles avec les Philistins
• Boaz et Ruth	L'enfant d'un étranger précède le futur roi
Rois (1050-930 avant JC)	
• Saül	Premier roi d'Israël avec de nombreux défauts
• David	Héros et roi israélite le plus important
• Salomon	Un roi sage étend le territoire d'Israël
Royaume divisé (930-586 avant JC)	
• Amos, Élie, Élisée, Isaïe	Israélites du Royaume du Nord finalement réduits en esclavage par les Assyriens (722 avant JC)
• Isaïe, Michée, Jérémie	Les habitants du Royaume du Sud (Juda) ont été exilés finalement à Babylone

Exil et retour (586-400 avant JC)

• Ézéchiel et autres prophètes	Les Juifs s'installent en Babylonie, beaucoup reviennent
• Daniel et Esther	Les Juifs exilés prospèrent en Babylonie et en Perse
• Esdras et Néhémie	Jérusalem et le Temple sont reconstruits

Nouveau Testament

La naissance et la préparation de Jésus (5 avant JC – 7 après JC)

• Marie, Joseph et Jésus	Dieu devient un humain
• Jean le Baptiste	Les prédictions du Messie se réalisent

Le ministère de Jésus (25-28 après JC)

• Douze disciples	Les miracles attirent de grandes foules
• Chefs religieux juifs	De nouvelles idées remettent en question les règles existantes
• Dirigeants politiques romains	Jésus est tué mais revient à la vie

Les dirigeants propagent les Bonnes Nouvelles (28-95)

• Douze disciples	La nouvelle de Jésus se répand en Israël
• Saül (Paul)	Les Bonnes Nouvelles sont étendues aux païens
• Croyants en Asie et en Europe	Les apôtres encouragent les églises en difficulté

Annexe C

Suggestions de Lectures Complémentaires

Étudier la Bible inclure plus d'informations sur la Bible pour aider les lecteurs à comprendre les histoires et les significations. Ces versions incluent souvent davantage d'informations historiques, des cartes, des glossaires, des index, des significations de mots, des notes géographiques, des explications des personnages et des événements mentionnés dans la Bible et des listes de types spécifiques de contenu (par exemple, paraboles, prophéties, miracles). Certaines Bibles d'étude comprennent des articles informatifs pour fournir plus de contexte aux histoires bibliques et aux temps anciens.

Des traductions **paraphrasées** plus lisibles de la Bible ont été créées pour aider les lecteurs à comprendre ce qui a été écrit. Les meilleures versions sont énumérées ci-dessous.

- *Le Nouveau Testament en Anglais Moderne* a été écrit par J.B. Phillips, un pasteur anglican. Cette traduction a été publiée pour la première fois en 1958 en utilisant l'orthographe britannique, et certaines éditions n'incluent pas les numéros de vers. Phillips n'a pas traduit l'Ancien Testament en un texte plus lisible.
- *La Good News Bible* est une traduction de la Bible réalisée par l'American Bible Society. Le Nouveau Testament a été initialement publié en 1966 sous le titre Bonne Nouvelle pour l'Homme Moderne.
- La Bible complète a été achevée en 1976. Elle utilise un langage simplifié que les enfants peuvent lire. Ce livre est également connu sous le nom de Good News Translation et est utilisé dans de nombreux pays et par de nombreuses confessions.
- *La Living Bible* été créé en anglais par Kenneth Taylor en 1971 et a été traduite dans de nombreuses langues. Taylor l'a écrit pour que ses enfants comprennent le texte de l'histoire lorsque sa famille lirait le livre

ensemble. Une version mise à jour (New Living Translation) a été publiée en 1996.

- *Le Message : la Bible dans un langage contemporain*e été écrit par Eugene Peterson, pasteur et auteur presbytérien américain. Cette traduction utilise des façons de parler américaines modernes. Une traduction de la Bible entière a été achevée en 2002.

Glossaire des Termes Clés

Cette annexe explique les termes clés (personnes, sites géographiques, concepts) abordés dans la Bible courte simplifiée. Ils apparaissent par ordre alphabétique dans le chapitre dans lequel ils sont mentionnés pour la première fois, et ils ne sont pas répétés s'ils reviennent dans un autre chapitre. Dans certains cas, plusieurs personnes ou lieux portent le même nom. Par exemple, plusieurs personnes portent le nom de Joseph et elles sont répertoriées séparément dans le chapitre où elles sont mentionnées pour la première fois.

INTRODUCTION

Canon	La collection de documents contenus dans la Bible
Dieu	Nom donné à la force suprême de l'univers qui comporte trois parties ; parfois appelé Seigneur
Esprit	Une partie de Dieu (Saint-Esprit)
La grâce	Un cadeau ou une faveur imméritée
Israël	Canaan, région où vivaient les Israélites (Juifs)
Israélites	Le peuple élu d'Israël par Dieu
Palestine	Nom actuel de Canaan, la Terre promise (« Terre Sainte »)
Prière	Une forme d'interaction humaine avec un pouvoir divin
Seigneur	Un autre mot pour Dieu

PARTIE 1 : ANCIEN TESTAMENT

Chapitre 1	Le Commencement
Abel	Deuxième enfant né d'Adam et Ève, tués par Caïn
Abram/Abraham	Homme qui a vécu à Ur et a déménagé à Canaan avec sa femme, Saraï/Sarah ; premier père des Juifs
Adam	Premier homme créé par Dieu qui vécut dans le jardin d'Eden avec Ève
Agar	Serviteur égyptien de Sarah qui donna naissance à Ismaël (Abraham était le père)

Anges	Des êtres cosmiques qui peuvent être bons ou mauvais et qui interagissent parfois avec les humains
Asher	Fils de Jacob et Zilpa
Beer-Sheva	Ville désertique du sud de Canaan et lieu de naissance d'Isaac
Bilhah	La servante de Rachel et la femme de Jacob qui eut deux fils (Dan et Nephtali)
Caïn	Premier enfant d'Adam et Ève qui tuèrent son frère Abel
Canaan	Terre promise à Abram et désormais appelée Palestine (« Terre Sainte »)
Engagement	Accord conclu entre Dieu et le peuple de Dieu
Dan	Fils de Jacob et de Bilhah
Dinah	Fille de Jacob et Léa
Égypte	Grand empire situé au sud-ouest de la Palestine et zone fréquemment visitée par les Israélites en temps de crise
Ésaü	Fils aîné d'Isaac et de Jacob, perdit son droit d'aînesse et la bénédiction de son frère Jacob, épousa des femmes étrangères et quitta la maison pour vivre à Edom.
Eve	Première femme créée par Dieu, vécut dans le jardin d'Eden avec Adam
Gad	Fils de Jacob et Zilpa
Haran	Région du nord de la Mésopotamie où vivaient Rébecca, Laban et ses filles Rachel et Léa.
Inondation	Cataclysme utilisé par Dieu pour détruire tous les humains, qui se termine par un arc-en-ciel, signifiant que Dieu ne détruira plus jamais tous les humains.
Isaac	Fils d'Abraham et de Sarah (« fils de la promesse ») qui eurent deux fils (Ésaü et Jacob)
Ismaël	Fils d'Abraham et d'Agar qui vivaient à l'est du Jourdain
Issacar	Fils de Jacob et Léa
Jacob	Fils cadet d'Isaac qui a obtenu le droit d'aînesse et la bénédiction d'Ésaü et qui a eu 12 fils et une fille avec ses quatre femmes
Jardin d'Eden	Maison idyllique d'Adam et Ève avant leur péché
Joseph	Fils de Jacob et Rachel qui devinrent un dirigeant en Égypte
Juda	Fils de Jacob et Léa
Laban	Le frère de Rébecca, le père de Rachel et le beau-père de Jacobs
Léa	Une des épouses de Jacob qui avait six de ses fils
Lévi	Fils de Jacob et Léa

Naphtali	Fils de Jacob et de Bilhah
Noé	Homme fidèle qui a construit une arche pour sauver toutes les créatures vivantes d'une inondation massive
Rachel	Épouse de Jacob qui eut deux fils (Joseph et Benjamin)
Rébecca	Épouse d'Isaac qui eut deux fils (Ésaü et Jacob)
Ruben	Fils de Jacob et Léa
Saraï/Sarah	Épouse d'Abram/Abraham
Satan	Chef ange maléfique qui a été expulsé du ciel et « prince de ce monde » qui perd la bataille finale avec Dieu pour le contrôle de l'univers (également appelé le diable)
Siméon	Un fils de Jacob et Léa
Ur	Ville du sud de la Mésopotamie et au sud de Babylone où vivaient Abram et Saraï avant de s'installer en Canaan
Zabulon	Fils de Jacob et Léa
Zilpa	Épouse de Jacob qui eut deux fils (Gad et Asher)

Chapitre 2	Jacob retourne en Canaan
Benjamin	Fils de Jacob et Rachel et le plus jeune fils de Jacob
Édom	Région montagneuse à l'est de l'extrémité sud de la mer Salée (également connue sous le nom de Séir, signifiant « rude ») où Ésaü est allé vivre
Éphraïm	Fils cadet de Joseph et de son épouse égyptienne, fut béni par Jacob
Goshen	Zone fertile du nord de l'Égypte où les Israélites se sont installés après avoir quitté Israël pendant une famine
Israël	Nom donné à Jacob après s'être battu avec un ange avant de rencontrer Ésaü
Israélites	Descendants de Jacob
Manassé	Fils aîné de Joseph et de son épouse égyptienne
Le Nil	Grand fleuve qui traverse l'Égypte vers le nord
Pharaon	Un roi égyptien
Potiphar	Chef des gardes du corps de Pharaon
Sichem	Ville située dans les collines du centre d'Israël, près de Samarie

Chapitre 3	La vie en Égypte
Aaron	Le frère aîné de Moïse qui devint le premier Grand Prêtre

Exode	Le départ et le voyage des Israélites d'Égypte après des années de durs traitements
Hébreu	Langue parlée par les Israélites ; un mot utilisé pour indiquer quelque chose de juif
Jéthro	Prêtre madianite qui a aidé Moïse
Madian	Zone sud-est de la péninsule du Sinaï et zone à l'est de la péninsule où Moïse s'est initialement rendu pour échapper aux Égyptiens
Moïse	Fils de parents lévites et frère cadet d'Aaron ; il a été adopté par la fille de Pharaon, a conduit les Israélites hors d'Égypte et à travers le désert, et est l'auteur de plusieurs livres de la Bible.
Pâque	Célébration de la nuit où Dieu passa au-dessus des maisons des Israélites et tua les premiers-nés de toutes les autres familles vivant en Égypte juste avant l'exode.
Région sauvage	Nom donné aux zones situées sur et à proximité de la péninsule du Sinaï après que les Israélites ont quitté l'Égypte ; un terme général pour décrire les terres désolées

Chapitre 4	Les Israélites quittent l'Égypte
Année du Jubilé	L'année après sept cycles de sept ans (tous les 50 ans) où les dettes sont annulées ; un terme utilisé dans les écrits d'Isaïe qui annonçaient l'arrivée du Messie
Arche de l'alliance	Une boîte richement couverte qui contenait les saintes reliques des Juifs
Dix Commandements	Commandements de Dieu donnés à Moïse sur le mont Sinaï
Josué	Chef qui est allé avec Moïse au mont Sinaï et était l'un des espions qui ont déclaré que Canaan pouvait être conquis et qui ont ensuite mené avec succès l'invasion de Canaan.
Lévites	Descendants de Lévi devenus prêtres ou ouvriers pour soutenir les activités religieuses
Manne	Substance sucrée ressemblant à un biscuit (« pain ») qui apparaissait sur le sol le matin pendant les jours des Israélites dans le désert
Mer Rouge	Grande étendue d'eau entre l'Égypte et l'Arabie avec deux bras nord (Golfe d'Aqaba et Golfe de Suez)
Mont Sinaï	La plus haute montagne de la péninsule du Sinaï, située près de l'extrémité sud de la péninsule, où Moïse a rencontré Dieu et a reçu les 10 commandements

LA COURTE BIBLE SIMPLIFIÉE

Sabbat	Le dernier jour de la semaine, jour de repos
Se repentir	L'acte de reconnaître le tort, puis de « se tourner » dans une autre direction pour poursuivre une action correcte et plus appropriée.
Tabernacle	Un réseau de tentes mobiles et de cours où Dieu résidait avant la construction du Temple de Jérusalem

Chapitre 5	**La vie dans le désert**
Caleb	L'un des deux espions qui ont déclaré que les Israélites pouvaient conquérir Canaan et ont été autorisés à entrer en Canaan.
Jéricho	Grande ville fortifiée près du coin nord-ouest de la mer Salée
Mer salée	Grande étendue d'eau salée où se termine le Jourdain (Mer Morte)
Nazaréens	Les personnes qui se consacrent à servir Dieu pendant une durée déterminée et acceptent de ne pas se raser la tête, de ne pas consommer de raisin sous aucune forme ou de toucher une personne décédée.

Chapitre 6	**L'occupation de Canaan**
Aï	Ville proche de Jéricho où ont eu lieu plusieurs batailles
Gabaon	Zone au nord de Jérusalem dont les habitants ont trompé les Israélites pour qu'ils concluent un accord de paix
Hazor	Ville puissante du nord de Canaan
Hébron	Ville située à environ 40 km au sud de Jérusalem
Phénicie	Zone au nord de la Palestine le long de la côte méditerranéenne
Rahab	Prostituée qui cachait deux espions israélites à Jéricho, mère de Boaz
Shiloh	Ville d'importance religieuse dans le nord d'Israël
Villes de refuge	Six villes dirigées par les Lévites qui offraient asile et protection à quiconque tuait involontairement une personne (homicide involontaire) jusqu'à ce que son affaire soit jugée

Chapitre 7	**Israël lutte en Canaan**
Ammonites	Descendants de Ben-Ammi (fils de Lot) qui vivait à l'est du Jourdain
Baal	Dieu local principal des non-juifs vivant à Canaan
Barak	Homme qui vivait dans le nord de Canaan et qui combattit aux côtés de Débora pour vaincre l'armée de Hazor.

Bethléem	Ville proche de Jérusalem et lieu de naissance de Jésus
Booz	Époux de Ruth, père de Jesse et grand-père de David
Dalila	La petite amie de Samson qui lui a fait révéler le secret de sa force
David	Fils de Jessé qui tua Goliath, vécut à Jérusalem en tant que deuxième roi d'Israël et père de Salomon
Déborah	Femme prophète et juge qui a mené la bataille contre Barak pour vaincre l'armée de Hazor
Gédéon	Prophète inhabituel qui a utilisé une toison pour confirmer l'appel de Dieu à combattre les Madianites
Jephté	Chef inhabituel de Galaad qui a vaincu les Ammonites mais qui a tragiquement tué son unique enfant
Madianites	Personnes vivant dans la région de Madian (au nord de la mer Rouge)
Naomi	Belle-mère de Ruth et parente de Boaz (le mari de Ruth)
Obé	Fils de Boaz et Ruth et père de Jessé
Orpa	Une belle-fille de Naomi (l'autre était Ruth)
Othniel	Juge et chef militaire et frère cadet de Caleb qui a vaincu les ennemis du nord d'Israël
Philistins	Habitants vivant en Philistie, une nation située sur la côte de la mer Méditerranée (sud-ouest de Canaan)
Prophète	Personne qui dit la vérité de Dieu aux autres, souvent à ceux qui sont au pouvoir, et qui peut faire des prédictions sur l'avenir.
Ruth	Belle-fille moabite de Naomi qui épousa Boaz
Samson	Héros juif imparfait connu pour la force que lui confèrent ses cheveux longs

Chapitre 8	**Couronner un roi unificateur**
Hannah	Mère de Samuel
Jessé	Le père de David et le petit-fils de Boaz et Ruth
Jonathan	Fils de Saül et ami proche de David
Samuel	Prophète et juge important lorsqu'Israël a choisi son premier roi
Saül	Premier roi d'Israël ; le nom hébreu de Paul

Chapitre 9	**Le roi David et le roi Salomon**
Bethsabée	Épouse d›Urie qui devint l'épouse de David et la mère de Salomon

Cité de David	Un autre nom pour Jérusalem où David fut roi
Damas	La ville la plus importante de Syrie, au nord-est de la Palestine
Jéroboam	Fonctionnaire qui a travaillé pour Salomon qui est devenu le premier roi du royaume du Nord
Nathan	Prophète qui a confronté David à propos de sa liaison avec Bethsabée
Phéniciens	Les gens qui vivaient en Phénicie
Roboam	Fils de Salomon qui devint le premier roi du royaume du Sud
Salomon	Fils de David et Bethsabée qui devinrent un sage roi d'Israël et construisit le Temple de Jérusalem et fut l'auteur de plusieurs livres de l'Ancien Testament.
Sion	Autre nom de Jérusalem à cause de sa colline appelée Mont Sion
Temple	Bâtiments et cours à Jérusalem où les Juifs honoraient et adoraient Dieu
Urie	Le mari de Bethsabée dont la mort au combat était planifiée par David

Chapitre 10	**Le royaume divisé**
Achab	Roi du royaume du Nord, époux de Jézabel
Achazia	Roi du royaume du Sud, fils de Joram
Amos	Prophète dans le royaume du Nord
Babylone	Ville majeure de Mésopotamie (près de l'actuelle ville de Bagdad)
Élie	Prophète principal du Royaume du Nord
Élisée	Prophète éminent du Royaume du Nord après la disparition d'Élie
Emmanuel	Un nom donné au Messie (« Dieu avec nous »)
Gentils	Les gens qui ne sont pas juifs
Isaïe	Prophète majeur qui a écrit aux deux parties du royaume divisé
Israël	Nom donné au Royaume du Nord
Joram	Roi du Royaume du Sud qui partagea son règne avec son père Josaphat
Josaphat	Roi du Royaume du Sud qui partagea son règne avec son fils Joram
Jézabel	Méchante épouse du roi Achab
Manassé	Roi régnant le plus longtemps dans le royaume du Sud et fils d'Ézéchias

Michée	Prophète du royaume du Sud
Naaman	Syrien qui a été guéri d'une maladie de peau par Élisée
Osée	Prophète du royaume du Nord
Samarie	Zone du nord de la Palestine habitée en grande partie par des non-juifs

Chapitre 11	**Les deux royaumes tombent**
Abdias	Prophète dans le royaume du Sud
Édomites	Les gens qui vivaient à Edom (une région au sud-est de Canaan)
Ézéchias	Roi du royaume du Sud
Habacuc	Prophète dans le royaume du Sud
Jérémie	Prophète du royaume du Sud
Les Juifs	Un autre mot pour les Israélites (pas les Gentils)
Joël	Prophète du royaume du Sud
Jonas	Prophète des Assyriens qui évitèrent l'appel de Dieu en se rendant en Espagne
Josias	Roi du royaume du Sud
Mésopotamie	Zone générale avec des terres fertiles le long du Tigre et de l'Euphrate (actuellement en Irak)
Nahum	Prophète dans le royaume du Sud
Ninive	Capitale de l'Assyrie
Samaritains	Les gens qui vivaient en Samarie et étaient méprisés par les Juifs
Sédécias	Dernier roi du Royaume du Sud
Sophonie	Prophète dans le royaume du Sud

Chapitre 12	**La vie en exil, puis la restauration**
Abed-Négo	Homme fidèle formé à Babylone et l'un des trois Juifs qui ont survécu à l'incendie d'une fournaise
Aggée	Prophète aux Juifs qui retournèrent en Palestine et plaidèrent pour la reconstruction du Temple
Araméen	Dialecte syrien largement utilisé au Proche-Orient pour faire des affaires et de la diplomatie ; une langue utilisée en Palestine en plus de l'hébreu
Artaxerxès	Roi en personne, fils de xerxès
Cyrus le Grand	Roi perse à l'époque où les Israélites étaient en exil
Daniel	Chef religieux et politique qui a vécu à Babylone et qui a survécu après avoir été jeté aux lions

Esdras	Dirigeant juif qui vivait en exil à Babylone et qui a obtenu la permission des Juifs de retourner en Palestine
Esther	Épouse juive du roi perse xerxès
Ézéchiel	Prophète juif inhabituel qui a vécu à Babylone
Haman	Premier ministre en Perse qui a tenté de se débarrasser de tous les Juifs
Mages	Prêtres de la foi zoroastrienne
Malachie	Prophète de ceux qui vivaient dans la ville reconstruite de Jérusalem et dernier prophète ayant vécu pendant la période de l'Ancien Testament
Méschac	Homme fidèle formé à Babylone et l'un des trois Juifs qui ont survécu à l'incendie d'une fournaise
Mardochée	Oncle d'Esther qui vivait en Perse
Néhémie	Juif qui servit comme échanson du roi perse et revint à Jérusalem pour reconstruire ses murs et ses portes
Shadrach	Homme fidèle formé à Babylone, l'un des trois Juifs qui ont survécu à l'incendie d'une fournaise
Xerxès	Roi perse à l'époque d'Esther et Mardochée
Zacharie	Prophète aux Juifs qui retournèrent en Palestine et plaidèrent pour la reconstruction du Temple
Zoroastrisme	Religion persane

Chapitre 13	**Livres uniques dans l'Ancien Testament**
Job	Personnage principal du livre de Job qui souffre énormément même s'il est fidèle à Dieu
Les Proverbes	Livre de littérature de sagesse de l'Ancien Testament ; un type de paroles sages
Psaumes	Livre de poésie de l'Ancien Testament ; un type de poésie juive (Psaume)
Tarsis	Une ville en Espagne où Jonas a fui au lieu d'aller à Ninive
Tsophar	L'un des personnages de Job qui explique à Job pourquoi il souffre

PARTIE 2 : NOUVEAU TESTAMENT

Chapitre 14	Le Messie arrive
Alexandre le Grand	Dirigeant grec qui a conquis une grande partie du monde et contribué à étendre l'influence de la culture grecque avant l'époque de Jésus
André	L'un des premiers disciples de Jésus, pêcheur et frère de Simon
Barthélemy	L'un des 12 disciples (également connu sous le nom de Nathaniel)
Capharnaüm	Ville au bord de la mer de Galilée, dans le nord de la Palestine, où Jésus a vécu pendant son ministère
César Auguste	Empereur romain au moment de la naissance de Jésus qui ordonna un recensement
Christ	Mot grec pour Messie, un autre mot pour Jésus
Disciples	Les personnes qui apprennent d'un enseignant ; les hommes qui ont voyagé avec Jésus
Esséniens	Juifs qui se sont retirés du monde et ont vécu une vie simple près de la mer Salée
Gabriel	Ange qui révéla la naissance de Jean à Zacharie et la naissance de Jésus à Marie
Galiléens	Des gens qui vivaient dans le nord de la Palestine et qui étaient considérés avec mépris parce qu'ils épousaient souvent des non-juifs et n'aimaient pas les étrangers qui vivaient dans leurs communautés.
Gospel	« Bonne nouvelle » concernant le don gratuit de la vie éternelle de Jésus
Grec	Langue parlée et écrite en Grèce et dans toute la région méditerranéenne et au-delà à l'époque de Jésus ; une personne de Grèce
Hanoukka	Célébration juive en souvenir de la victoire sur les Grecs en 142 avant JC
Hellénistes	Juifs qui suivaient les traditions grecques
Hérode	Roi romain en charge de la Palestine au moment de la naissance de Jésus
Hérodiens	Juifs qui suivaient les traditions et croyances romaines
Jacques	Pêcheur et frère de Jean qui fut l'un des 12 disciples de Jésus et auteur plus tard d'un livre contenu dans la Bible

Jésus	Fils de Marie et de Joseph et forme humaine de Dieu qui est né à Bethléem et qui a reçu de nombreux noms et a accompli les prédictions de l'Ancien Testament concernant le Messie (Christ)
Jean	Pêcheur et frère de Jacques qui fut parmi les premiers disciples de Jésus et qui écrivit plusieurs livres contenus dans la Bible
Jean le Baptiste	Prophète inhabituel et pair de Jésus qui a préparé les Israélites au ministère de Jésus
Joseph	Le père de Jésus
Luc	Médecin gentil et compagnon de voyage de Paul qui a écrit un livre (Luc) sur la vie de Jésus et un livre (Actes) sur ce qui s'est passé parmi les disciples après que Jésus a eu quitté la terre
Marie	Mère de Jésus
Mer de Galilée	Un très grand lac dans le nord d'Israël (également connu sous le nom de lac de Tibériade)
Messie	L'Oint qui était prédit sauver les Juifs de leurs oppresseurs (Christ en grec)
Nazareth	Ville de Galilée à 70 miles au nord de Jérusalem et ville natale de Jésus
Pierre	Premier disciple choisi par Jésus qui est devenu le chef de l'Église (également connu sous le nom de Simon et Simon Pierre)
Pharisiens	Chefs religieux juifs influents qui adhéraient étroitement aux lois de Moïse
Philippe	L'un des 12 disciples de Jésus qui prêchèrent plus tard dans divers endroits de Palestine
Rabbin	Enseignant ou érudit religieux juif
Romains	Personnes qui ont dirigé un vaste empire qui a duré plus de 500 ans dans une grande partie de l'Europe, de l'Afrique du Nord et de certaines parties de l'Asie du Sud-Ouest.
Rome	La plus grande ville d'Italie et le centre de l'Empire romain
Sadducéens	Petit groupe de chefs religieux juifs influents qui mettaient l'accent sur la moralité plutôt que sur l'obéissance aux règles religieuses
Sanhédrin	Un groupe diversifié de dirigeants juifs qui veillaient sur la vie religieuse des Juifs et avaient le pouvoir de punir les Juifs.
Scribes	Personnes qui ont rédigé des documents importants (souvent de nature religieuse) et qui étaient des experts en droit
Siméon	Un vieil homme à qui Dieu avait promis de voir le Messie
Simon	Disciple également nommé Pierre ou Simon Pierre

Synagogue	Lieu de culte pour les juifs et ceux qui croient au judaïsme
Zacharie	Prêtre qui épousa Elizabeth et devint le père de Jean-Baptiste à un âge avancé
Zélotes	Juifs qui se sont rebellés contre les puissances étrangères qui occupaient la Palestine et étaient prêts à se battre et à mourir pour leur cause

Chapitre 15	**Actes de Jésus**
Abîme	Un espace très profond et vaste, un mot qui décrit l'enfer
Apôtre	Un messager de Dieu
Belzébul	Un autre mot pour Satan et le diable
Cana	Vue d'un mariage où Jésus a transformé l'eau en vin
Jeanne	Femme qui dirigeait la maison d'Hérode et soutenait financièrement Jésus et ses disciples
Jeune dirigeant riche	L'homme qui a demandé à Jésus ce qu'il devrait faire pour avoir la vie éternelle
Judas	L'un des 12 disciples et demi-frère de Jésus qui a écrit le livre Jude
Judas Iscariote	Homme doté d'une expertise financière qui était un disciple et a trahi Jésus auprès des dirigeants juifs
Lazare	Bon ami de Jésus ressuscité des morts
Marthe	Sœur de Marie-Madeleine et Lazare
Marie-Madeleine	Femme qui a aidé Jésus, sœur de Lazare et Marthe, et première personne à voir Jésus après sa résurrection (souvent appelée Marie)
Matthieu	Percepteur d'impôts juif, également connu sous le nom de Lévi, devenu l'un des 12 disciples de Jésus
Naïn	Ville de Galilée où Jésus a ressuscité un homme
Nicodème	Juif religieux qui a secrètement rencontré Jésus et a aidé à l'enterrer après la crucifixion
Parabole	Une histoire simple racontée pour transmettre un message important
Résurrection	Quand une personne revient à la vie après sa mort
Simon le Zélote	L'un des 12 premiers disciples de Jésus
Suzanne	Femme qui a soutenu financièrement Jésus et ses disciples
Thomas	Le disciple qui doutait que Jésus soit revenu à la vie
Zachée	Percepteur d'impôts juif qui a grimpé sur un arbre pour voir Jésus

Chapitre 16	Enseignements de Jésus
Bon samaritain	Parabole racontée par Jésus à propos d'un Samaritain qui a pris soin d'un homme qui a été attaqué sur une route dangereuse après que des Juifs pieux n'aient rien fait pour aider cet homme.
Fils prodigue (Père prodigue)	Parabole d'un homme qui a deux fils, dont le plus jeune demande très tôt son héritage et le dilapide dans une vie sauvage, mais qui est ensuite chaleureusement accueilli à la maison par un père aimant
Règle d'or	Une partie du Sermon sur la montagne (Matthieu 7 :12) qui, selon Jésus, résumait le message de l'Ancien Testament
Sermon sur la montagne	Le plus long ensemble consécutif d'enseignements donnés par Jésus au début de son ministère, qui comprend « les Béatitudes » et la prière du Seigneur (le texte complet se trouve dans Matthieu 5-7)

Chapitre 17	Arrestation, procès et exécution
Barabbas	Israélite rebelle qui a été libéré à la place de Jésus
Gethsémani	Jardin où Jésus a prié avant son arrestation et où a eu lieu son arrestation
Golgotha	Colline de Jérusalem où Jésus a été tué sur une croix (« lieu du crâne »)
Joseph	Un homme d'Arimathie qui a permis que Jésus soit enterré dans son nouveau tombeau
Ponce Pilate	Gouverneur romain de Judée du vivant de Jésus
Souper du seigneur	« Repas » commémoratif composé de pain et de vin que les chrétiens prennent avec d'autres croyants pour se souvenir du corps et du sang de Jésus donnés à ses disciples (également connu sous le nom de Dernière Cène avec Jésus et ses disciples quelques heures avant l'arrestation de Jésus)

Chapitre 18	La vie après la mort
Emmaüs	Village près de Jérusalem où Jésus a parlé à deux hommes après sa résurrection
José	L'un des fils de Marie, la mère de Jésus (elle eut aussi des fils nommés Jacques, Simon et Judas)
Mathias	Homme choisi pour être le douzième disciple pour remplacer Judas Iscariote

Témoin	Personne qui observe un événement et en parle parfois aux autres (martyr en grec)

Chapitre 19	**Les apôtres répondent et se dispersent**
Ananias	1. Homme qui a vendu un terrain mais a menti sur le prix de vente ; 2. L'homme à Damas qui a aidé Saul (Paul) à recouvrer la vue
Antioche	Ville sur la côte à l'extrémité nord-est de la mer Méditerranée où les croyants étaient pour la première fois appelés chrétiens (actuellement en Syrie)
Asie Mineure	Région située dans la Turquie actuelle
Barnabas	Chrétien juif qui a voyagé et prêché avec Paul
Césarée	Ville portuaire majeure de la côte méditerranéenne
Chavouot	Grande fête juive organisée 50 jours après le deuxième jour de la Pâque (également le jour où les chrétiens célèbrent la Pentecôte)
Le Chemin	Terme initialement donné au mouvement religieux basé sur les enseignements de Jésus
Corneille	Soldat romain qui a envoyé chercher Pierre, ce qui a donné lieu à de nouvelles façons de penser les Gentils et les règles juives
Diacres	Des personnes choisies pour aider à gérer les fonctions de soutien d'une église
Dorcas	Chrétienne âgée qui a été ressuscitée des morts par Pierre
Église	Un groupe de chrétiens, mot utilisé pour décrire tous les chrétiens
Gamaliel	Pharisien qui a convaincu le Sanhédrin de ne pas tuer les apôtres
Joppé	Ville sur la côte méditerranéenne où Pierre a ressuscité Dorcas avant que Corneille ne l'envoie chercher
Lydda	Ville où Pierre a guéri un homme paralysé depuis huit ans
Paul	Pharisien qui a persécuté les chrétiens jusqu'à sa conversion spectaculaire et est devenu plus tard le principal évangéliste des Gentils (également connu sous le nom de Saul, son nom hébreu)
Pentecôte	Après l'ascension de Jésus, le jour où l'Esprit a donné aux croyants la possibilité de parler dans une autre langue ; une journée célébrée par les chrétiens
Saphira	Épouse d'Ananias qui a vendu un terrain mais a menti sur le prix de vente
Saül	Le nom hébreu de Paul

Simon	Un tanneur qui vivait à Joppé où séjourna Pierre avant de rendre visite à Corneille
Stéphane	L'un des premiers diacres qui fut martyrisé après avoir parlé au Sanhédrin
Tarse	Ville côtière du sud de la Turquie et patrie de Saul/Paul

Chapitre 20	**Les voyages de Paul**
Antioche Pisidienne	Ville d'Asie Mineure où prêchèrent Paul et Barnabas
Apollos	Érudit juif et chrétien d'Alexandrie, Égypte
Aquila	Faiseur de tentes juif qui a voyagé avec Paul et prêché à Corinthe et à Éphèse, marié à Priscilla
Artémis	Déesse de la fertilité à Éphèse
Athènes	Grande ville et capitale de la Grèce
Béréa	Ville de Macédoine (nord de la Grèce) où Paul, Silas et Timothée prêchaient à une population juive bien instruite
Concile à Jérusalem	Dirigeants chrétiens juifs qui ont débattu de l'exigence de la circoncision par les chrétiens païens
Corinthe	Une ville portuaire près d'Athènes où Paul a prêché et vécu 18 mois
Corinthiens	Les gens qui vivaient à Corinthe
Derbé	Ville d'Asie Mineure où prêchèrent Paul et Barnabas
Éphèse	Ville majeure de la côte ouest de l'Asie Mineure (près de l'actuelle Izmir)
Éphésiens	Les gens qui vivaient dans la ville d'Éphèse
Galatie	Région du centre de la Turquie où Paul prêchait et envoyait des lettres
Galates	Personnes qui vivaient dans la région de Galatie
Hermès	L'un des dieux de la religion grecque antique
Iconium	Ville d'Asie Mineure où prêchèrent Paul et Barnabas
Jason	L'homme qui a accueilli les apôtres à Thessalonique et a été jeté en prison
Lydie	Femme d'affaires devenue chrétienne à Philippes
Lystre	Ville d'Asie Mineure où prêchèrent Paul et Barnabas
Macédoine	Une zone au nord de la Grèce
Marc	Chrétien juif qui a voyagé avec Paul et Barnabas et plus tard avec Pierre ; il a écrit le premier livre sur la vie de Jésus
Perge	Ville sur la côte sud de la Turquie

Philippes	Une grande ville de Macédoine
Philippiens	Les gens qui vivaient à Philippes
Priscille	Faiseur de tentes juif qui a voyagé avec Paul et prêché à Corinthe et à Éphèse et était marié à Aquila
Silas	Compagnon de voyage de Paul
Thessaloniciens	Les gens qui vivent dans la ville macédonienne de Thessalonique
Thessalonique	Grande capitale de la Macédoine
Timothée	Compagnon de voyage de Paul, Silas et Luc qui est devenu plus tard évêque d'Éphèse
Zeus	Le dieu suprême de la religion grecque antique

Chapitre 21	De Jérusalem à Rome
Agrippa	Roi romain de Palestine consulté par Festus sur le cas de Paul
Crète	Très grande île grecque de la mer Méditerranée
Félix	Gouverneur romain de Césarée qui a entendu le procès contre Paul et l'a détenu en prison
Festus	Gouverneur romain de Césarée qui a remplacé Félix et a entendu l'appel de Paul à être jugé à Rome (également connu sous le nom de Porcius Festus)
Marc	Petite île près de la côte sud de l'Italie où le navire de Paul a fait naufrage alors qu'il se rendait à Rome
Néron	Empereur romain qui a tué des chrétiens au premier siècle après JC

Chapitre 22	Lettres de Paul aux croyants
Chapitre d'amour	Partie de la lettre de Paul aux croyants de Corinthe (1 Corinthiens 13)
Colosses	Ville d'Asie Mineure près de Laodicée dont les chrétiens ont reçu une lettre de Paul
Colossiens	Les personnes qui vivaient à Colosses (situé au centre de la Turquie)
Fruits de l'Esprit	Liste de Paul des preuves solides que l'esprit de Dieu est vivant dans une personne (Galates 5 : 22-23)
Onésime	Esclave en fuite devenu chrétien en prison, retourna auprès de son maître (Philémon) et devint évêque d'Éphèse.
Tite	Gentil grec qui a voyagé avec Paul et Barnabas et est devenu le chef de l'église sur l'île de Crète

Chapitre 23	Autres lettres aux croyants
Gnosticisme	Croyance que toute matière est mauvaise et que seul l'esprit est bon
Hébreux	Nom d'un livre du Nouveau Testament écrit aux Juifs
Philémon	Gentil converti par Paul qui dirigeait une église de maison à Colosses, qui accepta son esclave en fuite (Onésime) à la demande de Paul

Chapitre 24	Prédictions sur l'avenir
Antéchrist	Faux prophète qui trompe les Juifs lors de la tribulation finale
Apocalypse	Événements liés à la fin des temps
Armageddon	Site d'une bataille finale décrite dans l'Apocalypse (en hébreu pour «montagne de Megiddo »)
Bête	Une puissance maléfique qui s'oppose aux chrétiens dans l'Apocalypse
Domitien	Empereur romain qui se considérait comme un dieu
Laodicée	Ville riche en Asie Mineure

ÉPILOGUE

Grande Commission	Le commandement de Jésus à ses disciples de faire des disciples dans toutes les nations

ANNEXE E

———◆•◆•◆———

RÉFÉRENCES BIBLIQUES

L es sections citées de ce livre sont des paraphrases des écritures que l'on trouve dans les versions de l'Ancien et du Nouveau Testament. La plupart des citations sont les plus proches de la Nouvelle Version Internationale (NIV) de la Bible et sont répertoriées dans l'ordre dans lequel elles apparaissent dans ce livre. Les guillemets exacts sont indiqués par un astérisque (*) et sont des phrases courtes utilisées dans de nombreuses versions.

Chapitre	Livre Biblique	Chapitre,	Verset
1	Genèse	12	2-3
1	Genèse	22	12, 17–18
1	Genèse	27	28-29
2	Genèse	45	4-11
2	Genèse	46	3-4
3	Exode	2	7
3	Exode	3	4-22
3	Exode	4	1-4, 6-17, 22-23
3	Exode	5	1
4	Exode	19	3 à 6
4	Exode	20	1 à 17
4	Exode	21	12-18, 23-24
4	Exode	22	18-25, 29-30
4	Exode	23	1 à 4, 8 à 10
4	Exode	32	26
4	Lévitique	17	11
5	Nombres	6	24-26*
5	Nombres	11	14-15
5	Nombres	13	17-20
5	Nombres	14	8-9, 11-12, 15-20, 29-34
5	Nombres	16	29-30
5	Nombres	33	51-53, 55-56

5	Deutéronome	4	25-27, 29-31
5	Deutéronome	6	4-5
5	Deutéronome	9	5-6
5	Deutéronome	11	18-19, 26-29
5	Deutéronome	30	2, 6, 10-12, 15-16, 19
6	Josué	24	14-15
7	Juges	16	28
7	Ruth	1	16-17
7	Ruth	2	10-13
8	1 Samuel	1	11, 17
8	1 Samuel	10	24
8	1 Samuel	15	22-23
8	1 Samuel	16	7
8	1 Samuel	17	34-36, 45-46
8	1 Samuel	18	7
9	2 Samuel	7	9-10, 12-16
9	2 Samuel	12	1 à 14
10	1 Rois	18	27, 36, 39
10	2 Rois	6	16-17
10	Osée	12	6
10	Isaïe	1	11, 13, 15-17
10	Isaïe	28	16-17
10	Isaïe	40	31
10	Isaïe	42	16
10	Isaïe	43	1–2, 19
10	Isaïe	53	3-5, 7, 9-12
10	Isaïe	57	21
10	Isaïe	58	1 à 10
10	Isaïe	61	1 à 3
10	Isaïe	2	2 à 4
10	Michée	6	8
10	Michée	7	18
11	Jérémie	1	4, 7-8
11	Nahum	1	3, 7
11	Habacuc	2	4

11	Lamentations	3	22-23, 25
12	Jérémie	29	5 à 7
12	Ézéchiel	36	22-27
12	Ézéchiel	37	24
12	Daniel	2	27-28, 47
12	Daniel	3	16-18 ans
12	Daniel	6	16, 22
12	Aggée	2	4–7, 9
12	Zacharie	2	4
12	Zacharie	7	9-14
12	Zacharie	8	16, 23
12	Esther	3	8-9
12	Esther	4	16
12	Malachie	3	1 à 7
12	Malachie	4	6
13	Proverbes	3	35
13	Proverbes	1	7, 20-23, 33
13	Proverbes	4	23-27
13	Proverbes	6	6-11
13	Proverbes	10	1-5, 8-9, 12-13
13	Proverbes	15	1 à 4
13	Proverbes	22	1-2, 6, 9, 16
13	Proverbes	25	21-22
13	Ecclésiaste	1	2*, 9, 14*
13	Ecclésiaste	3	1 à 8
13	Job	1	1, 3, 21
13	Job	2	9, 10
13	Job	19	25-26
13	Job	27	4 à 6
13	Job	38	4-5, 19, 24-25
13	Jonas	4	2-3, 8-11
13	Cantique de Salomon	8	6
13	Psaume	1	1 à 6
13	Psaume	23	1 à 6
13	Psaume	100	1 à 5

14	Luc	1	13-19, 28*,30-33, 35-36
14	Luc	1	42, 45, 69-77
14	Matthieu	1	20-23
14	Luc	2	10-12, 14
14	Luc	2	29-31, 34-35
14	Matthieu	2	15
14	Luc	2	48-49
14	Matthieu	3	2, 3
14	Luc	3	4-5, 7-9
14	Jean	1	23
14	Luc	3	11, 14
14	Luc	3	16-17
14	Jean	1	29
14	Matthieu	3	14-15, 17
14	Matthieu	4	3-4
14	Luc	4	3, 4, 6-12
14	Matthieu	4	6 à 10
14	Matthieu	4	17
14	Luc	4	18-19, 21
14	Luc	4	23-29
14	Luc	4	34-35
14	Luc	5	5
14	Luc	5	8
14	Jean	1	46-47
15	Jean	4	9-26, 29
15	Jean	3	2-21
15	Luc	7	43-50
15	Jean	12	8
15	Luc	18	22-27
15	Luc	19	8 à 10
15	Jean	2	4, 10
15	Matthieu	9	5-6
15	Marc	2	9-11
15	Luc	7	6-8

15	Matthieu	8	10, 13
15	Marc	8	24
15	Jean	5	8*, 14
15	Luc	8	45-48
15	Matthieu	15	24-28
15	Matthieu	12	25-28, 31
15	Matthieu	8	29, 32
15	Luc	8	28, 30
15	Jean	11	21-22, 25-27, 39, 41-43
15	Luc	5	31-32, 34-38
15	Jean	2	16-20
15	Luc	20	3-4
15	Matthieu	14	28, 31
15	Matthieu	8	26
15	Luc	10	5*
15	Matthieu	11	3-5, 10, 18-19
16	Matthieu	15	7-9, 17-20
16	Marc	7	6-18, 21-23
16	Matthieu	23	25-26
16	Luc	11	39, 41
16	Marc	2	25-27
16	Matthieu	12	3-7, 11-12
16	Luc	6	9
16	Luc	10	27-37
16	Luc	15	4 à 10
16	Luc	15	22-24, 29-32
16	Luc	14	16-24
16	Matthieu	20	12-16
16	Matthieu	18	23-35
16	Matthieu	13	3-8, 18-23
16	Matthieu	5	3 à 10*
16	Matthieu	5	11-16, 21-24, 27-30, 38-47
16	Matthieu	6	1-4, 19-20, 25-27, 33-34
16	Matthieu	7	1 à 5
16	Matthieu	7	12-27

16	Matthieu	7	7-11
16	Matthieu	11	25-30
16	Jean	8	19, 31-32
16	Jean	6	30-31
16	Jean	6	32-40, 51
16	Jean	6	53-58
16	Jean	6	68-69
16	Matthieu	10	37-38
16	Luc	14	26-33
16	Matthieu	10	16-23, 28, 32-33, 39
16	Matthieu	25	21, 26-27, 34-45
16	Luc	18	10-14
16	Matthieu	23	4-7, 23, 27-36
16	Luc	11	46, 52
16	Luc	20	45-47
16	Matthieu	21	31-32, 38-43
16	Marc	12	13-17
17	Jean	6	35
17	Jean	11	25
17	Jean	10	1-18
17	Jean	11	47-50
17	Zacharie	9	9
17	Matthieu	21	9*
17	Jean	13	8
17	Jean	13	12-15
17	Luc	22	19-20
17	Matthieu	26	26-28
17	Marc	10	42-45
17	Matthieu	26	2, 31-34
17	Jean	13	33-35, 37-38
17	Jean	14	2-12, 16-19, 26
17	Jean	15	1-8, 18-20, 25
17	Jean	16	33
17	Matthieu	26	39-42, 45-46, 52-56
17	Matthieu	26	63-68

17	Matthieu	27	9
17	Matthieu	26	73
17	Matthieu	27	11, 13
17	Matthieu	27	17-18, 20-23
17	Jean	19	7, 11
17	Jean	18	36-38
17	Luc	23	14-15, 21
17	Jean	19	14-15, 30
17	Matthieu	27	24-25, 29, 40-43
17	Luc	23	34, 39-43, 46
17	Matthieu	27	46, 54
17	Jean	19	25-27, 36-37
18	Luc	24	5 à 7
18	Jean	20	13-16
18	Luc	24	17-24, 26
18	Luc	24	36, 38-39
18	Jean	20	25-29
18	Luc	24	44-49
18	Matthieu	28	18-20
18	Jean	21	15-17*, 19*
18	Actes	1	7-8, 11
19	Actes	2	22-24, 30-32, 36, 38, 40
19	Actes	3	6, 12-16, 22-23
19	Actes	4	9-12
19	Actes	5	9
19	Actes	5	28-32, 35-39
19	Actes	6	1 à 4
19	Actes	7	56
19	Actes	9	4-6, 15, 17
19	Actes	8	32-33
19	Actes	10	15, 28-29, 34-36, 42-43
19	Actes	11	17
20	Actes	13	46-47
20	Actes	14	11*, 15-17
20	Actes	15	7-11, 14-20

20	Actes	16	17-18 ans
20	Actes	16	28, 31
20	Actes	17	22-23
20	Actes	19	13-15, 28, 34
20	Actes	20	35
21	Actes	22	25
21	Actes	23	6, 11
21	Actes	26	17-18 ans
21	Actes	28	26-28
22	Galates	5	14, 16-23
22	Galates	6	1-4, 9-10
22	1 Thessaloniciens	4	3, 11-12
22	1 Thessaloniciens	5	13-18 ans
22	1 Corinthiens	1	27
22	1 Corinthiens	3	1–6, 10
22	1 Corinthiens	5	9-13
22	1 Corinthiens	7	9
22	1 Corinthiens	2	16
22	1 Corinthiens	9	19-23
22	1 Corinthiens	10	13
22	1 Corinthiens	14	18-19
22	1 Corinthiens	12	16-24, 26
22	1 Corinthiens	13	1-13
22	1 Corinthiens	15	51-52, 54-55
22	Romains	3	11-12, 20, 22-23
22	Romains	5	12-17
22	Romains	8	28, 31, 38
22	Romains	5	3-4, 12, 17
22	Romains	12	1-21
22	Romains	13	1 à 7
22	Colossiens	1	15-20
22	Colossiens	2	20-23
22	Colossiens	3	5-10, 12-14
22	Colossiens	4	5-6
22	Éphésiens	2	1-6, 8-9, 11-22

22	Éphésiens	5	21-29
22	Éphésiens	6	1 à 9
22	Éphésiens	6	12
22	Philippiens	2	2-11
22	Philippiens	4	6-8, 11-13
22	1 Timothée	6	6-10, 17-19
23	1 Pierre	2	9, 20
23	1 Pierre	3	3-4, 15
23	1 Pierre	4	8
23	1 Pierre	5	8, 9
23	2 Pierre	1	5 à 8
23	Jacques	1	2-7, 13-17, 22, 26-27
23	Jacques	2	1-4, 8-9, 20-24
23	Jacques	4	4, 13-15
23	Jacques	5	1-5, 16
23	1 Jean	3	16-18 ans
23	1 Jean	4	7-8, 18-21
23	Hébreux	1	1 à 4
23	Hébreux	4	12-15
23	Hébreux	10	24
23	Hébreux	11	1, 3, 8, 11, 13, 16, 26-40
23	Hébreux	12	1–2, 12
24	Matthieu	24	6-23
24	Matthieu	13	24-29
24	Révélation	3	15-17, 19-20
24	Révélation	5	5, 12
24	Révélation	19	6
24	Révélation	21	4 à 7
24	Révélation	22	12-13, 17, 20
Épilogue	Matthieu	28	19-20

ANNEXE F

ALIGNEMENT AVEC LES LIVRES BIBLIQUES

Les chapitres de ce livre fournissent les points principaux des livres bibliques présentés dans le tableau ci-dessous (les numéros de chapitre sont notés le cas échéant). Ceux qui lisent tous les livres bibliques répertoriés auront lu la Bible en entier.

Chapitre	Livres bibliques
1	Genèse 1-31
2	Genèse 32-48
3	Genèse 48-50, Exode 1-12
4	Exode 13-40, Lévitique
5	Nombres, Deutéronome
6	Josué
7	Juges, Ruth
8	1 Samuel
9	2 Samuel, 1 Rois, 1-2 Chroniques
10	2 Rois, Amos, Osée, Isaïe, Michée
11	Jérémie, Joël, Sophonie, Abdias, Nahum, Habacuc, Lamentations
12	Ézéchiel, Daniel, Aggée, Zacharie, Esther, Esdras, Néhémie, Malachie
13	Proverbes, Ecclésiaste, Job, Jonas, Cantique des Cantiques, Psaumes
14	Luc 1-5, Jean 1, Matthieu 1-4
15	Luc 5-10, 18-21 ; Jean 2-5, Matthieu 8-9, 11-12, 14-15, 17
16	Luc 11-21, Jean 6-9, Matthieu 5-7, 10-25, Marc
17	Luc 22-23, Jean 10-19, Matthieu 26-27
18	Luc 24, Jean 20-21, Matthieu 28, Actes 1
19	Actes 1 à 11
20	Actes 12-20
21	Actes 21-28
22	Galates, 1-2 Thessaloniciens, 1-2 Corinthiens, Romains, Colossiens, Éphésiens, Philippiens, Tite, Philémon, 1⊠-2 Timothée
23	1-2 Pierre, Jacques, Jude, 1-3 Jean, Hébreux
24	Matthieu 13 et 24, Apocalypse

ANNEXE G

CARTES

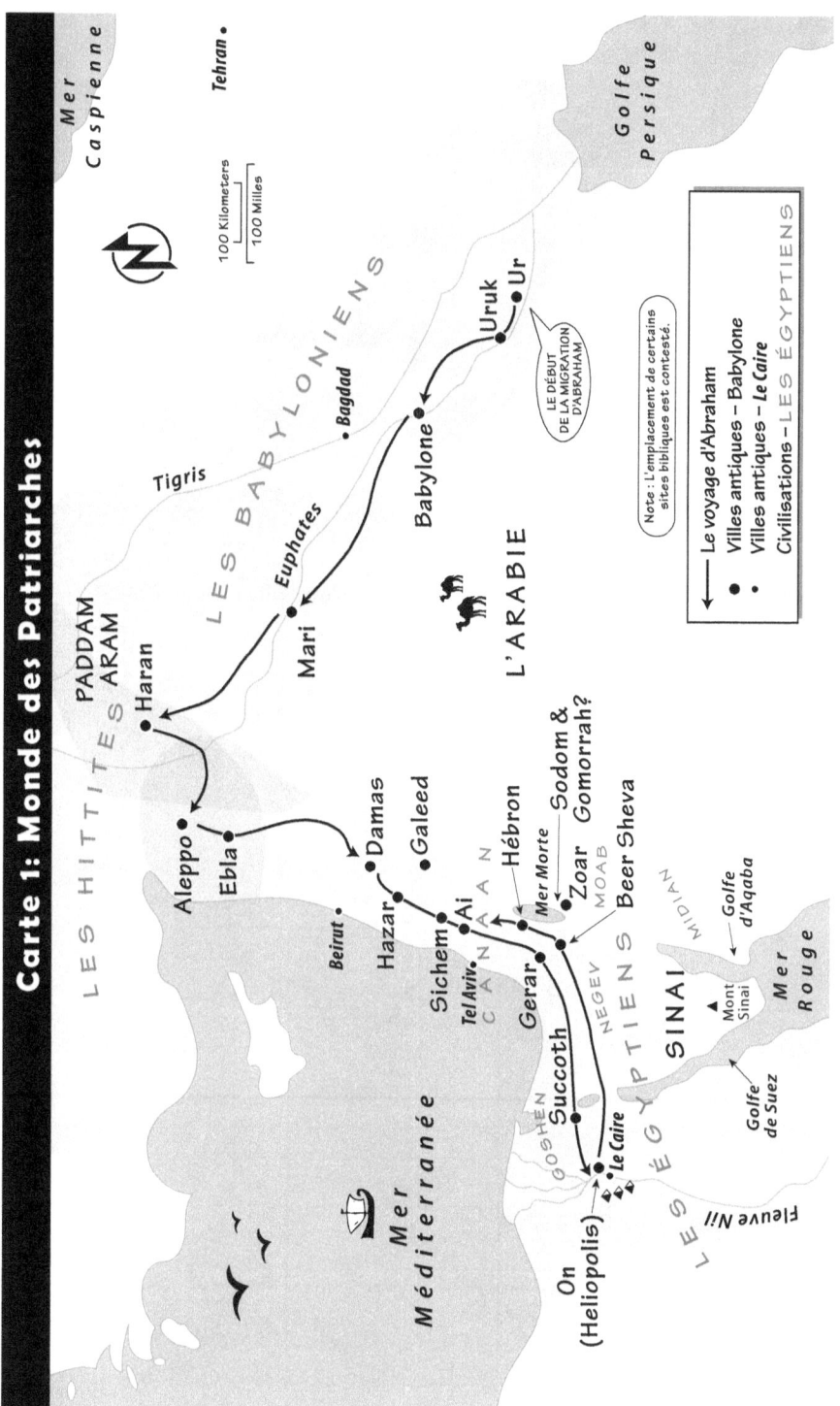

Carte 1: Monde des Patriarches

Mer Caspienne

Tehran

Golfe Persique

100 Kilometers
100 Milles

N

Ur

Uruk

LE DÉBUT DE LA MIGRATION D'ABRAHAM

LES BABYLONIENS

Bagdad

Tigris

Babylone

Euphrates

Mari

Haran

PADDAM ARAM

LES HITTITES

L'ARABIE

Note : L'emplacement de certains sites bibliques est contesté.

— Le voyage d'Abraham
● Villes antiques – Babylone
● Villes antiques – Le Caire
Civilisations – LES ÉGYPTIENS

Aleppo

Ebla

Damas

Galeed

Hazar

Sichem

Ai

Hébron

Sodom & Gomorrah?

Zoar

Beer Sheva

Beirut

Tel Aviv

CANAAN

Gerar

Succoth

NEGEV

MOAB

Mer Morte

MIDIAN

Golfe d'Aqaba

SINAI

Mont Sinai

Mer Rouge

Golfe de Suez

GOSHEN

LES ÉGYPTIENS

Le Caire

On (Heliopolis)

Fleuve Nil

Mer Méditerranée

Carte 2: Moïse et l'Exode

N

50 Kilometers
50 Milles

LES HITTITES

Beirut

Damas

Mer Méditerranée

Mer de Galilée

Nazareth

Jabbok

Jourdain

LES ISRAÉLITES ENTRENT DANS CANAAN

Tel Aviv

CANAAN

Jericho

Mont Nebo

MOÏSE MEURT

Jerusalem

Mer Morte

Gaza

Hébron

PHILISTINS

Arnon

MOAB

Beer Sheva

DÉSERT DU ZIN

Delta du Nil

DÉBUT DE L'EXODE

Ramses (Tanis)

TRAVERSÉE DE LA MER ROUGE ?

GOSHEN

Succoth

Lacs Amers

DÉSERT DE SHUR

Kadesh-Barnea

NEGEV

Mont Hor

Montagnes d'Edom

EDOM

Héliopolis

Le Caire

Memphis

EGYPTE

Kibbroth-hattaavah?

DÉSERT DE PARAN

Ezion-geber

Fleuve Nil

Marah

Elim

DÉSERT DE SIN

SINAI

MIDIAN

Dophkah?

Rephidim?

Hazeroth?

Golfe d'Aqaba

Mont Sinaï (Horeb)

MOÏSE REÇOIT LES DIX COMMANDEMENTS

Golfe de Suez

Mer Rouge

Note : L'emplacement de certains sites bibliques est contesté.

→ Itinéraire traditionnel de l'Exode
● Villes antiques – Héliopolis
• Villes modernes – Le Caire
   Civilizations – PHILISTINS

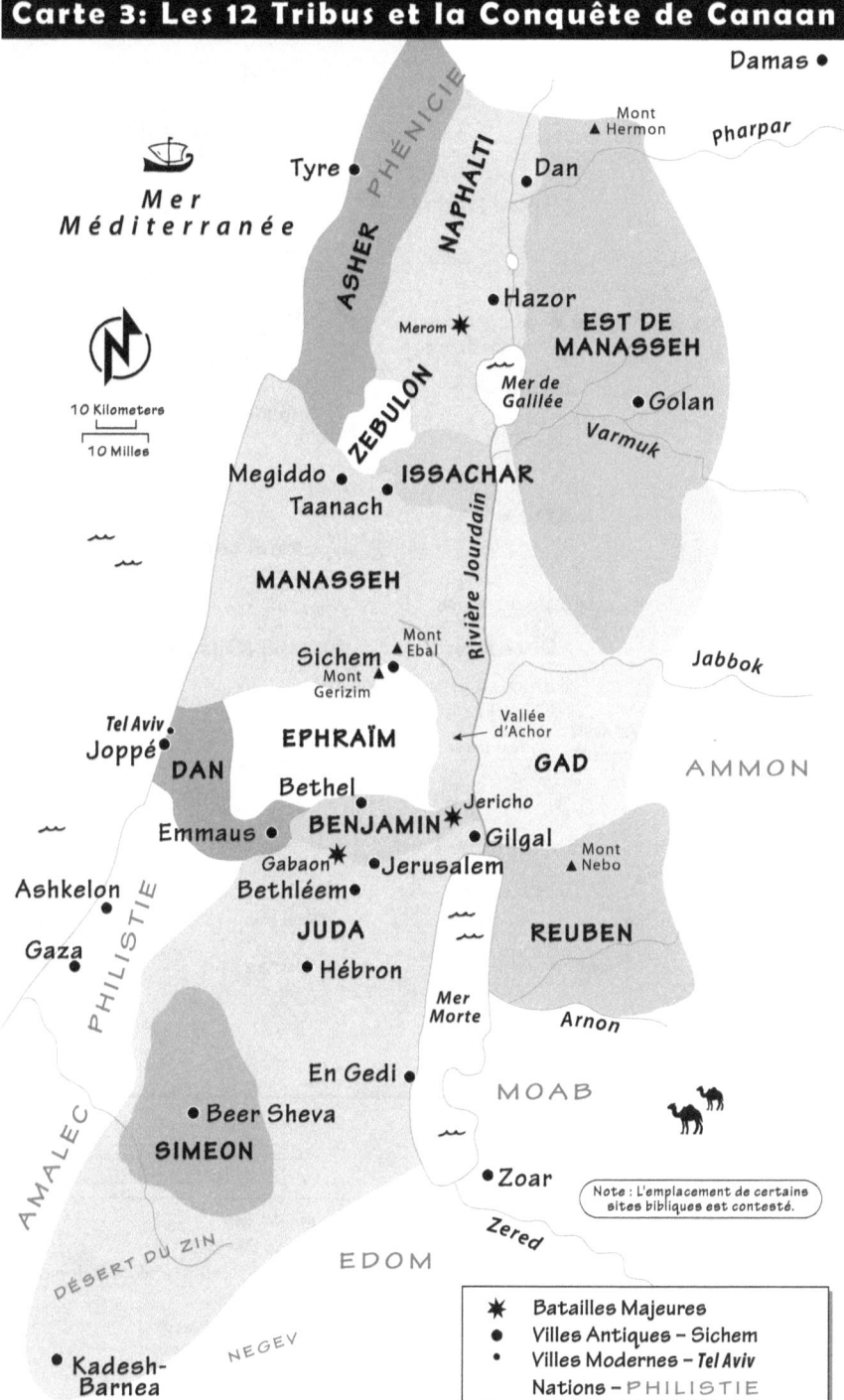

Carte 3: Les 12 Tribus et la Conquête de Canaan

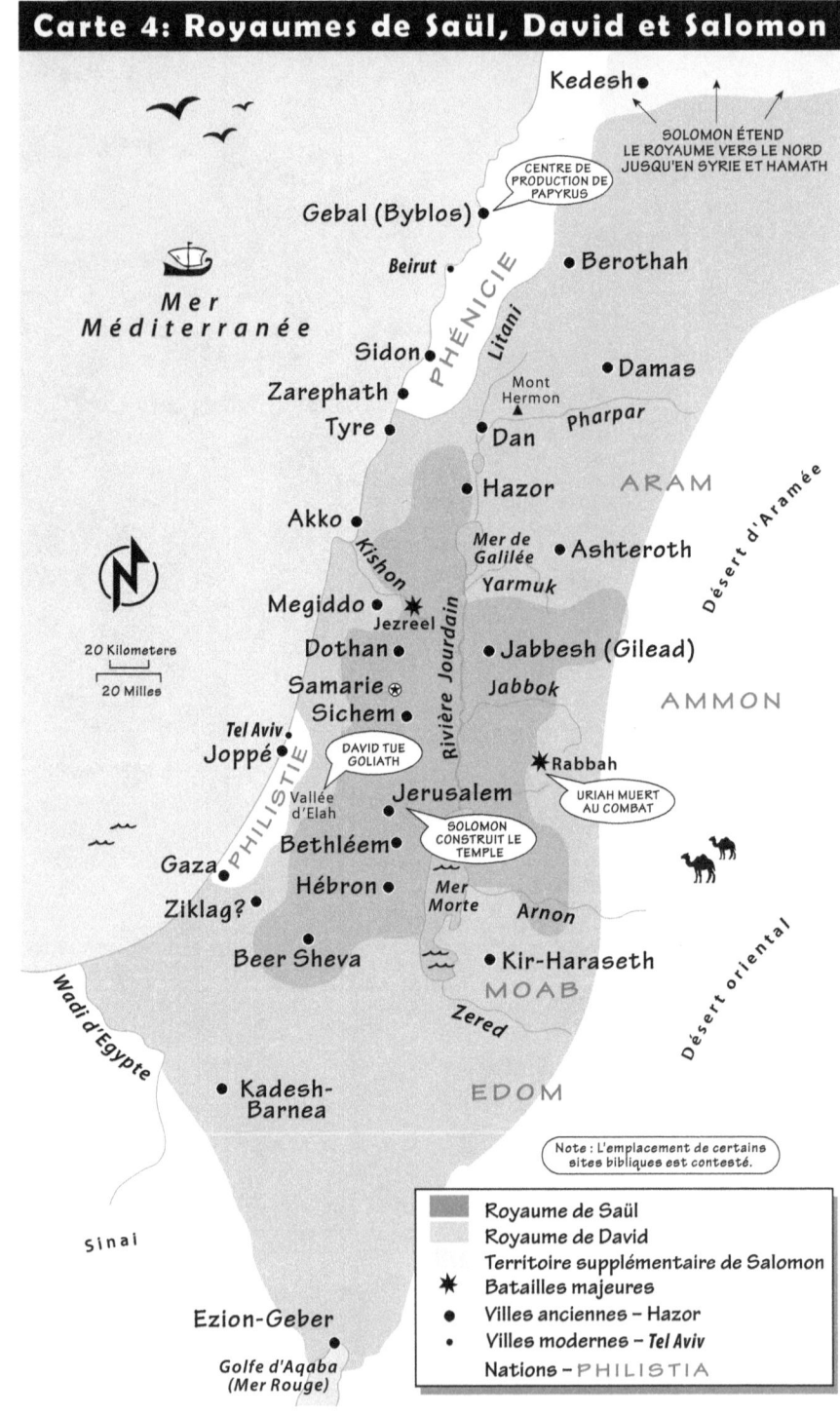

Carte 4: Royaumes de Saül, David et Salomon

Kedesh

SOLOMON ÉTEND LE ROYAUME VERS LE NORD JUSQU'EN SYRIE ET HAMATH

CENTRE DE PRODUCTION DE PAPYRUS

Gebal (Byblos)

Beirut

Berothah

Mer Méditerranée

PHÉNICIE

Litani

Sidon

Mont Hermon

Damas

Pharpar

Zarephath

Tyre

Dan

Hazor

ARAM

Désert d'Aramée

Akko

Kishon

Mer de Galilée

Ashteroth

Yarmuk

Megiddo

Jezreel

Jabbesh (Gilead)

AMMON

Dothan

Jabbok

Samarie

Sichem

Rivière Jourdain

Tel Aviv

Joppé

PHILISTIE

DAVID TUE GOLIATH

Vallée d'Elah

Jerusalem

Rabbah

URIAH MUERT AU COMBAT

SOLOMON CONSTRUIT LE TEMPLE

20 Kilometers

20 Milles

Bethléem

Gaza

Hébron

Mer Morte

Ziklag?

Arnon

Beer Sheva

Kir-Haraseth

MOAB

Zered

Désert oriental

Wadi d'Egypte

Kadesh-Barnea

EDOM

Note : L'emplacement de certains sites bibliques est contesté.

Sinaï

Royaume de Saül
Royaume de David
Territoire supplémentaire de Salomon
★ Batailles majeures
● Villes anciennes – Hazor
• Villes modernes – Tel Aviv
Nations – PHILISTIA

Ezion-Geber

Golfe d'Aqaba (Mer Rouge)

Carte 5: Royaumes du nord et du sud

Kedesh •

HAMATH

Mer
Méditerranée

Beirut •

Berothah •

Litani

PHÉNICIE

ARAM

Sidon •

Damas

Zarephath •

Mont
Hermon ▲

Tyre •

Dan •

Pharpar

Hazor •

Akko •

Mont ▲
Carmel

Kishon

Mer de
Galilée

Ashteroth •

Megiddo •

Yarmuk

Désert d'Aramée

20 Kilometers

20 Milles

Dothan •

Rivière Jourdain

Jabesh (Gilead) •

Jabbok

Samarie ⊛
Sichem •

ISRAEL
(ROYAUME
DU NORD)

AMMON

Tel Aviv •
Joppé •

Rabbah •

Jerusalem ⊛
Bethléem •

Gaza •

Hébron •

Mer
Morte

Arnon

PHILISTIE

Beer Sheva •

JUDA
(ROYAUME
DU SUD)

Zered

Kir-Haraseth •

MOAB

Désert oriental

Wadi d'Egypte

Kadesh-
Barnea •

EDOM

Note : L'emplacement de certains
sites bibliques est contesté.

Sinai

RÉGION CONTESTÉE
PÉRIODIQUEMENT PAR
JUDA ET EDOM

Royaume du nord

Royaume de Judah

⊛ Capitales anciennes – Samarie

• Villes anciennes – Hébron

• Villes modernes – *Tel Aviv*

Ezion-Geber •

Golfe d'Aqaba
(Mer Rouge

Nations – PHILISTIE

Carte 6: Terre des Prophètes

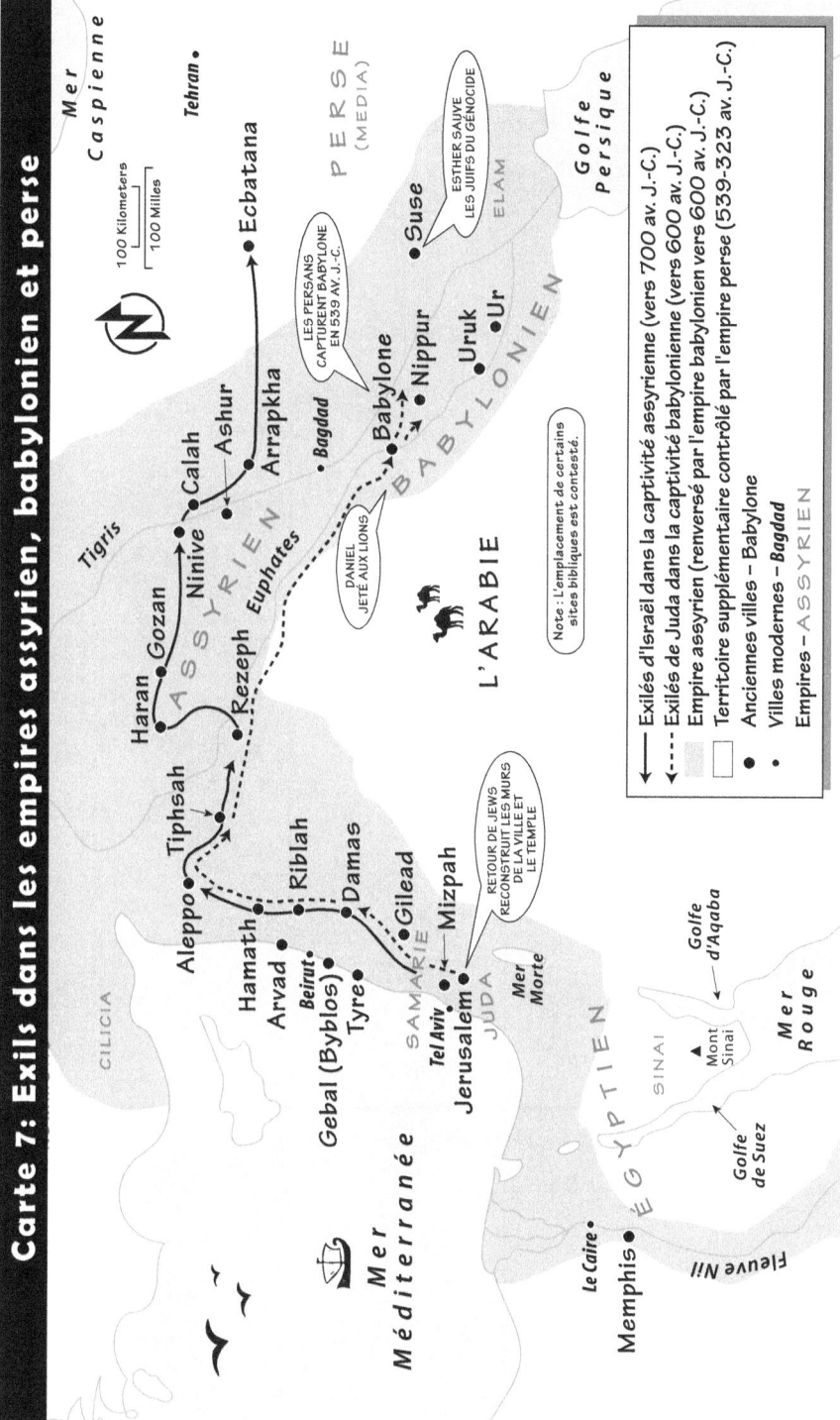

Carte 7: Exils dans les empires assyrien, babylonien et perse

Carte 8: Le ministère de Jésus en Palestine

Carte 9: Les premiers voyages des apôtres

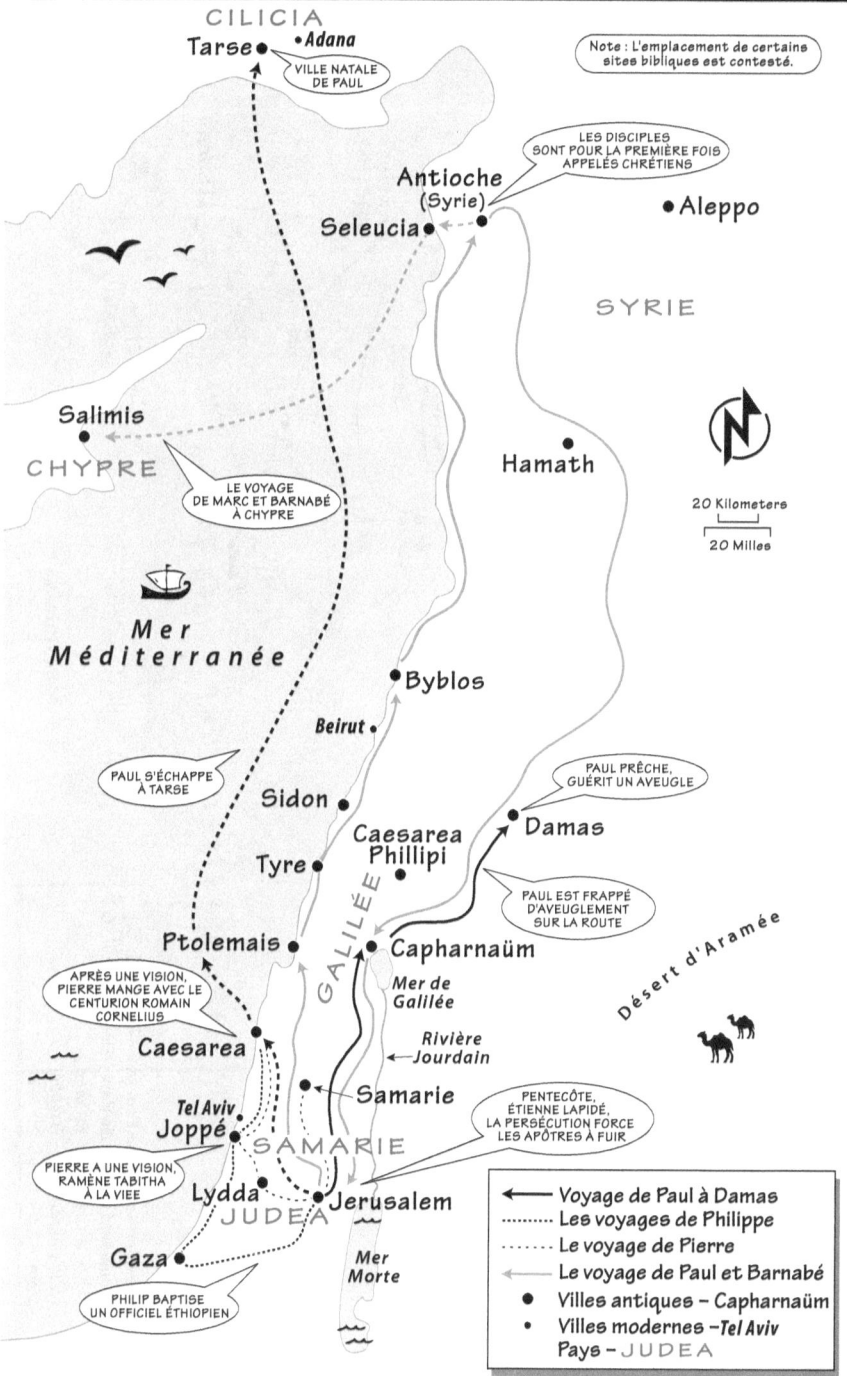

CILICIA

Tarse• •Adana

VILLE NATALE DE PAUL

Note : L'emplacement de certains sites bibliques est contesté.

Antioche (Syrie)

LES DISCIPLES SONT POUR LA PREMIÈRE FOIS APPELÉS CHRÉTIENS

Seleucia•

•Aleppo

SYRIE

Salimis

CHYPRE

LE VOYAGE DE MARC ET BARNABÉ À CHYPRE

•Hamath

N

20 Kilometers
20 Milles

Mer Méditerranée

•Byblos

Beirut•

PAUL S'ÉCHAPPE À TARSE

PAUL PRÊCHE, GUÉRIT UN AVEUGLE

Sidon•

Caesarea Phillipi

•Damas

Tyre•

PAUL EST FRAPPÉ D'AVEUGLEMENT SUR LA ROUTE

GALILÉE

Désert d'Aramée

Ptolemais•

Capharnaüm•

Mer de Galilée

APRÈS UNE VISION, PIERRE MANGE AVEC LE CENTURION ROMAIN CORNELIUS

Caesarea•

Rivière Jourdain

Tel Aviv

•Samarie

Joppé•

SAMARIE

PENTECÔTE, ÉTIENNE LAPIDÉ, LA PERSÉCUTION FORCE LES APÔTRES À FUIR

PIERRE A UNE VISION, RAMÈNE TABITHA À LA VIEE

Lydda•

•Jerusalem

JUDEA

Gaza•

Mer Morte

PHILIP BAPTISE UN OFFICIEL ÉTHIOPIEN

→ Voyage de Paul à Damas
.... Les voyages de Philippe
...... Le voyage de Pierre
→ Le voyage de Paul et Barnabé
• Villes antiques – Capharnaüm
• Villes modernes –Tel Aviv
Pays – JUDEA

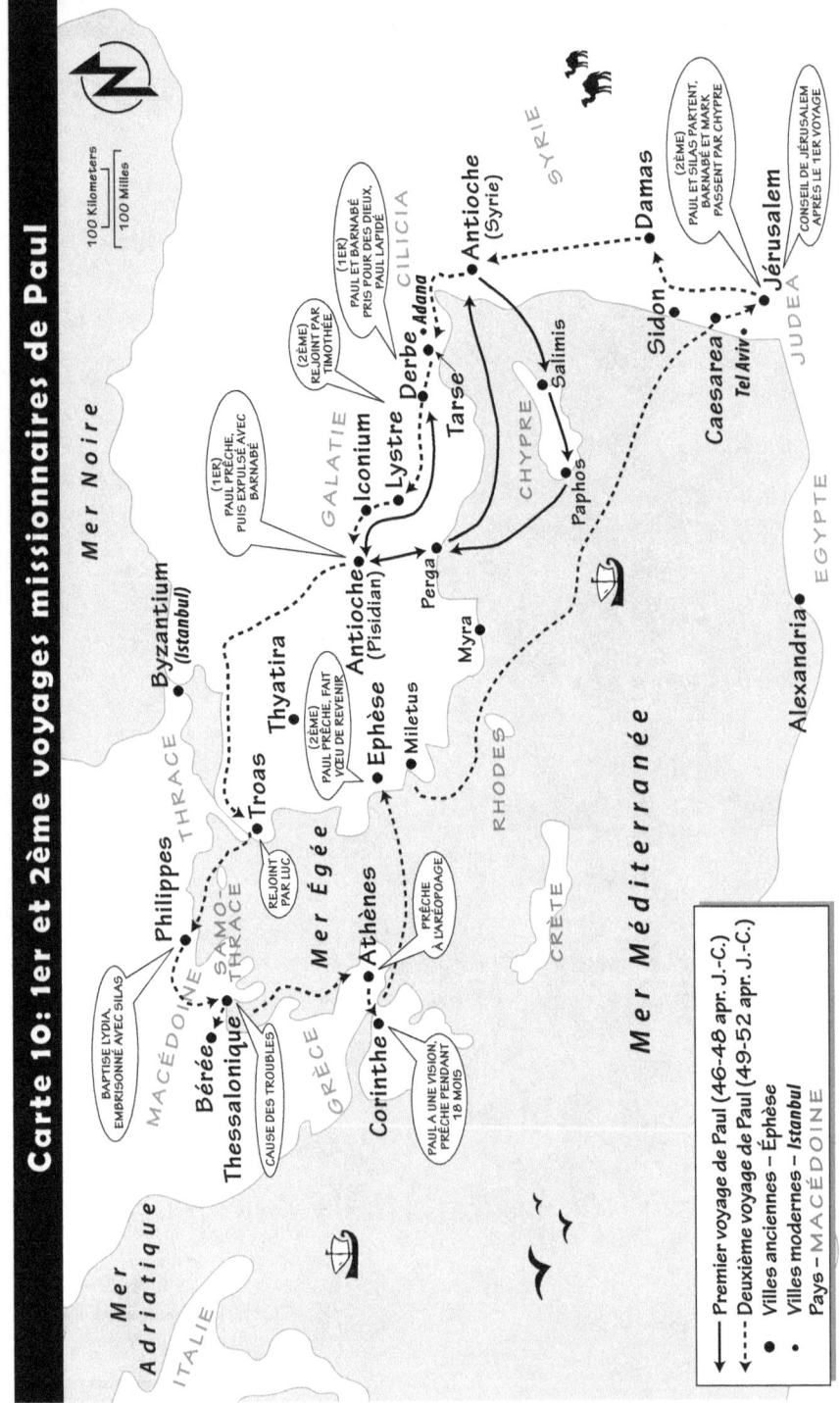

Carte 10: 1er et 2ème voyages missionnaires de Paul

BAPTISE LYDIA, EMPRISONNÉ AVEC SILAS

REJOINT PAR LUC

CAUSE DES TROUBLES

PAUL A UNE VISION, PRÊCHE PENDANT 18 MOIS

PRÊCHE À L'ARÉOPAGE

(2ÈME) PAUL PRÊCHE, FAIT VŒU DE REVENIR

(1ER) PAUL PRÊCHE, PUIS EXPULSÉ AVEC BARNABÉ

(2ÈME) REJOINT PAR TIMOTHÉE

(1ER) PAUL ET BARNABÉ PRIS POUR DES DIEUX, PAUL LAPIDÉ

(2ÈME) PAUL ET SILAS PARTENT, BARNABÉ ET MARK PASSENT PAR CHYPRE

CONSEIL DE JÉRUSALEM APRÈS LE 1ER VOYAGE

Mer Noire

Mer Adriatique

Mer Égée

Mer Méditerranée

ITALIE

THRACE

THRACE

SAMO-THRACE

MACÉDOINE

GRÈCE

GALATIE

CILICIA

SYRIE

CHYPRE

RHODES

CRÈTE

JUDÉA

EGYPTE

Byzantium (Istanbul)

Philippes

Bérée

Thessalonique

Troas

Thyatira

Athènes

Corinthe

Éphèse

Miletus

Myra

Perga

Antioche (Pisidian)

Iconium

Lystre

Derbe · Adana

Tarse

Antioche (Syrie)

Paphos

Salimis

Damas

Sidon

Caesarea

Tel Aviv

Jérusalem

Alexandria

100 Kilometers
100 Milles

Premier voyage de Paul (46-48 apr. J.-C.)
Deuxième voyage de Paul (49-52 apr. J.-C.)
● Villes anciennes – Éphèse
• Villes modernes – Istanbul
Pays – MACÉDOINE

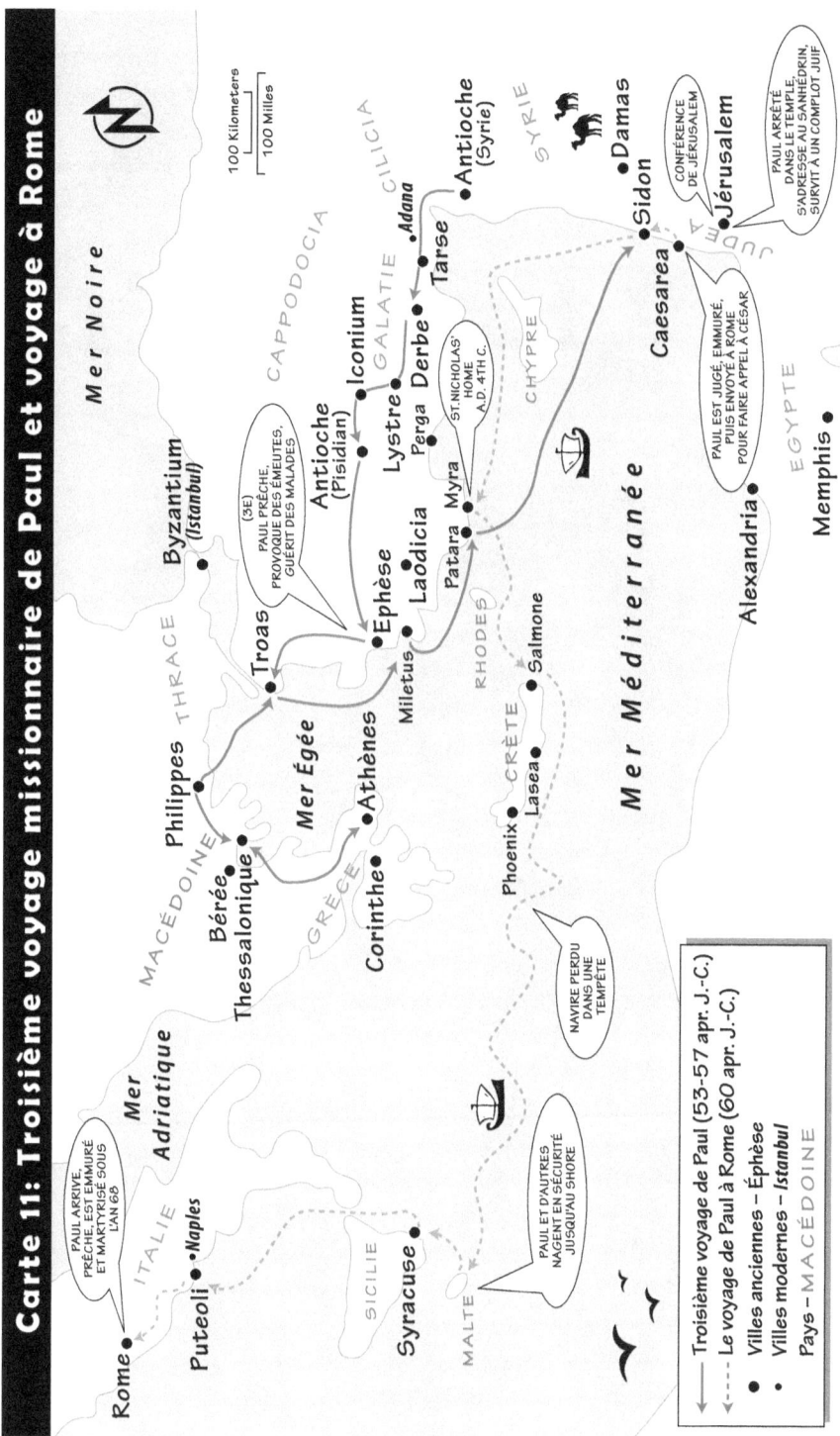

Carte 11: Troisième voyage missionnaire de Paul et voyage à Rome

PAUL ARRIVE, PRÊCHE, EST EMMURÉ ET MARTYRISÉ SOUS L'AN 68

Rome

Puteoli • •Naples

Mer Adriatique

ITALIE

SICILIE

Syracuse

MALTE

PAUL ET D'AUTRES NAGENT EN SÉCURITÉ JUSQU'AU SHORE

Thessalonique

Bérée

Philippes

MACÉDOINE

THRACE

Byzantium (Istanbul)

Mer Noire

Troas

Mer Égée

Athènes

Corinthe•

GRÈCE

Antioche (Pisidian)

Iconium

Lystre

Derbe

Perga

GALATIE

Adana

CILICIA

CAPPODOCIA

Tarse

Antioche (Syrie)

SYRIE

Damas

(3E) PAUL PRÊCHE, PROVOQUE DES ÉMEUTES, GUÉRIT DES MALADES.

Éphèse

Laodicia

Patara

Myra

Miletus

ST. NICHOLAS' HOME A.D. 4TH C.

RHODES

CRÈTE

Phoenix

Lasea

Salmone

CHYPRE

Mer Méditerranée

Caesarea

Sidon

JUDÉE

Jérusalem

CONFÉRENCE DE JÉRUSALEM

PAUL ARRÊTÉ DANS LE TEMPLE, S'ADRESSE AU SANHÉDRIN, SURVIT À UN COMPLOT JUIF

PAUL EST JUGÉ, EMMURÉ, PUIS ENVOYÉ À ROME POUR FAIRE APPEL À CÉSAR

EGYPTE

Alexandria

Memphis •

NAVIRE PERDU DANS UNE TEMPÊTE

100 Kilometers
100 Milles

— Troisième voyage de Paul (53-57 apr. J.-C.)
---- Le voyage de Paul à Rome (60 apr. J.-C.)
• Villes anciennes – Éphèse
• Villes modernes – Istanbul
Pays – MACÉDOINE

291